Für Oliver, Leonor und John
und für Helen und Felicity

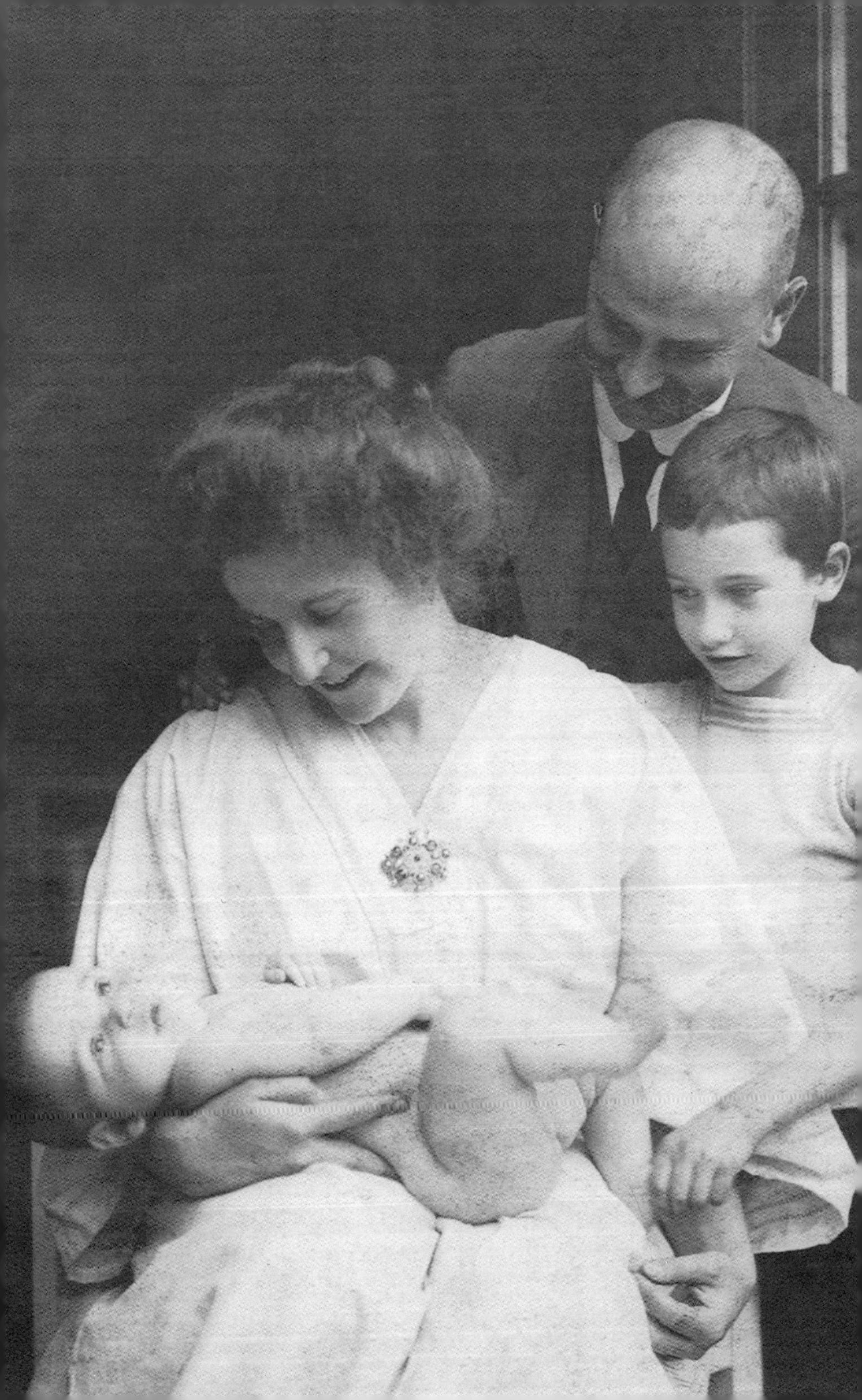

Marianne Walter

Die Saat ging auf

Eine jüdische Jugend in Deutschland von 1910 bis 1937

Autobiographie

Westfälischer Anzeiger Verlagsgesellschaft

CIP-Titelaufnahme der Deutschen Bibliothek

Walter, Marianne: Die Saat ging auf: Autobiographie;

Eine jüdische Jugend in Deutschland von 1910 bis 1937 / Marianne Walter.

Westfälischer Anzeiger Verlagsgesellschaft, Hamm: 1998
EST: The Poison Seed <dt.>
ISBN 3-924966-20-6

ISBN 3-924966-20-6

Redaktion und Lektorat: Dunja Berthold, M. A.
Titel, Satz, Lithografie und Druck: Griebsch & Rochol Druck GmbH, 59069 Hamm

Bindung: Hunke & Schröder, 58638 Iserlohn

Printed in Germany 1998

Die Autorin:

Marianne Walter wurde 1910 in Hamm/Westfalen geboren als Tochter des Arztes und Kunstmäzens Dr. Emil Löhnberg und seiner Ehefrau Selma. Laut ihrer Personalausweise sind sie „mosaischen Glaubens", aber sie sind keine religiös praktizierenden Juden, sondern betrachten sich als deutsche Bürger. Marianne absolviert ihre Schuljahre in verschiedenen Orten Deutschlands und studiert Architektur in Darmstadt und Berlin. Mit dem Architektur-Diplom und zehn Reichsmark in der Tasche flüchtet sie 1937 nach London und arbeitet erfolgreich als Architektin, nachdem sie auch die britischen Diplome für Architektur und Städtebau erworben hat. Sie wird Mitglied des Königlichen Institutes Britischer Architekten und des Königlichen Institutes für Städteplanung. Sie ist die erste, die 1938 eine Gesellschaft gründet, die auf dem Lande Schul-Camps für im Kriegsfall evakuierte Kinder einrichten soll. 1941 heiratet sie ihren Freund Dr. Joe Walter, der als Radiotherapeutiker in Sheffield arbeitet. Sie ist die erste Architektin in Sheffield und engagiert sich gemeinsam mit ihrem Mann in verschiedenen Organisationen für Gesundheits- und Wohnungsbaufragen. Sie hält Vorlesungen in der Erwachsenenbildung (Workers Education Association), unterrichtet an Schulen und einer Hochschule Bauzeichnung, gründet einen Altenclub und eine Kammermusikgruppe. Für das Lehren und Konzertieren des Cellos werden ihr u. a. Diplome des Königlichen Collegiums für Musik verliehen. Als 1979 ihr Mann stirbt, zieht sie in die Nähe ihrer Tochter Leonor, einer Rechtsanwältin, und deren Familie nach Macclesfield. Ihr Sohn Oliver, der als promovierter Ingenieur für Elektronik in London arbeitet, ermutigt sie immer wieder, ihre Lebenserinnerungen aufzuschreiben. In Großbritannien unter dem Titel „The Poison Seed" erschienen, empfiehlt das Oxford und Cambridge Prüfungsamt diese Autobiographie Schülern mit dem Abiturfach Geschichte.

Inhalt

Vorwort

„Die Saat ging auf" ist die autobiographische Geschichte einer jungen Deutschen während der Weimarer Republik und des Aufstiegs des Dritten Reiches. Marianne Walter beschreibt, wie ihr allmählich bewußt wurde, daß Jüdin zu sein Verfolgung bedeutete. Es bedeutete auch, für alle wirklichen und eingebildeten Schwierigkeiten, die das deutsche Volk nach dem Ersten Weltkrieg hatte, verantwortlich gemacht zu werden. Sie beobachtete, wie die Saat des Antisemitismus in den Köpfen der Deutschen wuchs, genährt von dem blinden Haß der Nazipropagandamaschine. Diese Saat verbreitete sich wie eine schleichende Krankheit, die zum Aufstieg Hitlers, zum Zweiten Weltkrieg und schließlich zum Holocaust führte.

Geboren mit einem fragenden Intellekt und Wissensdurst, hatte Marianne Walter das Privileg, in einem kultivierten Zuhause voller Musik, Bilder und Bücher zu leben. Ihre Eltern, Selma und Dr. Emil Löhnberg, konnten viele Künstler und Persönlichkeiten in der Weimarer Republik zu ihren Freunden zählen, die sie oft besuchten und ihr Leben beeinflußten.

Marianne wurde stark geprägt von ihrem Vater, einem Arzt, und dessen Einsatz für das Wohl seiner Patienten, zu denen Bergarbeiter, viele einfache Menschen und Unterdrückte gehörten. Er wendete viel Zeit und Kraft auf, um deren Leben zu verbessern, und besaß einen tiefen Glauben an das Gute im Menschen sowie eine große Liebe zur Natur.

Ihr Vater pflanzte Marianne ein tiefes Empfinden für Recht und Unrecht ein. Sein Tod einige Monate nach einer Attacke von Nazi-Rowdies war für sie ein harter Schlag, der erst Linderung fand, als die Stadt Hamm im Jahre 1990 einen jährlichen Kulturpreis stiftete, der den Namen ihres geliebten und geachteten Vaters, Dr. Emil Löhnberg, trägt.

Außer während der wenigen Jahre, in denen sie zu Hause von ihrem liebenswerten und kenntnisreichen Hauslehrer Dr. Krökel unterrichtet wurde, lernte Marianne eine Vielzahl von Schulen kennen. Ihre Schultage waren nicht leicht. Sie erfuhr nicht nur die Qual und Verwirrung aller Kinder, die in einer Erwachsenenwelt leben und lernen, sondern erinnert sich auch an ihre Bestürzung, als ihr der Antisemitismus und das Verbrechen, Jüdin zu sein, bewußt wurden.

Es gab wenige Nicht-Juden, die es wagten, mit ihr zu sprechen, und oft sah sie sich der Feindschaft ihrer Lehrer und der Arroganz antisemitischer Studenten gegenüber. Schließlich mußte sie erkennen, daß sie von ihrem eigenen Volk ausgestoßen wurde, daß Menschen sich abwandten, wenn sie sich näherte. Sie sahen sie mit haßerfüllten Blicken an, schlossen sie von Diskussionen aus und weigerten sich sogar, in Hörsälen neben ihr zu sitzen. All dies, weil sie als Jüdin gebrandmarkt war.

Marianne hätte sich viel Kummer ersparen können, wenn sie ihr Haar blond gefärbt hätte, denn weder sie noch ihre Eltern waren religiös praktizierende Juden. Aber die Ansichten ihres Vaters hatten sie stark geprägt, und stolz weigerte sie sich, ihr Jüdisch-Sein zu leugnen: „Wenn ich das täte, müßte ich mich vor mir selber schämen." Sie war entschlossen, ihr Studium abzuschließen. Trotz Angst, Hunger und Isolation riskierte sie ihr Leben, um ihren Wunsch, Architektin zu werden, zu verwirklichen.

Als Nazischlägereien zum Alltag wurden und Freunde über Nacht verschwanden, begriff die damals 27jährige endgültig, daß ihr Heimatland sie verschmähte. Sie traf die schwierige Entscheidung, ihr geliebtes Deutschland zu verlassen. Schweren Herzens und mit nur zehn Mark in der Tasche nahm sie 1937 ein Schiff nach England. Überleben war das einzige, was zählte.

Llin Golding, Member of Parlament [1]

Präambel

Ein Vierteljahrhundert nach dem Zweiten Weltkrieg fragte die deutsche Frau unseres Nachbarn in Sheffield meinen Mann und mich: „Warum haben unsere Eltern nur die Dinge getan, die sie damals getan haben?“ Warum? Diese Frage war für mich der Anstoß, dieses Buch zu schreiben, obwohl die Idee dazu schon viele Jahre in mir schlummerte.

Mein Sohn Oliver drängte: „Du mußt alles aufschreiben, damit wir es nicht vergessen.“

Ich habe in der Hoffnung geschrieben, daß meine Erinnerungen ein wenig zum Verständnis eines wichtigen historischen Zeitraums beitragen. Wie Nikolas Berdjajew schrieb: „Die Vergangenheit . . . zu vergessen . . . würde einem Zustand von Wahnsinn gleichkommen, in dem die Menschheit von den Fetzen der Zeit lebte, in ihren zerrissenen Augenblicken, ohne ein koordinierendes Prinzip.“

Diese Autobiographie meiner Jugendzeit ist 1992 in England mit dem Titel *The Poison Seed – a Personal History of Nazi Germany* (wörtlich übersetzt: Die Giftsaat – eine persönliche Geschichte Nazi-Deutschlands) erschienen. Ich habe für die deutsche Publikation einen anderen Titel gewählt, damit es nicht zu Mißverständnissen kommt. Es geht mir nicht um Schuldzuweisungen an das deutsche, an mein Volk, ich will auch nicht abrechnen mit dem Land, das meiner Familie seit vielen Generationen die Heimat gewesen ist, und ich blicke nicht im Haß zurück. Aber ich beschreibe mit den Augen eines Kindes, einer Jugendlichen, einer Erwachsenen das Land, in dem die Saat des Antisemitismus Wurzeln schlug und grausame Früchte im Nationalsozialismus trug. Deutschland war meine Heimat, aber 1937 wurde England meine Zukunft.

Dankbar bin ich für die vielfältige Hilfe bei der deutschen Veröffentlichung all denen, die sich in irgendeiner Weise für die Publizierung meiner Autobiographie eingesetzt haben, besonders der Hammer Stadtarchivarin i. R. Ilsemarie von Scheven.

Caroline Schneider danke ich für die sprachliche Überarbeitung meiner englisch-deutschen Übersetzung, Wolfgang Komo für die historisch fundierte Einordnung meiner Erinnerungen, dem Westfälischen Anzeiger für die Veröffentlichung und der Lektorin Dunja Berthold, die sich in jeder Form für diese Publikation engagierte.

1. Arthur

Die ganze Familie war in Aufruhr wegen Arthur. Weder sein Vater Bernhard Löhnberg noch dessen Frau Henriette noch irgend jemand der Tanten und Onkel hatte jemals etwas derartiges gehört. Der Vater wollte nicht mehr mit Arthur sprechen. Ja, er schämte sich sogar, seinen Kunden zu begegnen. Er war so tief beschämt, daß er sich nicht einmal überwinden konnte, mit Henriette darüber zu reden.

Es war im Jahre 1891. Der älteste Sohn Emil war in den Ferien nach Hause gekommen. Er studierte Medizin in Bonn und war an einen fröhlichen Empfang gewöhnt, an Scherze und Gespräche am Familientisch im westfälischen Hamm. Er verstand dieses betretene Schweigen nicht. Sogar seine jüngere Schwester Ottilie saß am Tisch und starrte nur auf ihren Teller. Sie hob nicht einmal den Kopf, um Emil anzusehen oder ihn gar, wie üblich, mit einem Lächeln willkommen zu heißen.

„Was ist los?" wollte Emil wissen.

„Ich werde nachher mit dir darüber sprechen" war alles, was er aus seinem Vater herausbringen konnte.

Als die stumme Mahlzeit vorüber war, bedeutete der Vater Emil, ihm in sein Zimmer zu folgen. Als Emil aufstand, hörte er, wie Arthur ein Schluchzen unterdrückte.

„Was ist passiert, Arthur? Geht es dir nicht gut?" Arthur brach in Tränen aus und lief aus dem Zimmer. Niemand rührte sich, um ihm zu folgen. Niemand, nicht einmal seine Mutter, sprach ein Wort des Trostes. Unwillkürlich machte Emil einen Schritt, um hinter Arthur herzugehen, doch sein Vater hielt ihn zurück und sagte: „Du kommst mit mir!"

In Deutschland wurden damals junge Leute dazu erzogen, ihren Eltern widerspruchslos zu gehorchen; der unabhängig denkende, willensstarke, zwanzig Jahre alte Emil folgte seinem Vater ins Rauchzimmer. Sein Vater betrachtete die Pfeifensammlung, die an der Wand hing, nahm die längste Pfeife, stopfte sie sorgfältig, zündete sie an und schloß den Deckel.

Dann räusperte er sich, und zwischen den Zügen brachte er schließlich heraus:
„Arthur muß nach Amerika gehen, und zwar so schnell wie möglich. Er hat Schande über seine Eltern gebracht, ja über die ganze Familie. Ich habe so etwas noch nie erlebt!“
„Aber er ist noch keine sechzehn, er geht noch zur Schule. Was hat er denn angestellt?“
„Ich weiß nicht, wie ich es dir sagen soll.“ Bernhard, hochrot im Gesicht, stand auf und sah aus dem Fenster, das zu der geschäftigen Bahnhofstraße lag. „Diese Schande! Es wird bald in der ganzen Stadt bekannt sein. Deine arme Mutter!“
„Wirst du mir endlich sagen, was mit euch allen los ist? Was hat Arthur denn getan?“
„Es ist unaussprechlich – hm – er hat sich entblößt“, brachte Bernhard endlich heraus.
„Du meinst, er hat seine Genitalien entblößt?“ Emil sagte immer, was er meinte.
„Ja, und noch dazu in aller Öffentlichkeit.“ „Wie oft? Einmal? Mehrmals? Und wo? In der Schule?“
Bernhard zögerte: „Nein, ich glaube nicht, nicht in der Schule.“
„War etwas los mit ihm? War er krank oder verstört oder was?“
„Nein, das nicht; er war nicht krank.“
„Wie macht er sich in der Schule? Er war immer gut im Sport.“
„Es gab einen Kampf. Arthur wurde übel zugerichtet, er kam mit blutender Nase nach Hause, seine Hose war so zerrissen, daß wir sie wegwerfen mußten. Na ja, Jungen streiten nun mal.“
Emil war überrascht. „Arthur ist verprügelt worden? Aber er ist doch sehr stark. Wer war es?“
„Oh, sie haben sich gegen ihn zusammengerottet, sechs oder sieben, und er war allein. Aber das hat nichts damit zu tun. Er muß die Schule verlassen, er muß Deutschland verlassen. Wir werden das nie verwinden. Ich bestehe darauf, daß er so bald wie möglich nach Amerika geht.“

„Laß mich mit Arthur reden", sagte Emil. „Mir scheint, er braucht uns jetzt mehr denn je, und ich glaube, er sollte zu einem Arzt gehen. Vielleicht ist er seelisch gestört. Er ist noch nicht erwachsen, und es ist vielleicht nur eine vorübergehende Phase. Möglicherweise könnte ein guter Arzt ihm helfen."
„Wir sind eine anständige Familie. Ich möchte nicht, daß er unseren guten Namen hier in Hamm ruiniert." Emil merkte, wie er ärgerlich wurde. Sein Vater war stur.
„Du würdest eher sein Leben ruinieren, nicht wahr, Vater?"
„Sprich nicht so mit deinem Vater! Wie kannst du es wagen!"
„Vater, Arthurs Leben und Zukunft stehen auf dem Spiel. Wenn du ihn jetzt aus der Schule nimmst und ihn ohne eine richtige Ausbildung, ohne einen erlernten Beruf, von der Familie und von seinen Freunden fortschickst, dann wirst du sein ganzes Leben zerstören." Emil war wütend auf seinen Vater, aber er merkte, daß er alles nur verschlimmern würde, wenn er noch mehr sagte. Nach einer kurzen Pause fügte er so ruhig wie möglich hinzu:
„Ich sage dir, das ist eine medizinische Angelegenheit, und du mußt ihn zu einem Arzt schicken."
Vater Löhnberg zog an seiner Pfeife. Er war immer stolz auf Emil gewesen. Keines seiner anderen Kinder hätte es gewagt, so mit ihm zu sprechen. Aber er fühlte sich gedemütigt und verwirrt, und er konnte Emils Ansicht nicht akzeptieren.
Emil schlief nicht viel in dieser Nacht. Er mußte an seine eigenen Schultage in Hamm denken. Als kleiner Junge in der Volksschule mußte er täglich an einem Gymnasium vorbei. Wenn die großen Jungen ihn sahen, riefen sie immer „Jude! Jude!" hinter ihm her, und manchmal warfen sie Steine nach ihm. Einmal kam er sehr verschreckt nach Hause. Er hatte eine heftig blutende Wunde am Bein, weil die großen Jungen mit ihren stolzen Gymnasiastenmützen ihn in eine Ecke an die Schulhofmauer gedrängt hatten. Ein Lehrer, ein großer blonder Mann, war aus dem Schulgebäude herbeigeeilt und hatte die

Jungen zurück in die Klasse geschickt. Er strich dem kleinen Emil über das lockige Haar und versuchte, ihn zu trösten. Er bemerkte nicht, daß der Knabe stark am Bein blutete, wo ihn ein scharfer Stein getroffen hatte. Emil war ein glänzender Schüler, und sein Vater hatte beschlossen, ihn an das bekannte Gymnasium Petrinum in Brilon zu schicken. Es war eine lange Zugreise, aber der Junge konnte dort bei einer jüdischen Familie wohnen. Arthur und die anderen Geschwister mußten in Hamm zur Schule gehen.

In dieser Nacht warf sich Emil hin und her, er konnte nicht einschlafen. Plötzlich wurde ihm bewußt, wie sehr sein Bruder in der Schule gelitten haben mußte. Nicht, daß sie je darüber gesprochen hätten, aber er wußte genug aus eigener Erfahrung. Er fragte sich, ob Arthurs auffälliges Verhalten das Ergebnis der Schlägerei in der Schule sein konnte. Ein Schock konnte seltsame Verhaltensweisen hervorrufen, das wußte er: Ein Schock konnte Gedächtnisverlust und sogar Persönlichkeitsveränderungen verursachen. Emils Professor in Bonn hatte seinen Studenten davon berichtet, daß einige Soldaten, die aus dem glorreichen französisch-preußischen Krieg heimgekehrt waren, an allerlei Krankheiten, nicht nur physischen, litten. Es kam vor, daß ihre Familien das Zusammenleben mit dem mürrischen Vater oder dem streitsüchtigen Ehemann nicht länger ertrugen. Arthur war von einer ganzen Bande Jungen zusammengeschlagen worden, sechs oder sieben, hatte sein Vater gesagt. Sie waren ganz sicher Feiglinge, und Feiglinge sind grausam. Vielleicht hatte Arthur seinem strengen Vater nicht alles erzählt. Seine Hosen waren zerrissen. Wie seltsam. Sein Vater hatte gesagt, man habe sie wegwerfen müssen. Emil hatte seine eigenen bitteren Erfahrungen damit gemacht, was sich in Jungentoiletten ereignen konnte. Er beschloß, den Rat seines wohlwollenden Professors in Bonn zu suchen, denn in Hamm war man eher etwas rückständig. Aber vielleicht sollte er zuerst

einmal versuchen, mit Arthur zu reden. Zumindest wußte er nun, was er tun würde, und so schlief er schließlich ein.
Wie gewöhnlich stand Emil um sechs Uhr auf, und es gelang ihm, mit Arthur allein zu sprechen. Aber der Junge litt zu sehr und konnte nicht viel sagen. Nur, daß er sich nicht zu helfen gewußt hatte, „als es über mich kam“, wie er sich ausdrückte. Arthur schien sehr bedrückt und zutiefst verwirrt zu sein. Emil legte ihm den Arm um die Schulter, und sofort begann Arthur wieder zu schluchzen.
„Ich fahre für einige Tage nach Bonn“, sagte Emil, „aber ich komme bald zurück.“ Sofort machte er sich auf den Weg zum Bahnhof. In Bonn suchte er seinen Professor auf, der ihm einen Kollegen empfahl, einen Spezialisten für Geistes- und Nervenkrankheiten. Der Spezialist meinte, Arthurs Fall sei keine allzu ernste Angelegenheit.
„Das kommt viel häufiger vor, als die Leute meinen“, sagte er. „Ist Ihr Vater sehr streng?“ Und als Emil nickte: „Das dachte ich mir. Es scheint immer in angesehenen und strengen Familien vorzukommen. Ihr Bruder muß einen heftigen Schock erlitten haben. Wird er denn mit seinem Vater darüber sprechen können? Nein? Nun, er braucht einen verständnisvollen Arzt, einen älteren Herrn, mit dem er reden kann. Inzwischen sollte er auf jeden Fall weiter zur Schule gehen und Sport treiben. Er ist ein guter Sportler, sagten Sie? Ja, Sport würde ihm gut tun.“
Der Doktor sah Emil durch seine dicke runde Brille an und seufzte. „Was Ihr Bruder nun am dringendsten braucht, ist eine liebevolle Familie; sagen Sie Ihrem Vater das. Dann wird Ihr Bruder aller Wahrscheinlichkeit nach einfach aus der Sache herauswachsen.“ Der Spezialist klopfte Emil auf die Schulter und zog seine goldene Uhr heraus. „Nun, ich habe jetzt ein Seminar zu halten. . .“
„Selbstverständlich, vielen Dank, daß Sie mich empfangen haben.“ Emil schlug die Hacken zusammen, machte eine Verbeugung und ging. „Eine liebevolle Familie, ja! Ein verständnis-

voller Arzt!" Wo aber sollte er in Hamm einen finden? Und wie? Was sollte all das Gerede von der ewig liebenden Güte des Höchsten Wesens? Welchen Sinn hatte das jüdische Gebot, niemals einen Menschen zu erniedrigen? Waren die eigenen Kinder davon ausgenommen?

Wenige Tage später kehrte er nach Hamm zurück. Er fand seine Mutter allein in der Küche, weinend.

„Wo ist Vater? Wo sind die anderen alle?" Herr Löhnberg war Textilkaufmann, und Emil war überrascht, ihn nicht wie gewöhnlich in seinem Geschäft anzutreffen.

„Vater ist mit Arthur nach Hamburg gefahren. Arthur wird das nächste Schiff nach New York nehmen."

Emil war entsetzt. Jetzt konnte er nichts mehr tun. Ebenso wenig Sinn hatte es, mit dem Vater nach dessen Rückkehr aus Hamburg einen Streit anzufangen. Doch trotz aller guten Vorsätze flammte der Streit wieder auf und nahm seinen Lauf.

„Das hast du deinem eigenen Sohn angetan! Du hast ihn rausgeschmissen, nur damit du unangefochten leben kannst!"

„Ich konnte nicht zulassen, daß er unseren guten Ruf ruiniert!"

„Das hast du schon einmal gesagt, Vater! Merkst du denn nicht, daß er krank ist, daß er Unterstützung und Hilfe braucht? Er braucht einen Arzt!"

„Unsinn! Er ist vollkommen gesund, und er ist stark. Nein, Emil, du denkst so, weil du Medizin studierst."

„Es gibt noch andere Krankheiten als Tuberkulose oder ein gebrochenes Bein, Vater."

„Er ist kein Geisteskranker, Emil. Er weiß genau, was er tut."

„Du hast Arthurs Leben ruiniert, Vater. Wie wirst du je damit leben können?"

Obwohl die Ferien noch nicht ganz vorüber waren, fuhr Emil zurück nach Bonn, um sein Studium fortzusetzen. Nie hat er seinem Vater dieses Verhalten wirklich verzeihen können. Dieses Ereignis bestimmte Emils Einstellung gegenüber der Religion, die nicht verhindert hatte, daß ein rechtschaffener und gottesfürchtiger Jude mit seinem eigenen Sohn so unbarmherzig verfuhr. Es bestimmte Emils Einstellung gegenüber gesellschaftlichen Konventionen, die zu Scheinheiligkeit und Härte führten. Er begann, Lessing, Freiligrath, Heine und besonders Kant zu lesen. Arthurs Tragödie überschattete die verbleibenden Studienjahre dieses hochbegabten jungen Mannes, und er hat niemals, weder damals noch irgendwann später, verstanden, daß Menschen anders als vernunftgemäß handeln können.

*

Nach dem Zweiten Weltkrieg schrieb mir Arthur nach Sheffield. Er war damals schon ein alter Mann, und seine Frau war gestorben. Einige Verwandte in New York waren sehr gut zu ihm gewesen, schrieb Arthur. Sein Bruder Emil hatte ihnen geschrieben und ihnen Arthurs Schicksal ans Herz gelegt. Emil hatte ihm bis zu seinem Tode regelmäßig geschrieben, und Arthur schrieb, daß Emils Briefe ihn mehr als alles andere aufrecht hielten. Er war glücklich zu erfahren, daß meine Mutter überlebt hatte. Sie war es, die mir von Arthur erzählt hatte. Auch hatte sie ihm mehrmals geschrieben, obwohl sie sich nie begegnet waren. Er hatte von ihr gehört, daß ich Architektin geworden sei, daß ich verheiratet war und eine Familie hatte. Er hoffte, ich würde seinen Brief beantworten.

Natürlich tat ich das, und ich bat ihn, mir mehr über sein Leben zu berichten. Seine Antwort machte mich traurig, denn er war so rührend dankbar dafür, daß ich Kontakt mit ihm aufgenommen hatte. Er hatte als Küchenhilfe in Hotels gearbeitet und schließlich als Koch. Sein Hauptinteresse galt dem Sport, vor allem dem Ringen. Offensichtlich war er darum bemüht, mir mitzuteilen, daß sein Leben – ziemlich – glücklich verlaufen war, obwohl er seit dem Tod seiner Frau sehr einsam war. In jedem Brief erkundigte er sich genau nach meinem beruflichen Fortkommen, meinem Leben und Treiben, nach meinem Mann und den Kindern. Offenbar fühlte er sich von seiner eigenen Familie in Deutschland und von Europa abgeschnitten, denn er

erwähnte seine Brüder nicht und fragte lediglich ein einziges Mal nach seiner Schwester Ottilie. Ich erzählte ihm nicht von ihr, denn ich wollte ihn mit dem Schicksal seiner Schwester nicht belasten.[2] Emil, so schrieb er, war der beste Mensch, den er je gekannt habe. Und so dauerte unser Briefwechsel bis etwa 1950, als ich die Nachricht von seinem Tode erhielt, nur wenige Tage, nachdem er mir abermals geschrieben hatte. Diesen letzten Brief hatte er mit den Worten beendet, er hoffe, Emils Charaktereigenschaften seien auch die meinen.
Emil war mein Vater.

2. Eine deutsche Kindheit

Kindertage in Hamm und im Stryckhaus

Es war die Gewohnheit meines Vaters, um sechs Uhr aufzustehen, um schwimmen oder reiten zu gehen. Manchmal wurde er

Textilhandelsgeschäft von Bernhard Löhnberg und Geburtshaus von Dr. Emil Löhnberg, Bahnhofstraße/Ecke Moltkestraße um 1910 (Stadtarchiv Hamm)

von meiner Mutter begleitet. Danach duschte und frühstückte er. Um acht Uhr begann er, seine Patienten zu behandeln, die teilweise schon seit sieben Uhr warteten. Er war Hals-Nasen-Ohren-Spezialist.

Dr. Emil Löhnberg im Festungslazarett Warschau 1918 (Stadtarchiv Hamm, Foto: Richard von Scheven)

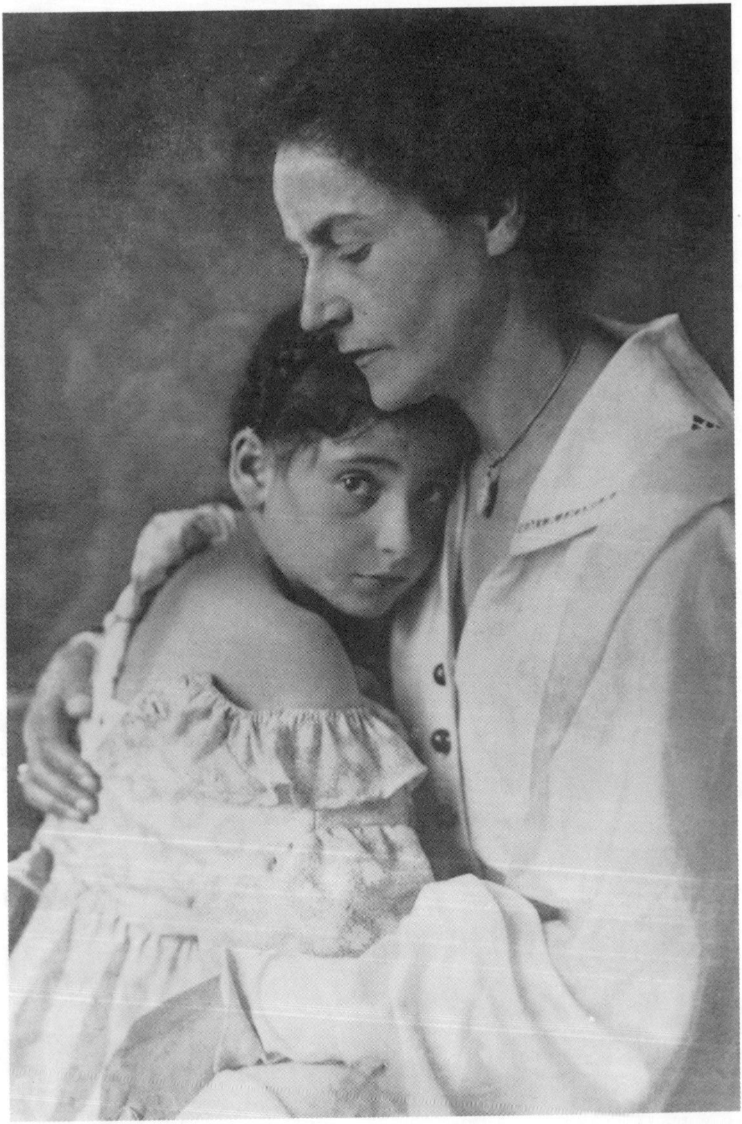

Selma Löhnberg und Marianne im Alter von 9 Jahren (Marianne Walter)

Der Eingangsflur des Hauses Friedrichstraße 30 in Hamm war von italienischen Handwerkern mit Terrazzo ausgelegt worden. Die Handwerker hatten ihr Heimatland verlassen, um in Deutschland Arbeit zu finden, da die Löhne in Italien sehr niedrig waren. Neben dem Wartezimmer gab es drei große Räume mit medizinischen Instrumenten in Glasschränken. Jakob, das Skelett, stand in einem Glasschrank in der Ecke. In einem der Räume wurden kleinere Operationen vorgenommen.

Friedrichstraße 30 um 1919/20, Wohnung und Praxis von Dr. Emil Löhnberg, ab 1920 im Besitz des Ehepaars Dr. Richard und Irmgard von Scheven (Stadtarchiv Hamm)

Mein Vater hatte einen Operationsstuhl erfunden, an dem er ohne die Hilfe eines Assistenten arbeiten konnte.
Das Wartezimmer und der Empfangsraum waren mit Zeichnungen und Gemälden von Vaters Freund Heinrich Vogeler[3] geschmückt. Sie zeigten schöne Gartenstädte mit Grünanlagen

Friedrichstraße 30, Jugendstil-Wandgestaltung von Heinrich Vogeler, vermutlich zwischen 1908 und 1914 (Stadtarchiv Hamm)

und Schwimmbecken, Pergolen mit Kletterpflanzen und Häuser, die um die Grünflächen herum angeordnet waren. Mein Vater war der Ansicht, es sollten Gartenstädte für die Bergleute angelegt werden. Viele von ihnen waren seine Patienten, weil sie unter den schlechten Wohn- und Arbeitsbedingungen schwer zu leiden hatten. Die Bergwerke waren sehr schmutzig, staubig und schlecht belüftet. In den Zechen gab es keine Waschgelegenheiten, so daß sich die Männer zu Hause in Zinkwannen waschen mußten. Zu jener Zeit hatte Hamm kein öffentliches Bad oder Schwimmbad. Mein Vater, Heinrich Vogeler und andere Deutsche hatten um 1909 englische Gartenstädte besucht und waren tief beeindruckt gewesen von den Ideen Ebenezer Howards und der englischen Gartenstadt-Bewegung, die großzügig von den englischen Quäkern unterstützt wurde.

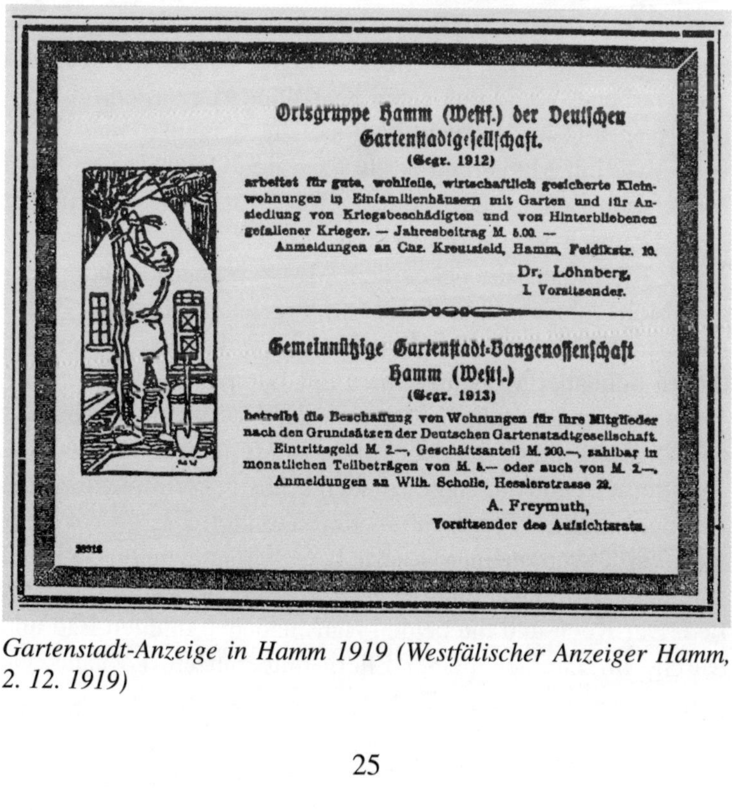

Gartenstadt-Anzeige in Hamm 1919 (Westfälischer Anzeiger Hamm, 2. 12. 1919)

Mein Vater wurde sehr aktiv in der Deutschen Gartenstadt-Bewegung und gründete die *Ortsgruppe Hamm (Westf.) der Deutschen Gartenstadt-Gesellschaft.*[4]
In der ersten Etage unseres Hauses befand sich das Musikzimmer mit Mutters Blüthner-Flügel und zwei großen Porträts von sitzenden Bäuerinnen, die mir wie lebende Menschen erschienen. Eine der Frauen, deren Kopf auf ihrer linken Hand ruhte, war mir zugewandt, ihre großen nachdenklich blickenden Augen aber schauten an mir vorbei, und ich fragte mich, warum sie so traurig war und mich nie richtig ansah. Die andere Frau saß vor einem leuchtendgrünen Hintergrund, auch sie war sehr alt, ihre Hände ruhten auf ihren Knien, und mit einem unergründlichen Gesichtsausdruck schaute sie ganz woanders hin. Sie schien in ihr vergangenes Leben zurückzublicken, und ich fragte mich, woran sie dachte.
Am meisten liebte ich das Gemälde im Frühstückszimmer, das ein junges Mädchen mit großen Augen zeigte. Sie trug ein türkisfarbenes Kleid und einen Kranz aus Margeriten im blonden Haar, und in der Hand hielt sie eine schlanke, malvenfarbene Vase mit Margeriten darin. Es waren Gemälde von Paula Modersohn-Becker. Die weißen Möbel im Frühstückszimmer hatte Heinrich Vogeler entworfen.
In der Bibliothek, die neben dem Musikzimmer lag, hing über dem Mahagonischreibtisch ein von Vogeler geschaffener Kronleuchter aus Messing. Der Kronleuchter stellte drei Pfauen dar, die im Schnabel Messingblumen mit Lampen hielten.
Ein umlaufender Balkon führte an der Küche, am Eßzimmer, das ebenfalls mit Gemälden von Paula Modersohn-Becker ausgestattet war, und am angrenzenden Frühstückszimmer entlang.
Auf der nächsten Etage gab es fünf Zimmer. Das größte Zimmer wurde von meinen Eltern bewohnt und hatte Bad und Dusche. Es gab zwar eine separate Toilette, aber kein separates Bad. Der Koch und die beiden Hausmädchen mußten Bad und Dusche im Zimmer meiner Eltern mitbenutzen. Es hatte wie

das Zimmer meines älteren Bruders einen Balkon. Die Hausmädchen wohnten in Dachzimmern über der zweiten Etage. Mein Kindermädchen Erna Thiele, die bei ihrer eigenen Familie in Hamm lebte, kam morgens gelegentlich ein wenig später. Dann durfte ich zu meiner Mutter ins Bett kriechen. Ich liebte das. Sie duftete immer so gut. Ich frühstückte gemeinsam mit meinen Eltern – mein älterer Bruder Erhart war gewöhnlich im

Erhart und Marianne Löhnberg 1915 (Marianne Walter)

Internat, und ich sah ihn nur selten. Ich bewunderte ihn sehr; vermutlich, weil er viel älter war und ich ihn für sehr klug und gutaussehend hielt.

Erna hatte mehrere Schwestern und Brüder in Hamm. Manchmal ging ich zum Tee zu ihr. Ihre freundliche Mutter trug immer Schwarz. Ernas Vater war Bergarbeiter gewesen und an Staublunge gestorben. Mein Vater arbeitete siebzehn Jahre lang als Arzt für die Knappschaft der Minenarbeiter. Für alle Kumpel, und auch für andere arme Leute und deren Familien, waren Behandlung und Medikamente kostenlos. Den Zechenbesitzern und anderen wohlhabenden Patienten jedoch berechnete mein Vater recht hohe Gebühren. Er war ein viel gefragter Arzt, seine Patienten kamen aus ganz Deutschland und sogar aus dem Ausland. Zu seinen Patienten in Hamm gehörten die Damen Falk, Cousinen von Dr. Albert Schweitzer, der im afrikanischen Busch das berühmte Hospital *Lambarene* gegründet hatte, dessen Name, wie man mir sagte, „Laßt es uns versuchen" bedeutet. Die Damen Falk waren sehr nett zu mir. Sie gaben mir Rosinenbrötchen und ließen mich mit einer riesigen Sammlung winziger Spielzeuge spielen, die teilweise aus China stammten.

Sonntags holte der Kutscher, Herr Uckley, uns oft zu einer Fahrt im Gig ab. Der zweirädrige Einspänner wurde von Emir gezogen, einem freundlichen braunen Pferd, das nicht ganz so groß war wie unsere Hannoveraner Reitpferde. An Wochentagen brachten Herr Uckley und Emir meinen Vater zu den Krankenhäusern, wo er nachmittags operierte, oder zu Hausbesuchen bei seinen Patienten.

Sonntags fuhren wir oft hinaus in die flache Landschaft, die von kleinen Flüssen durchzogen war, an deren Ufern gekappte, knorrige Weiden wuchsen. Bei einem alten Schloß, das von einem zugewucherten, morastigen Graben umgeben war, aßen meine Eltern, meine geliebte Erna und ich zu Mittag. Danach durfte ich mit den Kindern spielen. Es war uns verboten, in den Ruinen des Schlosses zu spielen, aber natürlich taten wir es

Schloß Oberwerries um 1910/20, erbaut 1685–1692 (Stadtarchiv Hamm)

doch, obwohl wir sehr gut wußten, daß es gefährlich war. Das Schloß war viel zu groß, als daß die Eltern hätten wissen können, wo wir gerade waren. Ich liebte diese Tage auf Schloß Oberwerries. Die Kinder mit den hellblonden Lockenköpfen hatten immer neue Ideen zu spannenden Spielen wie Räuber und Gendarm oder Verstecken. Emir und andere kleine Pferde grasten auf den Weiden. Die größeren Kinder fingen sie ein, und wir ritten die Pferde ohne Sattel. Die Kinder erzählten mir dann: Das Schloß war wie andere Wasserschlösser in der Umgebung von Hamm vor Jahrhunderten von Raubrittern erbaut worden, die plündernd das Land durchstreiften. Sie überfielen die Bürger von Hamm und raubten sie aus, bis diese sich eines Tages zusammenschlossen, die Raubritter überwältigten und die Schlösser mitsamt den Plünderern in Brand steckten. Die Kinder hatten ihre Geister jammern und klagen hören. Sie hatten sie gesehen, inmitten der weißen Dunstschwaden, die nachts aus den feuchten Wiesen und den Gräben aufstiegen.

Das allerbeste aber war das Haus im Stryck in den Bergen des Sauerlands, im damaligen Fürstentum Waldeck. Zum Stryck reisten wir mit dem Zug, meine Eltern 1. Klasse, aber Erna, die

Hausmädchen und ich 2. Klasse. Von den Mädchen erinnere ich mich am besten an Mariechen Träger, mit ihren lachenden braunen Augen und den dicken, langen Zöpfen, die sie um den Kopf gesteckt trug. Ließ sie aber die Zöpfe herunterfallen, dann reichten sie ihr fast bis zum Knie. Doch niemand glich Erna. Erna war meine ständige Begleiterin, sie lehrte mich, Märchen zu lesen, und abends sang sie für mich. Ich kann mich nicht daran erinnern, daß sie jemals böse mit mir gewesen ist.
Gewöhnlich holte uns ein Pferdewagen vom Bahnhof des schiefergedeckten Dorfes Willingen ab und brachte uns hinauf zum Stryckhaus, das etwa 50 Minuten entfernt lag.
Das Haus stand in einem Winkel zwischen zwei Wäldern, Tannen im Westen und Buchen im Osten, es war aber nach Süden dem Tal zugewandt. Weiter unten im Tal standen zwei Mühlen, die von zwei verschiedenen Flüssen getrieben wurden, das Haus des Oberförsters und das Haus des Försters. Außer diesen gab es nur noch ein einziges Haus, einen Bauernhof im Osten des Tales.
Um die Eingangstür zu erreichen, ging man auf eine Veranda hinauf. Darüber stand: *Im Jahre 1911 hat Heinrich Vogeler dieses Haus erbaut für Selma und Emil Löhnberg.*
Später, als ich lesen gelernt hatte, konnte ich auf zwei Balken, die das Dach über der Veranda stützten, zwei weitere Sprüche lesen: *Die Sonne scheint nicht ihm, der Regen fällt nicht ihr, du auch bist anderen geschaffen und nicht dir.* Der andere lautete: *Alls Zeitlich ist ein Rauch, lässt du es in dein Haus, dann beißt es dir fürwahr des Geistes Augen aus.*[5]
Im Stryck gab es viele Gemälde von Künstlern wie Max Schulze-Sölde und Christian Rohlfs, Zeichnungen von Oskar Kokoschka, eine Skulptur aus weißem Porzellan von Ernst Barlach. Sie stellte zwei sich zurücklehnende Bauern dar. Die Konturen und Flächen waren sehr einfach, die Skulptur hatte einen versonnenen Ernst, ein unvergeßlicher Eindruck. Vielleicht das großartigste Gemälde war eines von Christian

Rohlfs: *Jüngling, der dem Vogel lauscht.* Es leuchtete in Blau-, Braun- und Grüntönen.[6]

Ich liebte die Nächte, wenn der ganze Himmel mit leuchtenden, wunderbaren Sternen übersät war und man aus den dunklen Wäldern das Röhren der Hirsche hörte, das fast wie Hundegebell klang. Die Eulen kamen bis dicht ans Haus, und man konnte oft ihre melancholischen Schreie hören. Rehe und Hasen fürchteten sich zwar vor unseren großen Dänischen Dog-

Haus im Stryck um 1911 von Heinrich Vogeler (Marianne Walter)

gen, aber wenn der Schnee sehr hoch lag, dann trieb der Hunger sie auf der Suche nach Futter doch bis zu unserer Veranda herauf.

Der Fürst von Waldeck konsultierte meinen Vater im Stryckhaus. Er kam in einer Kutsche, die von vier prächtigen Schimmeln gezogen wurde. Er hatte große, vorstehende Zähne und ein lautes, rauhes Lachen. Nach ihm kam ein tauber Bauer an die Reihe. Ich mußte eine Schale an seinen Hals halten während mein Vater eine Spritze nahm und seine Ohren ausspülte. Als der Mann da saß, um sich zu erholen, sprach mein Vater zu ihm. Plötzlich rief der Bauer: „Ich kann wieder hören! Ich kann Sie hören! Ich kanns kaum glauben! So viele Jahre war ich ja stocktaub!" Ich war überglücklich, daß ich dieses Wunder miterleben durfte.

*

Jedes Jahr fuhr mein Vater einmal nach Berlin, um bei einem berühmten Professor für Hals-Nasen-Ohren-Krankheiten die neuesten Techniken zu studieren und mit ihm zusammen zu operieren. Erna blieb dann bei mir zu Hause in Hamm, so daß meine Mutter meinen Vater begleiten konnte. Meine Mutter erzählte mir später, daß einige von Vaters Kollegen behaupteten, mein Vater müsse weiter studieren, weil er nicht gut genug sei. Tatsächlich arbeitete mein Vater äußerst hart und studierte medizinische Fachliteratur, auch in französischer und englischer Sprache, oft bis ein Uhr nachts. Er schrieb Artikel für die *Frankfurter Zeitung*, die *Vossische Zeitung* und andere. Er schrieb u. a. über Themen wie Erkältungskrankheiten, Hygiene oder die Ernährung der Familie. Er erklärte, wie wichtig es sei, grünes Gemüse und frisches sonnengereiftes Obst zu essen. Er war gegen den Gebrauch von Zucker und schrieb, daß in sonnengereiftem Obst genügend Zucker enthalten sei. In seinen Artikeln warnte er vor der Abhängigkeit von Medikamenten und empfahl Sonnenschein und Leibesübungen zur Behandlung von Erkältungen. Zu Hause gab es oft Haferbrei ohne

Zucker, Vollkornroggenbrot und viel Obst. Ich mußte nicht nur die Äpfel mit Schale essen, sondern auch das Kerngehäuse, das ich gar nicht mochte. Bis zu meinem 11. Lebensjahr waren mir keine Süßigkeiten erlaubt. Das Wichtigste war meinem Vater jedoch, daß ausschließlich abgekochte Milch verwendet wurde. Eine durch Milch verursachte Tuberkulose führte zum Tod nicht nur vieler kleiner Kinder, sondern auch vieler Erwachsener. Pasteurisierte Milch gab es damals eben noch nicht.

Morgens behandelte Vater Patienten in seiner Praxis, nachmittags operierte er in Krankenhäusern oder machte Hausbesuche. Auf diesen Wegen kutschierte ihn Herr Uckley im Einspänner durch die Straßen bis in die nahegelegenen Dörfer. Immer wieder lobte Vater die katholischen Nonnen, besonders diejenigen, die im Krankenhaus arbeiteten. Denn diese widmeten sich den Patienten mit besonderer Aufopferung, sagte er, und seien dabei immer fröhlich.

An manchen Abenden wurden die Schiebetüren zwischen Musikzimmer und Bibliothek geöffnet, wodurch ein großer Raum entstand. Wenn Freunde meiner Eltern kamen, sollte ich eigentlich schon im Bett sein. Sobald ich aber unten Musik hörte, schlich ich hinunter, setzte mich heimlich auf die Treppe und hörte zu. Der Geiger Paul Erdensohn, der der letzte Schüler des berühmten Joseph Joachim gewesen war, kam und spielte für uns. Man erzählte sich, daß sich Joseph Joachim, der aus einer österreichisch-ungarischen jüdischen Familie stammte, damals bereits vom Unterrichten zurückgezogen hatte und keine Schüler mehr hatte annehmen wollen.[7] Er ließ sich aber überreden, den jungen Paul Erdensohn anzuhören, und danach sagte er: „Diesen jungen Mann werde ich annehmen, aber er soll mein letzter Schüler sein." Manchmal wurde Erdensohn von meiner Mutter auf dem Blüthner begleitet. Sie selbst war Schülerin eines bekannten Kölner Professors und studierte später mit der Konzertpianistin Lony Epstein, die hin und wieder zum Stryck kam und dort jeden mit ihrem brillanten Spiel von

Mozart, Beethoven und Schubert begeisterte. Die rothaarige, blauäugige Lony besaß ein Klavier, das Mozart gehört hatte. Jedes Jahr verlieh sie es an die Salzburger Festspiele, selbst als sie schon längst in New York lebte.
Einmal kam meine ältere Cousine Charlotte Bara aus Brüssel, wo ihre Familie lebte.[8] Schon als Kind zeigte sie eine ungewöhnliche Begabung zum Tanzen, und bereits als Vierzehnjährige wurde sie für öffentliche Aufführungen engagiert. An dem Abend hatte ich die Erlaubnis, für kurze Zeit bei den Erwachsenen zu bleiben und Charlotte beim Tanzen zuzuschauen. Sie

Charlotte Bara 1920, (Marianne Walter)

glänzte in indischen Schals und war in einen mit kleinen Perlen und glitzernden Sternen besetzten Samt gehüllt.
Einige Jahre später tanzte sie im Stryck den sogenannten Totentanz. Meine Mutter erklärte mir, daß dieser Tanz von Skulpturen in großen, mittelalterlichen Kathedralen inspiriert war. Der Tod kam und nahm alle mit fort: die Alten, die ihm willig folgten; die Kinder, die glaubten, daß es nur ein Spiel sei und junge Männer und Frauen, die nicht mit dem Tod fortgehen wollten. Die Männer wehrten sich, und die jungen Frauen weinten und flehten darum, noch ein wenig länger dableiben zu dürfen. Charlottes Kostüm für diesen Tanz war ein sehr einfa-

Charlotte Bara, Ölgemälde von Heinrich Vogeler 1918 (Marianne Walter)

ches kurzes Gewand, mit einer dicken Kordel gegürtet. Sie tanzte barfuß, ihr Haar trug sie offen. Ich glaube, Lony begleitete sie mit Musik von Claude Debussy. Ich war so bewegt von dem Tanz, daß ich nach der Vorführung in die Toilette im Keller flüchtete und dort weinte.

Das erste Schwimmbad, der Erste Weltkrieg, die erste Schule

Mein Vater und sein Freund, der Augenarzt Dr. Paul Viktor Richter[9], drängten den Stadtrat in Hamm zum Bau einer öf-

Dr. Paul Viktor Richter in seiner Praxis ca. 1920 (Stadtarchiv Hamm)

fentlichen Badeanstalt mit Bädern, Dampfbädern und Schwimmbecken. Es gab heftige Opposition gegen eine solche „Verschwendung“ und solche „neumodischen Ideen“. Einer der Stadträte meinte, daß Hamm bisher sehr gut ohne eine solche Einrichtung zurechtgekommen sei, und das solle auch so bleiben. Doch Dr. Richter und mein Vater organisierten eine öffentliche Versammlung, in der sie begründeten, warum in einer ziemlich schmutzigen Industriestadt, die außerdem ein wichtiger Eisenbahn-Knotenpunkt besonders für Güterzüge war, solche Bäder notwendig seien. Mein Vater sprach eindringlich und einfach und beeindruckte alle Anwesenden – die Presse eingeschlossen. Er erklärte, wie notwendig Hygiene und Verständnis für Krankheiten seien, die von mangelnder Hygiene verursacht würden. Er stellte gerade jenen Stadtrat, der am stärksten gegen ihn gewesen war, geschickt als Förderer des Projekts dar. Vaters Rede wurde an markanter Stelle publiziert, und daraufhin wollte der Stadtrat die Worte, die mein Vater ihm in den Mund gelegt hatte, nicht leugnen. Er sprach sich nun glühend für das Vorhaben aus, wie auch andere Stadträte. So kam es zum Bau des ersten öffentlichen Bades und Schwimmbades in Hamm

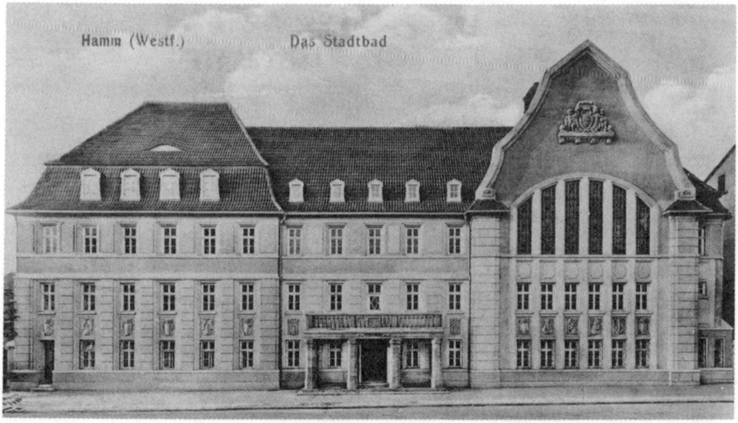

Stadtbad Hamm, eröffnet Oktober 1913 (Stadtarchiv Hamm)

Schwimmhalle im Stadtbad (Stadtarchiv Hamm)

dank des Einsatzes der beiden Freunde, der Ärzte Viktor Richter und Emil Löhnberg. Einige Stadträte schienen sich aber weiterhin über die sozial gesinnten Doktoren zu ärgern, denn keiner der beiden wurde aufgefordert, dem Komitee anzugehören, das nach dem Bau die Bäder verwaltete.

Meine Mutter nahm mich mit zum Schwimmen, als ich etwa vier Jahre alt war. Selbst nach heutigem Standard war das Bad sehr gut ausgestattet, obwohl es vor dem Ersten Weltkrieg gebaut worden war. Man duschte und wusch sich die Füße, bevor man ins Schwimmbecken ging. Alles glänzte und schimmerte, auch das türkische Dampfbad mit den anschließenden kleinen Becken und Duschen. Das Bad wurde bald sehr beliebt, und andere Städte schickten Delegationen, um aus Hamms Erfahrungen zu lernen.

An meinem vierten Geburtstag war ich in Hamm, wo wir Besuch von Freunden meiner Eltern, Carl Weidemeyer und seiner Frau, Asta Lange, bekamen. Sie hatten einen großen, höchst aristokratischen rehfarbenen Persianerkater. Man erzählte mir, daß Persien sehr, sehr weit von Hamm entfernt sei, und das

erklärte mir auch das Benehmen des Katers. Er schaute mich an, schloß halb seine gelben, schwarz umrandeten Augen, legte die Ohren zurück und hob eine seiner samtenen Pfoten. Plötzlich machte er einen Satz und schlug mich hart mit seiner Pfote, in der viele kleine scharfe Messer verborgen waren. Er verletzte mich, die ich mich so gerne mit ihm angefreundet hätte.
Carl Weidemeyer und Asta lebten in der Künstlerkolonie Worpswede, nicht weit von Bremen.[10] Am besten gefiel mir seine hübsche Sammlung von Spielhäusern, die er nach dem Vorbild des alten Marktplatzes von Bremen entworfen hatte. Diese erlesen gestalteten und bemalten Spielhäuser wurden in Deutschland sehr bekannt, und 1982 entdeckte ich bei *Woolworth* in Essen Spielzeughäuser, die meiner Ansicht nach auf Weidemeyers Entwurf von vor über einem halben Jahrhundert zurückgingen.[11]

*

Eines Tages saßen wir in Hamm beim Frühstück im Eßzimmer. Meine Eltern waren sehr verstört, meine Mutter weinte, und mein Vater wiederholte immer wieder, wie furchtbar es sei. Er

Dr. Emil Löhnberg 1914 (Marianne Walter)

hatte eine Zeitung mit einer sehr großen, schwarzgedruckten Schlagzeile vor sich.
„Wir sind im Krieg mit England“, sagte er. Diese Szene hat sich tief in mein Gedächtnis gegraben – ich war vier Jahre alt, und der Erste Weltkrieg war ausgebrochen. Ein oder zwei Tage später bemerkte ich eine Veränderung im Gesicht meines Vaters. Vorher hatte er einen Schnäuzer à la Kaiser Wilhelm II. getragen. Jetzt war der Schnurrbart weg. Vollständig.
Kurz darauf erschien Vater in einer Uniform mit glänzenden Knöpfen und weißen Ziegenlederhandschuhen. Dann plötzlich verschwand er ganz. Meine Mutter weinte, nahm mich in ihre Arme und erzählte mir, daß er als Arzt nach Colmar nahe Straßburg an die Westfront gegangen sei. Herr Uckley, der Kutscher, wurde auch eingezogen. Emir und die Reitpferde wurden verkauft, und es gab jeden Tag Steckrüben zum Mittag- und Abendessen.
Meine Mutter übte viel am Klavier, und Erna nahm mich mit in die Konzerte, in denen Mutter den Geiger Paul Erdensohn begleitete. Diese Konzerte fanden nicht in Konzertsälen statt, sondern in großen Hallen voller Betten mit verwundeten Männern. In der Pause ging Erna mit mir zu einigen der Patienten. Sie erzählten, und ich verstand, daß sie Soldaten waren, die im Krieg verwundet worden waren. Krieg bedeutete plötzlich, daß Menschen verletzt wurden. Einige hatten gebrochene Beine, andere konnten nicht mehr sehen und hatten Verbände über den Augen. Ich hatte schreckliche Angst, weil mein Vater im Krieg war. Ich wußte schon, daß Krieg meine Mutter unglücklich machte und daß mein Vater Krieg für unrecht hielt. Jetzt verstand ich plötzlich warum und fing an zu weinen. Erna nahm mich in die Arme und sagte, daß wir nach Hause gehen sollten, weil es schon spät für mich sei. Ich sah die vielen Reihen mit Betten, in denen verwundete Männer lagen, aber ich konnte meine Ängste nicht erklären und weinte einfach weiter.

Eines Tages, als ich in meinem Zimmer im zweiten Stock spielte, sah ich meinen Vater durch das Glasfenster in der Tür. Er öffnete die Tür und kam herein. Er war wirklich da, er konnte sehen, er konnte gehen, und er war nicht verwundet. Er hatte mir Bilder von Colmar und Straßburg mitgebracht. Eines der Bilder war von einem Maler namens Matthias Grünewald. Mein Vater erklärte mir, es stelle einen ganz wunderbaren Menschen dar, der gesagt habe, die Menschen sollten nicht mit dem Schwert gegeneinander kämpfen und Krieg sei böse. Schlechte Menschen hätten ihn getötet, und seine Mutter Maria weinte. Schuldbewußt packte ich all meine Spielzeugsoldaten in eine Kiste. Mein Vater hatte jetzt eine schmucke neue Uniform und einige Orden, darunter das Eiserne Kreuz, außerdem einen Mantel mit Pelzkragen, den ich nicht leiden konnte, weil ich wußte, daß meine Mutter ihn nicht mochte. Vater mußte nun nach Warschau gehen, wo er das *Feldlazarett Nr. 2* leiten sollte. Ich wußte, daß ein Lazarett viele Männer mit gebrochenen Beinen und Verbänden über den Augen bedeutete.

Mutter, Erna, unser Mädchen Frieda Siebert mit der Stupsnase und den grauen Augen und ich fuhren zum Stryckhaus. Mutters Freundin, die Malerin Meta Böhmer, kam auch zu uns.[12] Dort sammelten wir allerlei verschiedene Kräuter, darunter auch Brennesseln, die als Gemüse viel besser schmeckten als die ewigen Steckrüben. Es war Herbst, und am Abend machten wir Feuer mit Holz und Tannenzapfen, die wir im Wald gesammelt hatten. Wir sammelten auch Waldbeeren, Preiselbeeren, Himbeeren und verschiedene Arten von Pilzen. Die wurden getrocknet und ergaben leckere Suppen. Auf dem Land konnte man hin und wieder ein bißchen Fleisch oder ein paar Eier bekommen. In der Stadt aber schien es zu jeder Mahlzeit immer nur Rüben zu geben, und wir waren hungrig auch noch nach der Rübenmahlzeit. Ich erinnere mich an das Wort *Blockade*, das bedeutete, daß die Alliierten den deutschen Schiffen nicht erlaubten, Nahrungsmittel nach Deutschland zu bringen. Das alles gehörte offensichtlich zu diesem bösen Ding, das Krieg genannt wurde. Ich fragte Erna, warum die Menschen denn Krieg führten, wenn doch der große Jesus gesagt hatte, sie sollten das nicht tun. Sie sagte, das liege daran, daß die Menschen schlecht seien und nicht auf sein Wort hörten. Erna war Katholikin.

Selma Löhnberg und Marianne vor der Haustür im Stryck 1917/1918 (Marianne Walter)

Meta Böhmer lehrte mich, mit Wasserfarben umzugehen. Aus Stroh, das wir gesammelt und geschnitten hatten, und aus buntem Papier bastelten wir Weihnachtsdekorationen für die Weihnachtsbäume im Lazarett meines Vaters in Warschau. Es gab kein Telefon und keinen elektrischen Strom im Stryck. Abends saßen wir um den runden Tisch, auf dem eine Öllampe stand, und Meta zeigte uns, wie man schönen Schmuck machen konnte. Meine Mutter las vor, während wir Stroh und buntes Papier schnitten.
Eines Tages machten Meta Böhmer und ich einen langen Spaziergang auf den Ettelsberg. Sie erzählte mir: „Rußland hat Frieden geschlossen. Wir führen keinen Krieg mehr mit Rußland“. Ich tanzte vor Freude.
„Weiß Mutter das schon? Wird Vater bald heimkommen?“
„Nicht alle Länder haben Frieden geschlossen – noch nicht.“
„Gibt es noch Krieg?“
„Ja, der Krieg ist noch nicht aus, aber es wird nicht mehr lange dauern, und dann gibt es wieder Frieden.“
„Wann wird Vater nach Hause kommen?“
„Er und alle anderen Väter werden heimkommen, wenn der Krieg vorbei ist.“
„Und wird Erhart auch kommen?“ Mein älterer Bruder war in ein Internat in Zuoz bei St. Moritz geschickt worden. Da er als Heranwachsender nicht ganz gesund war, hofften meine Eltern, das gute Essen und die Bergluft der Schweiz würden seiner Gesundheit guttun.
„Ja, auch Erhart wird nach Hause kommen“, versicherte Meta Böhmer. Das Grün der Tannen leuchtete, und der Bach sprudelte glitzernd über die Steine in dem steilen, engen Tal hinter unserem Haus, durch das wir gingen. Wir pflückten einen großen Strauß wilder Blumen, die Meta malen wollte. Meine Mutter kam uns auf der Veranda entgegen, und ich erkannte zum ersten Mal, wie schön sie war. Ihr schweres Haar leuchtete wie dunkles Gold in der Abendsonne, sie hatte graublaue Augen

und glänzend weiße Zähne. Meine liebe Erna aber, die sonst immer gelächelt hatte, war sehr still. An diesem Abend sang sie mir am Bett nichts vor. Einer ihrer Brüder war Soldat in Rußland. Niemand erfuhr je, was mit ihm geschehen war. Er kam nie zurück.

*

In den Jahren von 1918 bis 1920 waren wir von Zeit zu Zeit in Hamm, wo Dr. Richard von Scheven die Praxis versorgte.[13] Immer wenn wir in der Friedrichstraße ankamen, knipste ich in der Wohnung zuerst das elektrische Licht an und aus. Dieses Spiel und das Schwimmbad waren für mich die größten Attraktionen von Hamm. Für kurze Zeit wurde ich zu einer Privatschule geschickt. Die Direktorin hatte einen erstaunlichen Namen: Elisabeth Kotenberg. Viele Jahre später lernte ich die Geschichte solcher Namen kennen. Sie wurden der kleinen wehrlosen Minderheit der Juden von den Deutschen gegeben, als im frühen 19. Jahrhundert in Preußen und Westfalen Nachnamen allgemein vorgeschrieben wurden. Einige Leute beeilten sich, angenehme Namen für sich zu wählen, aber wer zu lange zögerte, bekam so einen gehässigen Namen wie die Vorfahren von Fräulein Kotenberg. Die Familien, die auf diese Art lächerlich gemacht wurden, durften ihre Namen nicht mehr ändern. Fräulein Kotenberg fragte alle neuen Schüler: „Bist du katholisch, protestantisch oder jüdisch?“ Meine Antwort war: „Meine Mutter sagt, ich bin musikalisch.“ Ich hatte keine Ahnung, was sie mit ihrer Frage meinte. Dann ließ sie uns einige Linien aufwärts, einige abwärts malen und den Buchstaben *e* in gotischer Schrift schreiben. Ich war verwirrt und begann zu weinen, denn man hatte mir erzählt, daß wir Geschichten lesen und schreiben lernen würden. Die Lehrerin fragte mich, warum ich weinte. Ich sagte, ich wolle schreiben; man habe mir gesagt, daß ich in der Schule schreiben lernen würde. „Erna hat mich gelehrt, Geschichten zu lesen“, schluchzte ich. Das gefiel Fräu-

lein Kotenberg nicht sehr. Warum auch immer, ich war nicht sehr lange auf dieser Schule und durfte zurück zum Stryck.
Eine Lehrerin aus Willingen kam herauf zum Stryck, um mich zu unterrichten. Sie war wirklich nett, aber ich erinnere mich nicht, daß sie mich irgend etwas gelehrt hätte. Auch diese Episode dauerte nicht lange. Erna, die selbst nur die Volksschule besucht hatte, hatte mir das Lesen beigebracht und unterrichtete mich nun auch im Schreiben. Meta Böhmer malte mit mir und zeigte mir, einfache Spielsachen aus Zweigen, Zapfen oder Korken herzustellen. Von August Kemper, einem Mann aus dem Dorf, der nach der Zentralheizung sah und das Haus bewachte, wenn niemand da war, lernte ich, mit einer kleinen Säge und einem Hobel umzugehen und Nägel einzuschlagen.
Dann kam der Geiger Paul Erdensohn für mehrere Monate zu uns, um sich von einer Krankheit zu erholen. Er brachte eine wunderbare kleine Violine für mich mit. Ein Stück Papier mit farbigen Kreisen wurde auf das Griffbrett geklebt und zeigte so an, wohin die Finger gesetzt werden mußten. Er gab mir jeden Tag eine Stunde. Er zeigte mir, den Bogen über die leeren Saiten zu führen und dann mit allen vier Fingern gleichzeitig zu spielen. Ich liebte das Geigespielen, es war einfach herrlich! Jemand hatte mir die Geschichte erzählt, daß sich die ganze Familie Bach frühmorgens, noch im Schlafrock, in der Stube traf und zusammen musizierte. So stellte ich mir das Paradies vor.
Eines Tages kam mein Vater. Der Krieg war wirklich vorbei, und ich war glücklich. Wir saßen in der Diele, wo zwei Flügel standen und ein offenes Holzfeuer in dem grüngekachelten Kamin brannte. Wie die eigentliche Eingangshalle war auch dieser Raum mit naturfarbener kanadischer Kiefer vertäfelt. Alle Türen waren aus diesem Holz, wie auch die Fenster und die Böden. Das ganze Haus war erfüllt von diesem Holzduft. An den getäfelten Wänden hingen Schwarzweiß-Radierungen

von Heinrich Vogeler in schmalen vergoldeten Rahmen. Vor dem Frühstück übte meine Mutter ihre Tonleitern und Etüden in einem Kellerraum, aber wenn sie Mozart, Beethoven oder Bach spielte, tat sie das in der Diele, und ich hörte ihr gerne zu. Mozart liebte ich von Anfang an, später Beethoven und noch später Bach. Eines Abends kündigte Erdensohn an, daß er und ich einige Duette vortragen würden.
Meine Eltern hörten uns zu, und mein Vater schien seltsam ernst. Ich wurde aus dem Zimmer geschickt, und meine Eltern hatten ein sehr langes Gespräch mit Erdensohn. Ein paar Wochen später verließ er uns, und ich hatte keinen Unterricht mehr. Obwohl mein Vater zurückgekommen war, war ich so unglücklich, wie nur ein Kind es sein kann, das unfähig ist, sein Unglück irgendwie auszudrücken. Ich war ja kaum neun Jahre alt. Immer wieder zog ich mich in das Vogelschutzgehege zurück, das mein Vater nicht weit vom Gemüsegarten eingerichtet hatte, und weinte dort um meine Violine. Von diesem großen Kummer habe ich nie jemandem erzählt. Wenn ich meine Mutter in späteren Jahren fragte, warum ich keinen Geigenunterricht mehr bekam, lachte sie verlegen und meinte, daß damals die Zeiten nicht günstig gewesen waren, und überging weitere Fragen. Wenn ich nicht nachgeben wollte, schlug sie mir vor, Cello zu lernen. Sie sei sicher, mir würde es gefallen. Als ich in den Vierzigern war, erzählte meine Mutter mir, was zwischen meinen Eltern und Erdensohn geschehen war. Er hatte ihnen gesagt, daß er aus mir eine Sologeigerin machen wolle. Er habe noch nie eine Schülerin wie mich gehabt, ich könne einfach alles spielen, was er mir zeige. In zwei Jahren wolle er mich als Solistin aufs Konzertpodium bringen. Meine Eltern jedoch hatten „Nein“ gesagt.
Immer wenn ich in Hamm war, bekam ich Bronchitis, oft sehr schlimm, fast wie Keuchhusten. Mein Vater entschied, daß Gesundheit wichtiger sei als Schulunterricht, und so verbrachte ich die meiste Zeit im Stryck, wo das Haus höher als 600 Meter

lag. Aber die einzigen Spielkameraden dort waren die Kinder vom Müller Lange und dem Bauern Stremme. Ihre Eltern waren Vaters Patienten. Wenn die Kinder aus der Schule in Willingen nach Hause kamen, mußten sie arbeiten: Ställe ausmisten, Rüben schneiden, das Vieh auf eine andere Weide bringen oder es am Abend zum Melken zurückholen. Sie durften erst spielen, wenn alle Arbeit getan war. Im Winter schien der Weg zur Dorfschule besonders lang, und wenn möglich, liefen sie auf Skiern. In den Sommerferien mußten sie auch vormittags auf den Feldern arbeiten. Ich wollte nicht immer alleine sein, so arbeitete ich zusammen mit den anderen Kindern. Eines Tages, als wir die Kühe zum Stall brachten, sah ich, daß Gustav Lange nicht richtig laufen konnte. Als ich ihn nach dem Grund fragte, ließ der kleine Junge, damals ungefähr acht oder neun Jahre alt, seine Kordhosen runter, um mir seine Kehrseite zu zeigen. Er hatte große, bläuliche und grünliche Striemen und angetrocknetes Blut auf dem ganzen Gesäß und sogar auf dem Rücken. Sein Vater war zornig auf Klein-Gustav gewesen und hatte ihn mit einem Lederriemen vom Pferdezaumzeug geschlagen. Gustav muß ziemlich robust gewesen sein, um eine solche Behandlung überstehen zu können. Wenn Müller Lange nach seinen Kindern pfiff, flogen alle vier nur so, um seinen Befehlen zu folgen.

Auf unserem Grundstück gab es ein kleines Gebüsch mit einem Teich, der von einem kleinen Bach gespeist wurde. Der Teich war nicht sehr tief, und es gab da viele Frösche, Kröten und Froschlaich. Eines Tages kamen die Lange-Jungen und Willi Dietze, der neuerdings in der Nähe wohnte, zum Spielen an den Teich. Ich erinnere mich nicht, ob auch Mädchen dabei waren. Es gab viel Geschrei und Gelächter am Teich, als ich hinunterlief, um mitzuspielen. Da waren Gustav Lange, sein älterer Bruder Karl und Willi Dietze. Sie amüsierten sich damit, Frösche zu fangen. Wenn sie einen gefangen hatten, steckten sie einen Strohhalm in den After des Frosches und bliesen hinein, bis die kleine Kreatur wie ein Ballon aufgebläht war und zerplatzte. Dann lachten sie und schlugen sich vor Vergnügen auf die Knie. Ich rannte nach Hause, bis ins Innerste entsetzt. Danach habe ich mit diesen Jungen nie wieder spielen wollen.

Das Haus im Stryck und seine Besucher,
die Erlebnisse im Internat Hohenhof, die Inflation,
der Hauslehrer

Erna fuhr nach Hamm, um ihre Mutter zu besuchen. Nachdem sie eine kurze Zeit fort war, sagte mir meine Mutter, daß Erna nicht wiederkommen würde. Ich war jetzt fast zehn und

Dr. Emil Löhnberg im Stryck 1918/19 (Marianne Walter)

brauchte ja kein Kindermädchen mehr. Vater schickte Erna zu einer Handelsschule, die er bezahlte, so daß sie danach eine gute Arbeit finden und genug Geld für einen angemessenen Unterhalt verdienen konnte. Mir war klar, daß mein Vater etwas sehr Gutes für Erna Thiele tat. Ich konnte sie auch immer besuchen, wenn ich in Hamm war, und während ihrer Ferien konnte sie zu uns ins Stryck kommen. Aber das war nicht dasselbe. Ich weinte mich manchen Abend in den Schlaf, voller Sehnsucht nach Erna. Welche Freude, als sie in ihren ersten Ferien zum Stryck kam! In dieser Zeit kam auch Dr. Arnold Freymuth, der Erna auch gern zu haben schien. Er war Richter am Oberlandesgericht von Hamm.[14] Wir machten lange Spaziergänge zusammen, und manchmal gingen auch meine Eltern mit. Immer, wenn mein Vater dabei war, gingen er und Freymuth zusammen und redeten.

Einer von Vaters Patienten war der Zirkusbesitzer Karl Hagenbeck, Gründer des ersten Freiluftzoos in Hamburg, in dem die Tiere unter Bedingungen gehalten wurden, die den natürlichen in der Wildnis möglichst ähnlich waren. Hagenbeck erzählte die Geschichte von einem jungen Elefanten, den er vor vielen Jahren einmal besessen hatte. Das junge Elefantenbaby wurde krank, und kein Tierarzt konnte ihm helfen oder auch nur die Ursache seiner Krankheit herausfinden. Da kam ein Zigeuner und bot Hagenbeck ein großes, intensiv riechendes Bündel von Zweigen an, von einem Busch, den Hagenbeck nicht kannte. Der Zigeuner sagte zu Hagenbeck, er solle diese Zweige am Rüssel des Elefanten festbinden. Da alle anderen Versuche bisher fehlgeschlagen waren, tat Hagenbeck trotz seiner Zweifel, was der Zigeuner vorgeschlagen hatte. Es war Abend, und die seltsamen Blüten rochen noch stärker als am Tage. Als der Elefantenwärter einige Stunden später nach dem Tier sah, entdeckte er Hunderte von kleinen Würmern, die betäubt von dem Geruch der Blüten aus dem Rüssel herausgefallen waren. Der junge Elefant erholte sich und wurde kurze Zeit später an einen

Zirkus verkauft. Viele Jahre später, als Karl Hagenbeck eine Vorführung in einem anderen Zirkus besuchte, widersetzte sich plötzlich einer der Elefanten seinem Dresseur, drehte sich um und ging auf Hagenbeck los, der in der ersten Reihe saß. Aber statt ihn anzugreifen, trompetete er laut, kniete nieder, legte ganz sanft seinen Rüssel um Hagenbeck und setzte den Mann auf seinen Rücken. Hagenbeck stellte Erkundigungen an und fand heraus, daß es dasselbe Tier war, das er viele Jahre zuvor mit den stark duftenden Blüten geheilt hatte. Welches Kind könnte solch eine Geschichte vergessen!

Hagenbeck war sehr zufrieden mit Vaters Behandlung von Indianern, die in seinem Zirkus arbeiteten. Ich erinnere mich noch an Vaters Worte: „Sie haben dieselben Nasen, Ohren und Hälse wie wir. Sie sind ebenso fein und klug wie alle anderen Menschen.“ Hagenbeck war Vater sehr dankbar für seine ärztliche Hilfe und sandte ein Geschenk für meine Mutter, das eines Abends in einer großen Kiste im Stryck ankam. August, der immer da war, wenn man ihn brauchte, öffnete die Kiste mit einem Meißel. Heraus sprang eine wunderschöne Dänische Dogge, glänzend schwarz bis auf einen schmalen weißen Fleck auf der Nase und einen weißen Stern auf der seidigen Brust. Das Tier sprang aus der Kiste heraus, leckte meiner Mutter die Hand und drohte allen, die ihr zu nahe kamen. Meine Mutter gab der Dogge den Namen Hektor. Es stellte sich aber bald heraus, daß Hektor, der meiner Mutter auf Schritt und Tritt folgte, kein Rüde sondern eine Hündin war, und so wurde die Dogge umbenannt in „Hektar“, was eigentlich ein Flächenmaß ist. Hektar war bald sehr beliebt in der ganzen Gegend. Verehrer aller Größen und Rassen kamen von meilenweit her. Zu ihnen gehörten auch die winzigen Zwergpudel der Gräfin Bernstein. Es war mysteriös, wie sie von so weit her laufen konnten, um einer Dame den Hof zu machen, die um mehrere Male größer war als sie selber. Aber nicht nur Hunde, auch Menschen fanden Hektar wirklich schön. Sie liebte es, über die Wiesen

und durch die Wälder zu rennen. Als sie aber mit nach Hamm kam, wurde sie krank und starb. Ich war sicher, daß sie an Heimweh nach dem Stryck gestorben war.
Was blieb Vater anderes übrig, als meiner Mutter eine neue Dänische Dogge zu schenken? Hektar II war zwar nicht ganz so hübsch wie Hektar I, aber ein hochintelligentes Tier. Da sie sehr stark, schnell und auch hungrig war, jagte sie sehr gerne Rehe im Wald. Sie wußte sehr wohl, daß das nicht erlaubt war und verstand, daß Herr Fiseler, der Förster aus dem Haus weiter unten im Tal, nicht ihr Freund war. Einmal sah meine Mutter, wie Herr Fiseler mit geschultertem Gewehr sein Haus verließ und auf dem lehmigen Weg, der in den Wald führte, das Tal heraufkam. Herr Fiseler hatte ihr gesagt, daß er Hektar erschießen müsse, wenn er sie jemals beim Jagen ertappe. Bevor Herr Fiseler in Hörweite kam, rief meine Mutter voller Angst mehrere Male nach Hektar. Ich weiß nicht, ob sie es auch sah, aber ich sah, wie Hektar in vollem Lauf aus dem Wald kam und blitzschnell in ihrer Hütte verschwand. Meine Mutter rief noch einmal, und Hektar kroch langsam und träge aus der Hütte, streckte sich und gähnte dazu, und zwar ganz laut, wedelte elegant mit ihrem langen Schwanz und dabei atmete sie völlig normal. Herr Fiseler ging in seiner grünen Uniform an uns vorbei und grüßte. Wir standen nebeneinander, meine Mutter, ich und die wedelnde Lügnerin Hektar.
Ein anderes Mal hatte ich versucht, auf eine Erle zu klettern, die nicht weit vom Haus stand. Aber die Äste von Erlen brechen leicht, und ich fiel aus einiger Höhe auf die Wiese. Ich lag da und stöhnte, als Hektar kam. Sie schnüffelte und leckte mein Gesicht – was gar nicht half. Daraufhin rannte sie zum Haus, suchte meine Mutter und winselte, um ihre Aufmerksamkeit auf sich zu lenken. Immer noch winselnd und mit eingekniffenem Schwanz, führte sie meine Mutter zu der Stelle, wo ich noch im Gras lag.

Nicht alle Tiere waren so intelligent. Gewöhnlich gingen meine Mutter und ich nach einem Regen rund ums Haus, um Salamander zu retten, die immer wieder in die Schächte vor den Kellerfenstern fielen und nicht mehr herausklettern konnten. Sie waren schwarz glänzend und hatten leuchtend gelbe Zickzackstreifen oder manche auch sternenähnliche gelbe Flecken auf dem Rücken. Sie verhielten sich ruhig und schienen unsere Rettungsaktion zu erwarten. Aber nie lernten sie, die niedrigen Betonmauern nicht herunterzufallen. Hektar, außer sich vor Aufregung, blieb in sicherer Entfernung und bellte nur, wenn sie diese harmlosen kleinen Geschöpfe sah. Ob die Milch, die wir hinstellten, wirklich von den Salamandern getrunken wurde oder vielleicht von Igeln, habe ich nie herausgefunden.

Eines Abends brachte mein Vater einen sehr schmutzigen und zerzausten Mann mit nach Hause. Er strauchelte mehr, als daß er gehen konnte. Er war betrunken, und mein Vater hatte ihn aus einem Straßengraben herausgeholt. Meine Mutter nahm ihn bei seinen breiten Schultern, gab ihm saubere Handtücher und führte ihn zum Badezimmer. Danach erschien er sauber und ordentlich in einem Anzug, den mein Vater ihm geschenkt hatte. Er wurde unser Gärtner. Herr Breker war ein ruhiger freundlicher Mann und zwischen den Zügen aus seiner Pfeife, die er mit übelriechendem Tabak aus Himbeerblättern stopfte, erzählte er mir von seiner früheren Arbeit in einer Schokoladenfabrik und wie glücklich er war, daß er jetzt für meine Eltern arbeiten konnte. Aber er war Alkoholiker und von Zeit zu Zeit versetzte er alles, was er besaß, und betrank sich sinnlos. Eines Tages war er spurlos verschwunden, und auf der Suche nach ihm wurde er in einem Graben gefunden: er war betrunken und bewußtlos. Mein Vater nahm ihn wieder mit nach Hause und sprach lange mit ihm. Herr Breker versprach, in Zukunft nicht mehr zu trinken. Das Trinken habe sein Leben ruiniert, sagte er zu mir. Der Garten wuchs und gedieh prächtig unter seiner Hand und Herr Breker wirkte zufrieden mit seinem Leben.

Aber als mein Vater für längere Zeit fort war, verschwand Breker aufs neue. Diesmal hat ihn keiner wiedergefunden. Unter den Verwandten, die in großen Abständen zu uns kamen, waren meines Vaters jüngster Bruder Eugen Löhnberg und seine belgische Frau Almire, geborene Seleine. Eugen hatte sich mit Vaters finanzieller Hilfe zu Beginn des Jahrhunderts in Deutsch-Ost-Afrika bei Bukoba niedergelassen. Er baute erfolgreich Kaffee und Bananen an, und später dehnte er seine Geschäfte auf Zinn-Bergwerke aus. Es geschah, daß die Belgier im Ersten Weltkrieg diesen Teil Afrikas eroberten. Dabei stießen sie auf eine Belgierin, nämlich Almire, die mit einem dieser verhaßten Deutschen verheiratet war und setzten ihr heftig zu. Sie nahmen ihr beide Kinder weg, die fünfjährige Irene und den noch nicht zwei Jahre alten Paul sowie ihren gutmütigen Ehemann Eugen. Niemand sagte ihr, was mit ihrem Mann und den Kindern geschehen war, wo sie waren oder ob sie überhaupt noch lebten. Unter großen Qualen, voller Ungewißheit und Angst mußte sie wochenlang durch das tropische Afrika marschieren. Beinahe zwei Jahre lang ertrug Almire, eine freundliche und mütterliche Frau, große physische Not und Entbehrung. Niemand teilte ihr mit, daß ihr Mann am Leben war, niemand sagte ihr, daß man ihre Kinder in ein Kloster im Elsaß gebracht hatte, wo sie von den Nonnen sehr gut versorgt wurden. Mein Vater war mit Fridtjof Nansen bekannt und durch dessen persönliche Vermittlung gelang es, Onkel Eugen in der Schweiz zu internieren.[15] Er fand auch heraus, wo Tante Almire und wo die Kinder waren. Zwar konnte er die Familie während des Krieges nicht zusammenbringen, aber durch das Rote Kreuz konnte er Tante Almire mitteilen lassen, daß ihr Mann und ihre Kinder am Leben und wohlauf seien. Aber Almire hatte zu sehr gelitten. Sie erlitt einen Nervenzusammenbruch und hatte eine leichte Herzattacke. Die Nachricht über ihren Mann und die Kinder erreichte sie in einem Sanatorium, das sie erst nach Kriegsende verlassen konnte. Dann endlich war Almire wieder mit ihrer Familie vereint, und es ging ihr besser, aber ganz erholen konnte sie sich nie. Mutter erzählte mir, daß sie gelegentlich Anfälle bekam, und dann flog Porzellan und alles, was in ihrer Reichweite war, gegen die Wände. Ich selbst sah sie stets freundlich und als die warmherzige Mutter meines Vetters Paul und meiner Cousine Irene, die ich sehr gerne mochte. Im Stryck bauten wir Hütten zusammen, wie sie die Afrikaner hatten, und Irene erzählte mir von ihrem Leben dort bei ihnen zu Hause. Ich sah sie aber nur während ihrer gelegentlichen Deutschlandbesuche, und danach kehrten sie immer ins tropische Afrika zurück.

Selma Löhnberg und Marianne am Brunnen von Georg Minne im Folkwang Museum in Hagen 1920 (Marianne Walter)

Karl Ernst Osthaus war Bankier und begeisterter Kunstsammler. In dem von ihm gegründeten Hagener Folkwang Museum richtete er ein Atelier für den Maler Christian Rohlfs ein und half ihm auch auf andere Weise. Über meine Eltern lernte Rohlfs seine charmante, geistreiche Frau Helene Vogt aus Hamm kennen[16]. Als sie einmal, ehe sie Christian kennenlernte, bei uns im Stryck war, schickte sie ihm anonym ein Päckchen mit Blumen, die er malen sollte und eine Karte „von einem Bewunderer". Sie bat einen jungen Mann aus Willingen, der damals gerade im Stryck arbeitete, das Päckchen zum Bahnhof und an den Zug zu bringen, damit die Blumen noch frisch ankämen.
„Aber Fräulein Vogt, Sie haben vergessen, den Absender auf das Päckchen zu schreiben", sagte er, als er wieder im Stryck war. „Oh ja, ich weiß, ich wollte ja nicht, daß er weiß, wer das Päckchen geschickt hat."
„Aber es hätte doch verlorengehen können, deshalb habe ich Ihren Namen und Adresse draufgeschrieben." Christian Rohlfs antwortete, denn jetzt wußte er ja, wer seine Verehrerin war. So begann die Romanze zwischen den beiden, und 1919 heirateten sie in Hagen. Ich besuchte sie ein paar Tage nach der Hochzeit und aß zum ersten Mal in meinem Leben Ananas. Christian Rohlfs ritzte eine Ziege für mich in den Verputz über dem Becken, in dem er seine Pinsel wusch. Christian Rohlfs hatte nur ein Bein. Er war eine wundervoll warme, heitere Persönlichkeit, so unkonventionell und vollkommen natürlich wie seine Gemälde.[17]

*

Osthaus, der ein guter Freund meines Vaters war, bewohnte ein großes Haus bei Hagen, den *Hohenhof*, den der belgische Architekt Henry van de Velde für ihn entworfen hatte.[18] An den Wänden waren Wandgemälde des Schweizer Malers Ferdinand Hodler zu sehen, und im Garten standen Skulpturen des französischen Bildhauers Aristide Maillol. Osthaus hatte die Idee,

Internat Hohenhof um 1920 (Stadtarchiv Hagen, 21i)

sein großes schönes Haus als koedukatives Internat zu nutzen, und so wurde ich als Zehnjährige dorthin geschickt.

Der *Hohenhof* war gewiß sehr schön. Wir Jungen und Mädchen hatten unsere Schlaf- und Waschräume in getrennten Hausflügeln. Zuerst war ich ein bißchen verwirrt durch die vielen Menschen, aber ich war nicht unglücklich. Zur Teezeit war ich immer willkommen bei einer alten Cousine meiner Mutter, Selma Spier. Sie lebte auf dem Grundstück vom Hohenhof in einer Wohnung über den Ställen. Sie hatte immer etwas zu essen für mich, und ich war immer hungrig. Sie las mir ihre Gedichte vor, die richtig lustig waren, und wir lachten viel zusammen.

Einer der Lehrer, er lehrte Handwerk und Modellieren, war taubstumm. Die Jungen lachten über ihn und hänselten ihn erbarmungslos. Als mein Vater mich besuchen kam, erzählte ich ihm davon. Er erklärte mir, daß jedermann Mitleid mit einem Blinden hat, weil jeder sich vorstellen kann, wie schrecklich es sein muß, nichts sehen zu können. Taube Menschen aber leben in einer schweigenden Welt, sie können nicht sprechen, weil sie weder die anderen noch sich selbst hören können. Die Menschen begreifen nicht, daß Taubheit ebenso schrecklich ist wie Blindheit. Taube leben isoliert und einsam und können keine Musik hören, sagte er, aber das Schlimmste ist, daß sie immer gehänselt und verspottet werden. Vater sprach dann mit Herrn Osthaus, und es wurde abgemacht, daß er einen Vortrag vor der ganzen Schule darüber halten sollte.

Wir saßen mucksmäuschenstill da und hörten zu, wie mein Vater zu Schülern und Lehrern über Taubheit sprach. Er erzählte von Soldaten, die im Krieg durch Kanonenschläge taub geworden waren und die Stimmen ihrer eigenen Kinder nicht mehr hören konnten, auch nicht das Rauschen eines Wasserfalls oder den Wind in den Bäumen oder Vogelgesang. Allmählich verlernten die Soldaten den Gebrauch der eigenen Stimme, denn sie konnten sich selbst ja auch nicht hören. Mein Vater sprach lange und auch davon, wie er als Arzt versuche, Taubheit zu heilen. Kinder seien manchmal taub, sagte er, und wenn man die eigene Stimme nie gehört hat, ist es außerordentlich schwer, selber sprechen zu lernen. Taubheit bedeutet oft Einsamkeit, und die Menschen lachten über Taube, weil sie nicht verstehen, wie isoliert und einsam sie sind. Lehrer und Schüler hörten meinem Vater wie gebannt zu. Nach Vaters Vortrag wurde der taubstumme Lehrer nie wieder gehänselt.

Abends hatte ich oft Heimweh, versteckte mich unter der Decke und weinte leise. Aber dann lasen wir Shakespeares *Julius Cäsar* in einer deutschen Übersetzung, und das machte mir mehr Freude als alles andere in der Schule. Unser Lehrer las es vor, während wir es in unseren eigenen Texten mitlasen. Er erklärte alles, und das Stück erwachte zum Leben.

Es war ein herrlicher Sonntag. Die Sonne schien, wir durchstreiften das Gelände, die Jungen schäumten über vor Tatendrang. Die Gärtnerin Fräulein Hilda Papst kam mit einem kleinen Handkarren, um im Garten zu arbeiten. Die großen Jungen liefen auf sie zu, hielten sie fest, banden sie mit einem Strick an den Karren und zogen sie mit viel Geschrei und Getöse den Weg entlang. Die dunkelhaarige, rotbäckige Hilda Papst schien eine Frohnatur zu sein, aber jetzt, als sie an den Karren gefesselt auf den Teich zu gezogen wurde, auf dem Blätter und Seerosen schwammen, da kreischte sie vor Angst. Die Jungen machten Anstalten, sie in den Teich zu stoßen. Sie sträubte sich, zappelte und versuchte vergeblich, sich zu befreien.

Ich war gerade bei Selma Spier gewesen, als ich das Spektakel sah. Ich rannte zurück und rief ihr zu, daß die Jungen die an den Wagen gefesselte Hilda Papst in den Teich stoßen wollten. Selma flog förmlich die Treppe von ihrer Wohnung herunter, schnitt mit einem Küchenmesser die Stricke durch und befreite Hilda. Das Mädchen war dunkelrot im Gesicht und Selma hatte Mühe, sie die Treppe in ihre Wohnung hinaufzuschleppen, wo sie sie in eine große Decke wickelte. Was mit den Missetätern geschah, weiß ich nicht, aber das Gartenmädchen verdankte sicherlich ihr Leben der kleinen alten Selma Spier. Danach bekam ich wieder Heimweh und erzählte Selma Spier davon. Ein paar Tage später kam meine Mutter und holte mich nach Hause. Ich war zehn Jahre alt, und auch diese Schulzeit hatte nicht sehr lange gedauert.

*

Zurück im Stryck machte ich alle verrückt mit meinen Fragen über Alles und Jedes unter der Sonne. Ich fand die Dramen Shakespeares in der Bibliothek meines Vaters, wo ich *Julius Cäsar* immer wieder las. Ich stieß auf Geschichten über die Erforschung des Nordpols, Sven Hedins Forschungsreisen nach China und Tibet. Ich las Hendrick van Loons Geschichte der Niederlande unter den Spaniern, Tolstoi, Selma Lagerlöf. Eine seltsame Mischung, könnte man sagen. Ich las und las. Ich hungerte nach Wissen und hatte keine Anleitung. Bei den Kunstbänden war ich sehr beeindruckt von einem großen Band mit vielen guten Reproduktionen des chinesischen Malers Riza a Basi.

Das Stryckhaus wurde zu der Zeit nach Zeichnungen von Heinrich Vogeler auf siebzehn Räume erweitert. Mein Vater wollte die Praxis in Hamm aufgeben und verkaufte das Stadthaus in der Friedrichstraße an seinen früheren Assistenten und Partner Dr. Richard von Scheven.
Mein Vater nahm mich im Stryck auf einen langen Spaziergang mit und erzählte mir von Kant, der zwar ein kleiner Mann gewesen war, dessen Geist aber bis zu den Sternen reichte. Er hatte seine Geburtsstadt Königsberg nie verlassen, aber sein Geist umfaßte die gesamte Menschheit. Ich konnte das nicht verstehen, aber es weckte das Verlangen in mir, einen solchen Geist verstehen zu können und auch etwas über die Sterne zu lernen. Vater erzählte mir auch, daß viele Mädchen nicht studieren konnten, nur weil sie Mädchen waren. Er erzählte mir von einer Familie in Hamm. Der Vater wollte seiner Tochter

Haus im Stryck 1921/22 (Marianne Walter)

nicht erlauben zu studieren, obwohl sie es so sehr gerne wollte. Mein Vater hatte ihren Vater überredet, seiner Tochter ein Physiotherapiestudium zu erlauben. Viele Jahre später ging Hilde Alsberg als Physiotherapeutin nach Indien, und später hatte sie ihre eigene Praxis in New York, wo sie auf ihrem Fachgebiet sehr bekannt wurde.[19] Mein Vater empfahl mir auch, eines Tages Lily Brauns *Memoiren einer Sozialistin* zu lesen. Vieles von dem, was er mir erzählte, habe ich damals nicht verstanden, aber ich behielt es im Gedächtnis, und mit der Zeit kam auch das Verständnis. „Alle Menschen haben dasselbe Recht zu leben", sagte er, „ob sie schwarz, gelb oder weiß sind" und „nur das ist wahr, was für alle Menschen und für alle Zeiten wahr ist".

Dann passierte etwas Unheimliches. Über Nacht verlor das Geld an Wert, das nannte man Inflation. Einmal sagte mein Vater, daß wir für die letzte Rate des Hausverkaufs gerade eben unsere Schuhe besohlen lassen könnten. Die meisten Angestellten bekamen ihre Löhne täglich ausgezahlt, packten Arme voller Banknoten in Koffer und gaben die Scheine so schnell wie möglich aus, da sie ein oder zwei Tage später nicht einmal mehr einen Laib Brot dafür kaufen konnten. Meine Mutter ging mit mir in Hamm schwimmen, und wir nahmen auch ein Dampfbad. Die Eintrittskarte für mich kostete fünf Millionen Mark. Zu ihrem Geburtstag kaufte ich ihr eine gelbbraune Keramikvase. Die kostete 33 Millionen Mark. Die Inflation machte meinen Eltern viel Sorge. Mein Vater hatte eine hohe Versicherung abgeschlossen, die gerade zu dieser Zeit fällig wurde. Als er sie ausgezahlt bekam, war das Geld absolut nichts wert. Er hielt Sprechstunden im nahen Willingen und einmal in der Woche auch in der Stadt Korbach, die ungefähr eine Zugstunde entfernt lag. Schließlich entschied er sich dazu, wieder eine Praxis in Hamm zu eröffnen und nur am Wochenende zum Stryck zu kommen. Meine Mutter stattete eine Wohnung im *Handelshof* nahe dem Bahnhof aus. Sie besorgte alles, was

Vater brauchte, und reiste ständig zwischen Hamm und dem Stryck hin und her. Vater richtete die Wohnung unter unserer als Praxis ein und lieh sich Geld von meinem Vetter Paul Lehmann, um die modernsten Instrumente kaufen zu können.
Es gab in Hamm nun schon drei andere Hals-Nasen-Ohren-Spezialisten, die alle als Assistenten bei meinem Vater gearbeitet hatten. Dr. Adalbert Schultz und Dr. Heinrich Schubert hatten eigene Praxen gegründet und Dr. Richard von Scheven hatte die meines Vaters übernommen. Diese Ärzte widersetzten sich der Rückkehr meines Vaters nach Hamm, wohl aus Konkurrenzgründen. Das bekümmerte meinen Vater sehr, und er sah manchmal so entmutigt aus, wie ich ihn noch nie zuvor gesehen hatte.
Als er wieder in Hamm zu arbeiten begann, füllte sich seine Praxis sofort mit Patienten, und bald konnte er Paul Lehmann die Schulden zurückzahlen. Aber er hatte große Schwierigkeiten, in den Krankenhäusern Betten für seine Patienten zu bekommen. Daher veranlaßte er Heinrich Vogeler, Pläne für ein Privatkrankenhaus in einem Außenbezirk von Hamm und für ein Erholungsheim im Sauerland, nicht weit vom Stryck, anzufertigen.
Vogeler richtete zu dieser Zeit in seinem sehr schönen Haus in Worpswede, dem Barkenhoff, ein Heim für Kinder von politischen Gefangenen ein. In jenen Tagen gab es in Deutschland viele politische Gefangene. Mein Vater schenkte Vogeler einen Flügel für dieses Haus. Weil er Vogeler unterstützte, behauptete man von meinem Vater, er sei Kommunist, aber das war nicht der Fall. Gewiß sympathisierte er mit Vogelers Ideen, und in seinem eigenen Tun versuchte er immer den Unterpriviligierten und den Leuten, mit denen er in Kontakt kam, zu helfen, aber er war nie Mitglied einer politischen Partei. Er war ein Rationalist und Idealist, der für sich selber denken wollte. Er glaubte nicht an einen Gott, aber er glaubte an das fundamental Gute im Menschen. Er glaubte glühend an die Freiheit.

Damals wurde mir etwas an meinem Vater stärker bewußt, das ich, eher vage, schon früher bemerkt hatte. Wenn er einen Raum voller Menschen betrat, war er sofort der Mittelpunkt der Aufmerksamkeit. Ob er etwas sagte oder nicht, die Gesichter wandten sich ihm erwartungsvoll zu oder die Unterhaltung verstummte, die Atmosphäre veränderte sich fast unmerklich, aber er wurde von jedermann wahrgenommen. Dr. Arnold Freymuth, zu der Zeit Richter im Oberlandesgerichtsbezirk Hamm, sagte mir einmal, daß Vater immer imstande sei, eine ärgerliche, hitzige Debatte in die ruhigen Bahnen klarer, leidenschaftsloser Logik zu lenken.[20]

*

„Du bekommst einen Lehrer, den du soviel fragen kannst, wie du willst“, sagte meine Mutter, „er wird mit uns im Stryck wohnen, und er wird dich unterrichten. Er ist ein hochgelehrter Mann und wird dir alles erzählen können, was du wissen möchtest. Nur, laß uns um Himmels Willen in Ruhe mit deinen Fragen“, fügte sie mit einem Seufzer hinzu.
Ein großer, fast kahler Mann mit Brille, der freundlich, beinahe schelmisch lächelte, erschien an diesem Abend zum Essen. Ich war ziemlich schüchtern, aber ich konnte die Frage nicht unterdrücken:
„Wann kann ich meine Stunde haben?“
„Morgen früh, wenn du willst“, lächelte er mich an, „um wieviel Uhr möchtest du denn anfangen?“
„Um acht Uhr? Darf ich dann kommen?“
„Pünktlich um acht Uhr also in der 'Werkstatt'“, war seine Antwort. Das geräumige Zimmer mit einem großen braungekachelten Ofen war ursprünglich als Werkstatt gedacht, aber jetzt wurde es zu Fritz Krökels Wohnung. Nach einer völlig schlaflosen Nacht war ich um Punkt acht Uhr in Dr. Krökels Werkstatt. Es regnete heftig, und er forderte mich auf, mit ihm am Tisch Platz zu nehmen. „Nun kannst du mich fragen, was du willst.“

„Warum regnet es? Was sind Wolken? Warum gibt es Sommer und Winter? Was sind die Sterne? Wieviele gibt es? Was ist der Mond, und warum kann Wasser die Räder der Getreidemühle bei Müller Lange drehen, wenn doch das Wasser geradeaus fließt, und die Räder drehen sich doch um und um?"
„Halt die jungen Pferde im Zaum, sie galoppieren ja davon", lachte er. „Wir wollen die erste Frage zuerst behandeln. Du fragst, warum es regnet? Dieses 'warum' setzt voraus, daß eine Absicht dahinter steckt. Aber der Regen ist keine Person mit bewußten Absichten. Jemand, der religiös ist, mag vielleicht anworten: Es regnet, weil Gott es so will. Aber das würde er auf jede nur erdenkliche Frage antworten. Das hilft keinem Arzt dabei, die Ursache einer Krankheit wie Tuberkulose oder gar ein Medikament dagegen zu finden. Verstehst du das? Ein Wissenschaftler muß fragen: Wie entsteht Regen? Was verursacht den Regen?"
Ich fand das ziemlich schwer zu begreifen. Ich hatte ja mit meinen fast elf Jahren bisher gar keinen richtigen Unterricht gehabt. Es war mein sehnlichster Wunsch, zu lernen und zu verstehen. Dr. Krökel erklärte mir, daß warme Luft mehr Wasserdampf aufnehmen kann als kühle Luft und daß, wenn die Luft abkühlt, der Wasserdampf in Tropfen kondensiert. Er versprach mir, ein Experiment durchzuführen, damit ich es selber prüfen könnte, wie Regen entsteht. Dann brach er ab und sagte: „Morgen geht es weiter". Die Zeit war so schnell vergangen, Hunderte von Fragen hatten sich in meinem Kopf geformt, und der nächste Morgen konnte gar nicht schnell genug kommen.
Fritz Krökel war ein hervorragender Lehrer, der brillanteste Lehrer, den ich je hatte. Er war Philosoph mit einem umfangreichen Wissen in Naturwissenschaft, Literatur, Französisch und Englisch. Er brachte mir das klassische Griechenland nahe. Zuerst waren es griechische Sagen, die Gustav Schwab für Kinder nacherzählt hatte, dann lasen wir Homer und später

Cervantes. Er lehrte mich Geometrie und Algebra, elementare Astronomie, Biologie, Französisch und Englisch. Englisch fand ich am schwersten.
Wir tauchten trockenes Gras in Wasser und beobachteten es erst mit einer Lupe, dann unter dem Mikroskop. Ich erfuhr etwas über Bakterien und über die Konstruktion eines Mikroskops. Abends zeigte er mir, daß eine Kerze ihr Licht verkehrt herum auf eine weiße Wand wirft, wenn die Lichtstrahlen durch ein kleines Loch gehen. Er erklärte mir, daß wir alles tatsächlich umgekehrt sehen, aber unser Gehirn das berichtigt. Aus einer Kakaodose machten wir eine einfache Fotokamera mit einem stecknadelgroßen Loch anstelle einer Linse. Mit dieser Kamera fotografierten wir den Lauf des Mondes mehrere Stunden lang. Dr. Krökel, den ich Kro nannte, eröffnete mir neue Welten. An einem Abend rief er mich in sein Zimmer hinunter, weil Myriaden von Glühwürmchen zwischen den dunklen Tannen herumschwirrten. Wir holten meine Mutter und alle im Haus, um sie zu sehen.
Von Zeit zu Zeit kamen Heinrich Vogeler und seine Frau Martha mit ihren drei blonden Töchtern. Sie schienen mir alle so schön wie Engel zu sein; besonders die älteste, Mieke, die später den Schriftsteller Gustav Regler heiratete, und Onkel Mining (Vogeler) selber. Ihre Schönheit schüchterte mich so ein, daß ich nie gewagt hätte, mich mit diesen „Feen“, wie ich sie heimlich nannte, anzufreunden. Bald nach einem dieser Besuche sagte man mir, daß Onkel Mining und Martha sich trennen würden. Ich fand einen Band mit Gedichten, die er einmal für Martha geschrieben hatte. Das Buch trug den Titel *Dir*. Ein Gedicht begann „Wer kennt den grenzenlosen Jammer, wenn Menschen, die sich ewig lieb, der Kampf des Lebens auseinander trieb“. Ich konnte die Tragödie dieser beiden Menschen, die ich bewunderte und verehrte, nachempfinden und weinte bittere Tränen beim Lesen dieser Gedichte. Von nun an beobachtete ich sehr wachsam die Beziehung meiner Eltern.

Aber ich wurde durch die Blicke, die sie miteinander tauschten, beruhigt und auch durch den Ausdruck in den Augen meines Vaters, wenn er meine Mutter ansah.

Internationaler Besuch im Stryck, Schulbesuch auf dem Internat Wickersdorf und dem Internat im Jagdschloß Letzlingen

Mein Vater fuhr hin und wieder allein zu einem kurzen Winterurlaub nach Samedan bei St. Moritz in der Schweiz. Er war gerade rechtzeitig zu meinem vierzehnten Geburtstag ins Stryck heimgekommen, als ich zwischen den Büchern in der Bibliothek seinen alten Militärpaß fand. Unter *Religionszugehörigkeit* stand *mosaisch.* Als ich ihn nach der Bedeutung fragte, bekam ich zur Antwort: „jüdisch". Nun war ich so klug wie zuvor. Es hatte keinen Sinn, denn ich wußte, daß mein Vater kein Mitglied irgendeiner religiösen Gemeinschaft war und daß weder er noch meine Mutter an einen Gott glaubten. Wir hatten zwar jedes Jahr einen Weihnachtsbaum, und es gab Weihnachtsgeschenke wie bei allen anderen auch, aber das machte uns noch nicht zu Christen.

Mein Vater las Kant und Bertrand Russell. Er war Pazifist und Anhänger von Graf Coudenhove-Kalergi und glaubte an dessen Ideen eines vereinten Europas, das den weniger industrialisierten Nationen Europas helfen würde und in dem das Risiko kriegerischer Auseinandersetzungen verringert würde.[21] „Wie die Vereinigten Staaten von Amerika eins geworden sind, so müssen wir ein Europa werden", pflegte er zu sagen.

Wilhelm Schwaner, der etwa zwei Stunden zu Fuß von uns entfernt wohnte, war wie sein Freund Professor Herrmann Baege sehr engagiert im *Bund deutscher Volkserzieher* tätig, einer Bewegung zur Förderung der Erwachsenenbildung. Schwaner hatte für die Bewegung als Symbol das Sonnenrad gewählt, wie es auf sehr alten orientalischen Gräbern zu finden ist: die Swastika. Im Sonnenrad sah er ein Symbol für das strahlende Licht der Bildung, dessen Helligkeit alle erreichen sollte, denen dies bisher vorenthalten worden war. Mein Vater hoffte, eines Tages in Hamm eine sogenannte Volksbildungsgruppe zu gründen, zugunsten aller erwachsenen Arbeiter und ihrer Frauen, die bisher keine Möglichkeit gehabt hatten, sich weiterzubilden.

Meine Mutter war gerade mit ihrer älteren Schwester Elvire in Paris, als Schwaner mit Vater arrangierte, dreißig Pädagogen zu Mittagessen und Kaffee ins Stryckhaus einzuladen. Bei Schwaner zu Hause in Rattlar sollte eine Konferenz stattfinden, an der Männer aus der ganzen Welt teilnehmen würden. Mein Vater bat mich, an diesem Tag die Gastgeberin zu sein.

Die Männer waren hungrig und durstig, als sie nach dem zweistündigen Fußmarsch von Schwaners Haus bei uns ankamen. Es gab in unserem Haus keinen Alkohol, aber wir hatten reichlich hausgemachten Himbeersaft und andere Erfrischungsgetränke, und bald wurde an den Tischen in der Diele ein ausgezeichnetes Mittagessen serviert.

Einer der Männer machte einen tiefen Eindruck auf mich. Er hatte schwarzes Haar, große, mandelförmige, dunkelbraune Augen, olivfarbene Haut, ein fein geschnittenes Gesicht und glänzend weiße Zähne. Er war ein sanft sprechender Mann, der sich große Mühe gab, mir die Schwierigkeiten des indischen Erziehungswesens zu erläutern. Ich hatte nie zuvor einen so attraktiven Mann gesehen. Er bewegte sich mit der Sicherheit und der Anmut eines wilden Tieres. Im Vergleich mit ihm, dem Kind einer alten Kultur, erschienen die europäischen Männer linkisch, beinahe grob.

Am Abend begleiteten mein Vater und ich die Gesellschaft für etwa eine Stunde auf ihrem Rückweg über den Ettelsberg. Auf dem schmalen Fußweg, der sich über den Berg durch das Heidekraut wand, konnten nur zwei Personen nebeneinander gehen. Tief unten im Tal war das Dorf Willingen mit seinem langen Eisenbahnviadukt zu sehen. Mein Vater ging neben Za-

kir Husain, dem Inder, ich ging vor ihnen und konnte so ihrer Unterhaltung folgen.[22]
Sie sprachen über den Mahatma Gandhi, der ein persönlicher Freund Zakirs war. Sie redeten von Spinnrädern, denn der Mahatma wollte die indische Bevölkerung dazu bewegen, sich wieder an die Herstellung handgesponnener und handgewebter Stoffe zu begeben. Gandhi selbst liebte das Spinnen, er hatte immer sein Spinnrad bei sich. Er war dagegen, daß maschinelle Herstellungsmethoden und moderne Maschinen zu schnell in Indien eingeführt würden.
„Die alten Sitten und Gebräuche werden sterben, und die Beziehungen zwischen den Menschen werden sich verändern", sagte Zakir Husain. „Von unserer alten Kultur wird viel verlorengehen, und das ist nicht gut."
„Aber mit Hilfe der Maschinen werden die Menschen in der Lage sein, mehr Nahrungsmittel anzubauen", warf mein Vater ein. Er liebte es, Schiller zu zitieren: „Zuerst muß er warm gewohnt und genug zu essen gehabt haben, bevor sich der höhere Geist in ihm regen kann." Dann fuhr er fort: „Die Unberührbaren, ist das nicht eine große Tragödie?"
„Ja", stimmte Zakir Husain zu, „das ist tatsächlich eine sehr große Tragödie."
„Und die entsetzliche Armut in Indien?"
„Ja, das ist vielleicht die größte Tragödie von allen."
„Die Wiederaufnahme von alten Handwerken wird diese enormen Probleme nicht lösen können. Die Menschen müssen ihre Werte immer wieder aufs Neue überdenken."
Als ich dieser Unterhaltung zuhörte, war ich vierzehn Jahre alt, und über siebzig Jahre später erinnere ich mich an fast jedes Wort.

*

Schließlich beschlossen meine Eltern, mich auf das Internat Wickersdorf bei Saalfeld in Thüringen zu schicken. Ich verließ den Unterricht bei Dr. Krökel sehr ungern, aber ich war jetzt

Internat „Freie Schulgemeinde Wickersdorf" 1908 (Ortschronik Wickersdorf)

vierzehn Jahre alt und sah ein, daß meine einsame Existenz doch ein großer Nachteil war. Zwar gab es immer Besucher im Haus im Stryck, aber es waren meistens Erwachsene. Und die Kinder meines Alters kamen und gingen, es gab keine dauerhaften Freundschaften.

Das Internat Wickersdorf bei Saalfeld in Thüringen war von seinem ehemaligen Direktor, Gustav Wyneken, gegründet worden.[23] Es war eine moderne, koedukative Schule.

Die Gebäude waren zweckmäßig gebaut und umgeben von Wiesen und bewaldeten Hügeln. Gustav Wyneken war im deutschen Erziehungswesen bekannt, aber er hatte die Schule verlassen müssen, weil er in einen Skandal bezüglich Homosexualität verwickelt gewesen war. Mein Vater hatte mir erzählt, was in Wickersdorf geschehen war. Er selbst verurteilte Homosexualität als solche nicht, aber er hielt es für verwerflich, sich an Minderjährigen zu vergehen. Er meinte, daß man die Eltern über Wyneken hätte unterrichten müssen. Als ich nach Wik-

kersdorf kam, war Wyneken nicht mehr da. 1910 war Martin Luserke der neue Direktor der Schule geworden.
Ich wohnte in einem wunderschön eingerichteten Mädchenhaus. Bei gutem Wetter begann der Tag mit einem Waldlauf, gefolgt von einer Dusche und dem kurzen, aber ausgezeichneten Orgelspiel des Musiklehrers August Halm. Meistens spielte er Bach oder Bruckner, und sein Publikum, das inzwischen ziemlich hungrig war, hörte dennoch aufmerksam und still zu. August Halm war ein sehr guter Organist, und er hatte so viel zur Förderung der Musik Bruckners beigetragen, daß man von ihm sagte, er habe Bruckner „entdeckt".
Endlich gab es Frühstück, und dann begann der Unterricht. Mir machten die Schulstunden keinen großen Spaß. Mathematik hatten wir bei einem kleinen, dunklen und flinken Spanier, Dr. Alvarez, dem ich überhaupt nicht folgen konnte. Noch schlimmer war dieser hübsche blonde Junge, der im Unterricht vor mir saß und es immer wieder fertigbrachte, mir mit Nadeln in Arme oder Beine zu pieksen. Mich beschämte das so sehr, daß ich nicht einmal laut dagegen protestierte. Da Mathematik gewöhnlich die erste Stunde war, überschattete dieses Erlebnis meinen ganzen Tag.
Dann organisierte mein Hausvater eine Nacht im Freien, d. h. wir sollten in unseren Schlafsäcken unter freiem Himmel schlafen. Das hatten wir im Stryck in vielen warmen Sommernächten getan, und ich freute mich sehr darauf. Aber obwohl ich zwischen zwei älteren Mädchen lag, versuchte einer der älteren Jungen, zu mir in den Schlafsack zu kriechen. Ich wollte niemanden aufwecken und hatte große Schwierigkeiten, ihn wieder loszuwerden. Dieses Erlebnis und dazu die mir unverständlichen, manchmal schmerzhaften Mathematikstunden waren der Grund, daß ich Wickersdorf verabscheute. Ich bat meine Eltern, mich nach Hause kommen zu lassen. Zu dieser Zeit war gerade ein russisches Mädchen weggelaufen und blieb mehrere Tage lang verschwunden. Wahrscheinlich war dies der ent-

scheidende Grund dafür, daß meine Eltern mir erlaubten, das Internat zu verlassen.
Im Stryck übernahm der geduldige Krökel wieder meinen Unterricht. Manchmal nahm ein Junge daran teil, der hübsch war wie ein Mädchen und ungewöhnlich lange Wimpern hatte. Wir kamen miteinander zurecht, aber ich mochte ihn nicht besonders. Natürlich wurde der Besuch eines anderen Internats besprochen. Als man mir gegenüber Letzlingen sehr hoch pries, war ich entschlossen, aus diesem, dann schon vierten, Schulversuch einen Erfolg zu machen.
Das Jagdschloß Letzlingen war 1559 erbaut worden und hatte dem deutschen Kronprinzen gehört. Es lag auf einer großen Lichtung mitten in einem riesigen Buchenwald. Die nächste Stadt, Gardelegen, war mehrere Kilometer weit entfernt. Das Land war flach und der Boden sandig, aber sehr fruchtbar. Zwischen den Wäldern und den ertragreichen Feldern gab es Obstgärten und in unmittelbarer Nähe des Schlosses blühende Wiesen.

Internat im Jagdschloß Letzlingen 1925 (Marianne Walter)

Das Schloß war aus großen, grauen Steinblöcken gebaut, und an jeder Ecke war ein runder Turm, der geräumig genug war für eine Wohnung für verheiratete Lehrer. Das ganze Schloß war von einem breiten Wassergraben umgeben, auf dem man rudern konnte. Das Mädchenhaus lag außerhalb des Grabens und dem eigentlichen Schloß. Die sogenannte Hausmutter hatte hier ihre eigene Wohnung, und man konnte jederzeit zu dieser mütterlichen Frau gehen und mit ihr sprechen.
Der Direktor war ein außergewöhnlicher Mann. Er kannte jeden Schüler genau und gab jedem, was er brauchte. Der rundgesichtige Bernhard Uffrecht trug sein braunes Haar im Stil eines mittelalterlichen Mönches, wenn auch ohne Tonsur. Die Schüler ulkten, daß seine Frau ihm jeden Sonntag einen Topf über den Kopf stülpe und einfach alle überstehenden Haare abrasiere. Immer trug er ein Jackett und Knickerbocker aus braunem Kord, aber wir alle liebten und achteten ihn.
Die Schule war weitgehend selbstverwaltet. In wöchentlichen Zusammenkünften wurden von Schülern und Lehrern gemeinsam die Angelegenheiten der Schule besprochen. Jeder wurde angehört, selbst die kleinsten, die Zehnjährigen, wurden nie ausgelacht. Wenn jemand etwas beschädigt hatte, beispielsweise ein Klavier, so war es an ihm, es zu reparieren oder für die Reparatur zu sorgen. Hatte jemand einen Zaun zerbrochen, so war er dafür verantwortlich, daß er wieder repariert wurde. Sonntags hatte das Küchenpersonal frei, und die Schüler mußten die Erledigung der Küchenarbeiten selbst organisieren. Natürlich mußte alles sauber und ordentlich hinterlassen werden. Auch für die Ausgabe von Tee oder Kakao am späten Abend waren die Schüler selbst verantwortlich.
Vor dem Frühstück machten wir einen Waldlauf wie in Wikkersdorf, aber das Frühstück war nicht so gut. Es bestand aus wäßrigem Haferbrei, und je eine Kanne Milch war am Kopfende eines jeden der langen Tische im Speisesaal aufgestellt.

Dazu gab es eine Scheibe Brot und Pflaumenmus, ohne Butter oder Margarine. Meistens wurden wir nicht satt.
Im Unterricht arbeiteten wir in kleinen Gruppen von sechs Schülern, und die Lehrer wanderten von Gruppe zu Gruppe. Die Hausaufgaben konnten in der großen Bibliothek erledigt werden, wenn man dort aber auch nur ein Wort flüsterte, wurde einem dieses Privileg entzogen. Nachmittags fanden Ballspiele und andere sportliche Aktivitäten statt. Der Musiklehrer war zwar kein bekannter Mann, aber in einer viel kleineren Schule war es ihm gelungen, einen Chor und ein Orchester zu gründen. Außerdem gab es eine sehr aktive Theatergruppe.
Jeden Abend gab es Theater-, Chor- oder Orchesterproben. Ich sang im Chor bei den tiefen Altstimmen. Wir sangen Werke wie Mozarts *Requiem* und Humperdincks *Hänsel und Gretel*. Die Theatergruppe spielte unter anderem Stücke von Molière. Andere Schüler entwarfen Kostüme und Kulissen und stellten sie her. Ini Uffrecht, die Frau des Direktors, lieh mir eine Flöte, und mein Mitschüler Peter Eysoldt unterrichtete mich, wenn ihm danach war. Eines Tages fragte Uffrecht mich, ob ich nicht gerne Cello lernen wolle. Zwar verfügte die Schule über ein Cello, aber es gab niemanden, der darauf im Orchester spielen konnte. Ich wollte es sehr gern lernen, der Haken dabei war allerdings, daß es keinen Lehrer dafür gab. Es gab zwar ein Lehrbuch, aber damit kam ich nicht sehr weit. Dennoch tat ich mein bestes in Uffrechts Orchester. Außerdem war da noch Fräulein Conrad, eine stille Dame mit Sommersprossen und vielen roten Locken, die mir Klavierunterricht gab. Sie war eine wirklich schöpferische Lehrerin, und ich machte bei ihr gute Fortschritte. Bachs *Italienisches Konzert* war das letzte Stück, das ich unter ihrer Anleitung spielte.
Natürlich war Englisch wieder mein schlechtestes Fach, und mein Lehrer, mit dem passenden Namen Herr von Unruh, der immer einen hohen, steifen Kragen, einen sogenannten Vater-

mörder, trug, sagte mir, er wisse einfach nicht, wie er meinem Englisch auf die Sprünge helfen könne. Ich wußte es auch nicht.

Ich war jetzt 15 Jahre alt, und jedem älteren Schüler wurde ein jüngerer Schüler zugeteilt, um den wir uns kümmern mußten. Ich war für den Schulschreck Herbert Cahn aus Wien zuständig. Man konnte ihn zum Beispiel einige Meter hoch in einer Buche sitzend aufstöbern, wenn er sich eigentlich die Zähne putzen sollte. Oder er schloß die Toilettentür von innen ab und entkam durch das winzige Fenster auf der Rückseite, das auf den ziemlich tiefen Wassergraben hinausging. Er war recht einfallsreich. Ich traf ein einfaches Abkommen mit ihm: „Ich erkläre mich bereit, deine Tutorin zu sein", sagte ich zu ihm, denn niemand sonst wollte ihn übernehmen, „und wenn du dich gut benimmst, dann werde ich auch nett zu dir sein." Zu aller Erstaunen gelang es mir tatsächlich, mit ihm zurechtzukommen.

Ich fand bald heraus, daß die Schüler entweder aus Diplomatenfamilien in Berlin stammten oder ihre Eltern geschieden waren. Viele der Jugendlichen waren begabte, starke Persönlichkeiten und ausgesprochen interessant. Ich war sehr beschäftigt und glücklich in Letzlingen.

Leider hatte die Schule einen großen Nachteil: Uffrechts Antrag an das Erziehungsministerium, in seiner Schule die Aufnahmeprüfung für die Universität abnehmen zu dürfen, war abgelehnt worden. Das bedeutete für Schüler, die studieren wollten, daß sie das Abitur extern ablegen mußten, und die Zahl derjenigen, die die Prüfung so bestanden, war sehr gering. Außerdem konnte man nach einem Mißerfolg die Prüfung nicht einfach wiederholen. Sobald man in mehr als einem Fach versagt hatte, brauchte man eine Sondergenehmigung des Ministeriums, und die war nicht leicht zu bekommen. Man mußte schon sehr gute Gründe für sein Versagen nachweisen, um zu einer zweiten

Abiturprüfung zugelassen zu werden. Und ohne Abitur konnte man auf keiner Hochschule studieren.
Diejenigen Schüler, die auf einer Universität studieren wollten, verließen daher Letzlingen im Alter von etwa sechzehn Jahren, um weiter auf ein Gymnasium zu gehen. So traf auch ich schweren Herzens die Entscheidung, Letzlingen zu verlassen, um auf einer staatlichen Schule das Abitur zu machen. Mein Vater schlug vor, daß Dr. Krökel mich auf die Aufnahmeprüfung einer sehr guten Schule, des Städtischen Oberlyzeums für Mädchen in Bonn, vorbereiten sollte. Herr Uffrecht war nicht begeistert über meine Entscheidung. „Du kamst so gut voran, und was werden wir ohne einen Cellisten mit unserem Orchester anfangen?"
„Ich war wirklich sehr glücklich hier, Herr Uffrecht, aber ich möchte gerne studieren."
„Was möchtest du denn studieren, Dr. Faust?" Das war sein Spitzname für mich. „Musik?"
„Ich weiß es noch nicht, Herr Uffrecht. Ich weiß noch nicht, was ich überhaupt kann." Und so verabschiedeten wir uns voneinander.

3. Erste Schatten

Anfang 1926 kam ich zum Stryck, um mich mit Dr. Krökels Hilfe auf die Prüfung vorzubereiten, die ich bestehen mußte, um in die Obersekunda des städtischen Oberlyzeums für Mädchen in Bonn aufgenommen werden zu können.
Zu Hause hatte ich vielen Unterhaltungen über die Ereignisse in Deutschland zugehört, aber in Wickersdorf und Letzlingen führten die Schüler ein Leben fern der vielen Schwierigkeiten, die Deutschland in den zwanziger Jahren bedrängten. Plötzlich war ich kein Kind mehr und schien auf politische Diskussionen zu stoßen, wo immer ich mich gerade befand.
Schon im Zug auf der langen Heimreise von Letzlingen wurde ich Zeugin leidenschaftlicher Diskussionen über das Unrecht,

das Deutschland von den Alliierten zu erdulden hatte. Der Versailler Vertrag war allgemeines Thema meist hitziger Gespräche. Der Paragraph des Vertrages, der Deutschland die alleinige Schuld am Krieg zuschrieb, erzeugte tiefe Entrüstung. Die enormen Reparationen, die Deutschland auferlegt wurden, betrachtete man nicht nur als Ursache für die verheerende Inflation der zwanziger Jahre, sondern man empfand sie auch als Demütigung des deutschen Volkes.
Die Regierung Kaiser Wilhelms II. hatte den Krieg nicht mit Steuern finanziert, sondern mit riesigen Kriegsanleihen. Die Inflation half der neuen republikanischen Regierung, diese Schulden zu tilgen. Die Leute, die diese Anleihen gezeichnet hatten, wurden nun mit wertlosem Papiergeld entschädigt. Nach dem Krieg war Deutschland gewiß nicht in der Lage, den maßlosen Reparationsforderungen der Alliierten nachzukommen. Die folgende Inflation ließ die Mittelklasse verarmen, Leute mit festem Einkommen wie Beamte, Sekretäre, Universitäts- und Schullehrer, Witwen und Pensionäre wurden die neuen Armen.
Mit jetzt 16 Jahren konnte ich verstehen, was Inflation bedeutete. Die deutsche Kriegsschuld wurde mit 50 Milliarden Goldmark (ca. 12,5 Milliarden Dollar) festgesetzt. Die erste Rate wurde bezahlt, indem man frischgedrucktes Papiergeld ausgab. Als Folge stürzte der Wert der Mark von 4,20 Mark pro Dollar im Jahre 1914 auf unglaubliche 4.200 Milliarden Mark pro Dollar im Jahre 1923. Ich war recht hungrig gewesen damals, 1920 auf dem Internat Hohenhof und auch 1925 im Jagdschloß Letzlingen. Nun erfuhr ich, wie sehr andere Schulkinder an Unterernährung gelitten hatten. Die Zahl der Tuberkulosefälle stieg um das Sechsfache, die Zahl der an Rachitis Erkrankten erhöhte sich um das Zehnfache.
Einige reiche Industrielle, wie z. B. Hugo Stinnes, liehen sich für ihre Investitionen von den Banken Geld und zahlten diese Schulden dann in wertloser Währung zurück. Es gab viele

Schieber, die die Dinge zu ihren eigenen Gunsten zu manipulieren wußten und so zu den verhaßten „Neureichen" wurden. Das ist der Hauptgrund für das Scheitern der Weimarer Republik. Sie scheiterte, trotz einer Unmenge von Talent und Genie in Literatur, Wissenschaft, Musik und Kunst. Der Friedensvertrag zermalmte Deutschland wirtschaftlich und trieb es in eine psychologische Isolation zu einer Zeit, wo jede mögliche Hilfe auf dem Weg zu einer echten Demokratie vonnöten gewesen wäre.

Ganz plötzlich wurde dann 1923 die Inflation gestoppt, vor allem dank des Reichskanzlers Gustav Stresemann und der Lockerung der Reparationsforderungen. Die Papiermark, die nicht mehr als ein Trillionstel des Dollars wert gewesen war, wurde nun durch die Rentenmark ersetzt. Spekulanten wurden von Hjalmar Schacht, dem Präsidenten der Reichsbank, gezwungen, große Mengen ausländischer Währung zu verkaufen, so daß die Gold- und Währungsreserven der Reichsbank verdoppelt wurden. Doch die erlittenen wirschaftlichen und psychologischen Schäden gingen zu tief und heilten nicht.

Ich hatte in Willingen jedes Jahr an Skiwettkämpfen teilgenommen und ein Kellerraum im Stryck war voll mit Schlitten und anderen Trophäen, die ich gewonnen hatte. Noch vor zwei Jahren hatte ich einem Skiwettkampf organisiert und bereitwillige Hilfe sowohl von Jungen meines Alters als auch von Männern und Frauen im Dorf erhalten. Die Männer hatten geduldig die Strecken abgesteckt, die gefahren werden sollten, die Frauen und Töchter hatten Selbstgebasteltes und Kuchen für die Gewinner gespendet. Nach der Preisverleihung am Abend war genug für ein gemeinsames Essen und eine Feier übrig geblieben. Jetzt jedoch, 1926, schienen immer mehr Jungen halbmilitärischen Organisationen wie dem *Stahlhelm* anzugehören.[24] Ihr Verhalten veränderte sich, sie waren geheimnistuerisch und oft gehässig. Jedes Gespräch endete mit der Aufzählung all der Ungerechtigkeiten, die Deutschland durch die

Alliierten hatte erleiden müssen und mit der Erklärung, daß Deutschland gerächt werden müsse. Es gab viele geheime und paramilitärische Organisationen. Sie zeichneten sich durch Uniform, blankgeputzte Stiefel, Soldatendrill und finsteren Haß gegen alles und jedes Demokratische aus. Abends waren die scharfen Stimmen ihrer Offiziere im ganzen Tal zu hören, wenn sie auf der anderen Seite die Hauptstraße entlang marschierten.
Meinem Vater ging es nicht gut. Als ich noch in Letzlingen zur Schule ging, waren zwei Männer in seiner Praxis erschienen, die das Hakenkreuz trugen. Mein Vater hatte sie gebeten: „Wenn Sie von einem jüdischen Arzt behandelt werden möchten, dann seien Sie so gut, vorher das Hakenkreuz abzulegen." Die Bedeutung der Swastika hatte sich verändert. Es war nicht mehr das Symbol eines Wilhelm Schwaner, das Symbol für Erziehung und Aufklärung. Nun war es das Symbol der deutschen Herrenrasse, ein Zeichen für Aggression. Auch mein Vater hatte sich verändert und bezeichnete sich plötzlich ausdrücklich als jüdisch. Die beiden Männer entfernten ihre Hakenkreuze nicht. Stattdessen stießen sie meinen Vater die Treppe hinunter. Er stürzte vom zweiten Stock ins Erdgeschoß. Er schien sich davon nicht richtig erholen zu können. Ein Teil seiner Vitalität war verloren. Er bekam Geschwüre im Nacken und an den Händen, die nicht heilen wollten. Er war nun oft müde und niedergeschlagen.
Trotz seiner Erschöpfung verfolgte mein Vater seine Pläne für ein kleines Privatkrankenhaus in Hamm und für ein Rehabilitationsheim in der Nähe von Willingen. Heinrich Vogeler hatte beides gezeichnet und das Heim glich im Stil dem Stryckhaus, aber es war viel größer. Wir besichtigten gemeinsam den Baugrund, eine sanft abfallende Wiese mit einem lebhaften kleinen Flüßchen, das einen kleinen Teich speiste. In dem klarem Wasser spiegelten sich die blühenden Büsche am Ufer und die bewaldeten Berghänge. Mein Vater und ich kehrten erfrischt

Ostern 1926 im Stryck, von links nach rechts stehend: Carl Weidemeyer, Erhart Löhnberg, Meta Böhmer, Henry Lempereur, Selma Löhnberg; sitzend: Marianne Löhnberg, Dr. Emil Löhnberg (Marianne Walter)

und belebt von diesem Spaziergang durch das Hermecke-Tal zurück. Im Stryckhaus trafen wir Carl Weidemeyer, der eine Bemerkung über das gute Aussehen meines Vaters machte. Mein Vater nahm das mit einem traurigen Lächeln zur Kenntnis. „Ich bin wie ein rotwangiger Apfel, in dem innen der Wurm nagt."

Einige Tage später kam mein Bruder Erhart nach Hause, und an diesem Ostersonntag 1926 fotografierte Dr. Krökel uns alle zusammen mit dem Architekten Weidemeyer und den Malern Meta Böhmer und Henry Lempereur.

Unter der Anleitung von Dr. Krökel arbeitete ich mit großem Eifer für die bevorstehende Prüfung in Bonn. Der Frühling war kühl, aber sonnig. In den ersten Maitagen entfalteten sich die Blätter der Buchen in einem strahlenden, intensiven Gelbgrün, während die Stämme noch feucht und schwarz schimmerten.

Ostern 1926 von links nach rechts: Meta Böhmer, Carl Weidemeyer, Erhart Löhnberg, Henry Lempereur (stehend), Marianne Löhnberg, Dr. Emil Löhnberg; im Vordergrund Selma Löhnberg und die Dogge Hektar zu ihren Füßen (Marianne Walter)

4. Henry Lempereur

Meta lachte verlegen und errötete. Wir saßen beim Tee im Stryckhaus, und ich glaubte, gesehen zu haben, wie Henry unter dem Tisch wieder Metas Füße berührte. Ich hatte das vorher schon einmal beobachtet – er schien Vergnügen daran zu haben, sie in Verlegenheit zu bringen. Meta Böhmer war die Freundin meiner Mutter und Malerin. Henry Lempereur war Maler und seit einigen Tagen im Stryck. Meine Mutter hetzte hin und her und gab den Dienstboten Anweisungen. Ihr kastanienbraunes Haar schimmerte wie Gold in der Abendsonne. Dr. Krökel war in eine Unterhaltung mit dem Architekten und Maler Carl Weidemeyer vertieft und nahm keine Notiz von Henry und Meta.

Henry Lempereur im Haus Stryck 1926 (Marianne Walter)

Henry war ein hochgewachsener, gutgebauter Mann mit großen, ausdrucksvollen braunen Augen, einer kurzen geraden Nase mit seltsam großen Nasenlöchern und vollen sinnlichen

Lippen. Wenn er lachte, sah man sein makelloses Gebiß. Gewöhnlich trug er ein gut geschnittenes Samtjackett und eine Seidenkrawatte mit einer Perlennadel. Er sprach mit einem weichen, melodiösen Bariton. In Nivelles bei Brüssel geboren, hatte er nie eine andere Sprache als seine Muttersprache Französisch gelernt. Er bezauberte einfach jeden, Männer, Frauen und sogar Tiere. Wenn irgend jemand krank war, gleichgültig, ob es eines der Hausmädchen, der alte Gärtner, ein Huhn, der Hund oder ein Freund war – der Kranke wurde von Henry mit äußerster Sorgfalt und freundlicher Hingabe gepflegt und umsorgt, bis er wieder vollkommen gesund war. Und wie er zeichnen konnte!
Mit wenigen Bleistiftstrichen brachte seine manikürte Hand das perfekte Ebenbild des Briefträgers, eines Babys oder meines Großvaters Bernhard Löhnberg zu Papier. Jeder seiner Bekann-

Bernhard Löhnberg, Kohlezeichnung von Henry Lempereur 1926 (Marianne Walter)

ten, der ein hübsches Kind oder eine gutaussehende Frau hatte, bat Henry um ein Porträt. Der Vetter meines Vaters, Max Löhnberg aus Köln, hatte einen gutaussehenden Sohn, der trotz seiner Begeisterung für Fußball und Rudern etwas rundlich war. Zwei volle Jahre lebte Henry Lempereur bei ihnen in ihrem Kölner Haus. Er machte zahllose Skizzen und Entwürfe, aber schließlich entstand ein wirklich ausgezeichnetes Porträt von dem damals vierzehnjährigen Herbert. Erwin Bachrach aus Hagen, ein Vetter meiner Mutter, war begeistert, als er es sah. Seine Frau Claire war eine große, dralle tizianblonde Schönheit. Zuerst wollte Henry nicht zu ihnen nach Hagen umsiedeln. Als er jedoch Tante Claire erblickte, ließ er sich erweichen, und er porträtierte sie im Stil der alten flämischen Meister und mit der ihm so eigenen Leichtigkeit.[25] Wenn er es gewollt hätte, wenn er ein wenig mehr Ehrgeiz und Fleiß gehabt hätte, dann hätte er ein sehr bekannter, wohlhabender Mann werden können.

Henry schaffte es nie, aufzustehen, bevor nicht alle anderen schon gefrühstückt und sich an ihre täglichen Aufgaben begeben hatten. Er konnte den ganzen Vormittag mit der Zubereitung eines „Omelette-aux fines-herbes“ vertrödeln, oder aber er kümmerte sich um einen Kranken. Nie konnte er der Einladung zu einem Kaffeeklatsch widerstehen. Während andere Männer seines Alters arbeiteten, ließ Henry sich von deren Familien unterhalten. Dennoch waren nicht nur Frauen, sondern auch Männer von ihm fasziniert und bezaubert.

Sogar Meta schien in seinem Bann zu stehen, obgleich ich spürte, daß er zu ihr nicht so nett war wie zu den meisten anderen Leuten. Ich war damals fast sechzehn und konnte das nicht verstehen, denn ich mochte Meta sehr. Im Rückblick jedoch ziehe ich etwas zynisch den Schluß, daß Henry sich so verhielt, weil Meta etwa 15 Jahre älter war als er, und manche Männer nehmen es den Frauen übel, wenn sie sich unterstehen, älter zu sein als sie selbst.

Ich schaute hinüber zu Weidemeyer und Dr. Krökel, die auf der anderen Seite des Tisches saßen, und mir fiel auf, wie geschickt Kro seine rechte Hand gebrauchte, an der Mittel- und Ringfinger fehlten. Im Ersten Weltkrieg war er Offizier gewesen, wurde aber nach etwa zwei Jahren an der Front wegen seiner Handverletzung vom aktiven Dienst entlassen. Er bewahrte immer eine aufrechte Haltung, war stets freundlich und auf seine ruhige Art tüchtig in allem, was er tat. Damen gegenüber war er ein wenig linkisch. Einige Freundinnen meiner Mutter lachten über ihn wegen seines steifen Benehmens – wie mich das ärgerte! Nach dem Tee zog Krökel sich in sein Arbeitszimmer zurück. Meine Mutter, Henry und Meta blieben, und plötzlich war Carl Weidemeyers Flötenspiel aus der Ferne zu hören.
Ich verließ die drei, um meine Hausaufgaben zu erledigen. Ich bereitete mich auf die neue Schule in Bonn vor. Wieder einmal wurde mir klar, was für ein ausgezeichneter Lehrer Dr. Krökel war. Nie gab er mir mehr als eine Unterrichtsstunde am Tag, aber er lehrte mich, selbständig zu studieren und zu arbeiten.
Am nächsten Abend sollte mein Vater wie üblich übers Wochenende zum Stryck kommen. Meine Mutter und ich planten, über den Ettelsberg zu wandern, um ihn vom Bahnhof in Willingen abzuholen. Meine Eltern liebten es zu wandern, und Vater hatte für die Wochenenden nur einen Rucksack bei sich, so daß wir den hochgelegenen, von jungen Birken und kleinen Tannen gesäumten Pfad zusammen gehen konnten. Ich freute mich auf meinen Vater und auf die gemeinsame Wanderung mit meinen Eltern. Ich hatte die Hausaufgaben erledigt und ging glücklich zu Bett. Mein Zimmer lag dem Buchenwald im Norden des Hauses zu, und nachdem ich noch einen beruhigenden Blick in den klaren Himmel geworfen hatte, schlief ich bald ein.
Es war stockdunkel, als ich aus dem Schlaf geschreckt wurde. Ich glaubte, jemanden atmen zu hören. Ich schaltete das Licht ein. Es wurde sofort wieder ausgeknipst. Aber ich hatte die

große Gestalt mitten in meinem Zimmer erkannt. Es war Henry! Er legte seinen Arm um mich und schob mich ins Bett zurück. Er begann, mich zu streicheln und flüsterte dabei sanfte Worte. Seltsame Gefühle überkamen mich, ich war wie gelähmt. Ich starrte auf die dunklen Bäume vor dem Fenster und überlegte, was ich tun sollte. Er schlüpfte zu mir ins Bett, seine Hände fuhren über meinen ganzen Körper, und plötzlich lag er auf mir, so groß und schwer, daß ich nicht mehr atmen konnte. Eine schreckliche Angst überkam mich. Mit aller Kraft schüttelte ich ihn von mir ab. Sofort näherte er sich mir erneut, seine Arme preßten meine Arme fest an meinen Körper. Er war viel stärker als ich, doch in meiner Angst gelang es mir, mich aus seiner Umklammerung zu befreien, und so schnell ich konnte, stürmte ich die Hintertreppe hinunter und rannte durch den Keller bis zur Toilette im südöstlichen Flügel des Hauses. Ich verriegelte beide Türen hinter mir, und schon nach kurzer Zeit hörte ich, wie er an der äußeren Tür rüttelte. Ich war vor Angst wie versteinert und gab keinen Laut von mir. Es schien mir wie eine Ewigkeit, aber schließlich glaubte ich, er sei fort. Dennoch wagte ich nicht, in mein Zimmer am anderen Ende des Hauses zurückzukehren. Dafür hätte ich den ganzen Keller durchqueren müssen, und da hätte er mich abfangen können.

Ich blieb die ganze Nacht in der Toilette, bis die Vögel in den Wäldern zu zwitschern begannen und der Morgen dämmerte. Es war eisig kalt – ich hatte nur ein dünnes Nachthemd am Leib. Mit vor Kälte klappernden Zähnen schlich ich durch den Keller zurück in mein Zimmer und schloß die Tür ab. Noch nie war mir das in den Sinn gekommen. Ich erwachte erst, als Frieda Siebert, unser Hausmädchen, kam, um nachzusehen, warum ich um neun Uhr noch im Bett lag. Schnell wusch ich mich und zog mich an und aß dabei ein Butterbrot, das Frieda mir in Minutenschnelle zubereitet hatte. Dr. Krökel war sehr ungehalten, weil ich zu spät zum Unterricht kam. Er war auch nicht milder zu stimmen, als ich ihm erzählte, daß ich nach

einem schlimmen Alptraum hatte nicht wieder einschlafen können. Er erwartete nun mal absolute Pünktlichkeit von mir. Wie froh ich war, wieder in meiner gewohnten Welt zu sein!
An diesem Nachmittag saß ich bei Meta Böhmer im Zimmer und sah ihr beim Malen zu. Wenn Meta zu Besuch kam, wollte sie immer im kleinsten Zimmer des Hauses oberhalb der Küche wohnen. Die warme Sommerluft vermischte sich mit den Gerüchen aus der Küche und den Farbtöpfen. Der Raum war immer voller Tuschkästen, Pinsel in Einmachgläsern und halbfertigen, irgendwo hingestellten Bildern. Meta saß vor ihrer Staffelei, einen blaßblauen Schal um die Schultern drapiert, und ihre hellbraunen Augen zwinkerten unter dem breitkrempigen Strohhut, den sie immer trug, wenn sie malte. Ihre Blumenbilder waren wie die Natur. Man fühlte förmlich den Wind und die Sonnenwärme auf den Blumen oder die Rundung eines Steinguttopfes, in dem ein Strauß aus Mohn und Kornblumen vor einem im Sommerwind flatternden weißen Vorhang stand. Meta war eine wirklich gute Malerin, aber in ihren Blumenbildern – sie malte kaum etwas anderes als Blumen – lag nicht jene unwahrscheinliche atmosphärische Leichtigkeit, die in Lempereurs Bildern zu finden war.
Henry Lempereur kam herein und lehnte sich an die Tür, denn es gab keinen anderen Platz im Zimmer. „Ich kann nicht malen, wenn du da stehst", sagte Meta und legte ihre Pinsel nieder. Ich störte sie nicht, mich kannte sie ja von klein auf, aber durch Lempereur fühlte sie sich gestört und wurde nervös. Er verließ das Zimmer sofort und wandte sich im Gehen an mich: „Komm und hilf mir, den Tisch zu decken. Die Mädchen haben Ausgang".
Ich sah auf die Kornblumen und den Mohn in der Vase, die Meta gerade malte. „Warum malt Henry eigentlich nicht Meta selbst", fragte ich mich. Mit ihrem Strohhut, unter dem eine einzige hellbraune Haarsträhne hervorlugte und dem breiten, hellblauen Schal um die Schultern in dem Licht, das schräg

durch das hohe, schmale Fenster in den Raum fiel, schien sie mir ein höchst reizvolles Motiv zu sein.
Ich verließ Meta und ging in die Diele, wo Lempereur schon dabei war, den Tisch zu decken und einen Strauß Blumen zu arrangieren. Als ich ihn so sah, konnte ich kaum glauben, was sich in der Nacht ereignet hatte. Er war vollkommen unbefangen und gelassen, während ich sterben wollte vor Scham und Verwirrung.
„Ich muß dir erzählen, warum ich nach Deutschland kam und was mir in Belgien widerfahren ist." Er sprach wie immer französisch. „Ich wurde damals gefördert und unterstützt von einer Baronin, die eine besonders gute Freundin von mir war und die veranlaßte, daß die belgische Königin mich als Hofmaler an den Königshof rief. Aber es gab einen Skandal. Eines Tages wurde ich von der Baronin, deren besonderer Schützling ich war, mit einem jungen Mann im Wald ertappt. Sie entdeckte mich und diesen wunderschönen Knaben von hoher Geburt, wie wir zusammen im Moos lagen. Sie schrie auf mich ein und schlug mir mit der Reitpeitsche ins Gesicht. Rasend vor Wut ritt sie davon. Sie erzählte der Königin von ihrer Entdeckung und am nächsten Morgen erschien ein Diener bei mir im Zimmer und teilte mir mit, daß ich umgehend zu verschwinden habe. Niemals wieder wolle man mich am Hof sehen. „Du", sagte er, „erinnerst mich an diesen Jüngling, und du warst ebenso verführerisch." In diesem Moment kam meine Mutter herein.
„Es ist Zeit, Vater vom Bahnhof abzuholen", sagte sie. Sie war sehr schön, und ich war stolz auf sie. Henry verstand ich überhaupt nicht, und ich beschloß, die ganze Angelegenheit einfach zu vergessen. Aber von diesem Tag an schloß ich mein Zimmer jede Nacht ab.[26]

5. Schulbesuch in Bonn

Am Tag vor meiner Abreise nach Bonn machte Dr. Krökel einen langen Spaziergang mit mir, um mir eine Pflanze zu zeigen, die er in einem benachbarten Tal entdeckt hatte. Sie trug den zauberhaften Namen *Sonnentau*, aber wie boshaft sie war! Mit ihrem Duft lockte sie Insekten tief in ihre Blüten hinein, dann schnappte sie fest zu, und die Insekten, die nur Nektar gesucht hatten, waren gefangen und wurden langsam verdaut.

Die Aufnahmeprüfung in Bonn war nicht schwierig, und ich wurde als Schülerin in das Lyzeum aufgenommen. Die Schule befand sich in einem schönen, modernen Gebäude, es gab geräumige Säle für Naturwissenschaft, Kunst und Musik und große, helle Klassenräume. Das Gymnasium war mit allem Notwendigen ausgestattet. Es besteht heute noch und heißt „Clara-Schumann-Gymnasium".

Unsere Klassenlehrerin war Fräulein Tölle. Sie unterrichtete Deutsch und Englisch. Ich war von der Anzahl meiner Mitschülerinnen verblüfft, wir waren ungefähr dreißig. Außerdem waren einige von ihnen ziemlich alt, eine war sogar Ende zwanzig. Mein Vater erklärte mir, daß es für Mädchen nicht viele Möglichkeiten gegeben hatte, zu studieren. Nicht nur das Frauenwahlrecht war erst vor kurzem eingeführt worden, sondern auch die allgemeine Zulassung für Frauen zur Universität. Bis dahin war die Schule ein Lyzeum gewesen, d. h. nur für Mädchen bis zum sechzehnten Lebensjahr. Meine Klasse war nun die erste, die das Abitur machen sollte. Die Klassenkameradinnen machten einen freundlichen Eindruck, wenn auch etwas farblos im Vergleich zu den Schülern von Letzlingen.

Ich wohnte in einer englischen Pension für junge Mädchen, die von Miss Jones geleitet wurde. Die englischen Mädchen in meiner Pension waren reizend. Sie waren freundlich und vergnügt, und alle konnten mit ihren klaren Stimmen wunderschön singen. Sie hatten englische Liederbücher bei sich, und da es im Haus ein Harmonium gab, verbrachten wir viele fröhliche Stunden mit dem Singen englischer Lieder.

Bonn war eine wunderschöne Stadt. Es gab breite, gepflegte Straßen, viele mit Bäumen gesäumte Alleen. Da waren der Rhein und das berühmte Siebengebirge mit seinen dicht bewaldeten Kuppen. In der Nähe der Universität führte eine Kastanienallee mit einem weiten Rasenstreifen in der Mitte

Lyzeum für Mädchen in Bonn 1915, heute „Clara-Schumann-Gymnasium" (Stadtarchiv und Stadthistorische Bibliothek Bonn)

zum Schloß Poppelsdorf, einem niedrigen gelben Barockgebäude, das von einem langen Graben umgeben war. Büsche und Röhricht, die an den Seiten des Wassergrabens wuchsen, waren belebt von einem nie verstummenden Chor von Singvögeln, es gab sogar Nachtigallen.
Im Hause des Rechtsanwalts Ernst Herrmanns, einem Freund meines Vaters aus seinen Bonner Studententagen, war ich immer willkommen. Ernst Herrmanns und seine Frau Tony waren sehr gastfreundlich, ihr erwachsener Sohn kam mir allerdings etwas seltsam vor. Herrmanns Tochter Isa war auch auf meiner Schule, aber in einer anderen Klasse, und wir hatten keinen persönlichen Kontakt miteinander.
Meine Eltern hatten mir erlaubt, Reitstunden zu nehmen, und bei einem Reitwettbewerb in jenem Sommer ergatterte ich als fünften Preis eine Gerte mit silbernem Griff.
Im Sommer 1926 war es außergewöhnlich heiß, und mein Dachzimmer in Miss Jones' Pension war so heiß, daß ich nicht schlafen konnte, nicht einmal bei weit geöffnetem Fenster und offener Tür. Immer wieder lief ich ins Badezimmer und hielt den Kopf unter kaltes Wasser, um mich ein wenig abzukühlen. Mit triefend nassem Haar las ich dann Thomas Manns *Zauberberg*, und irgendwann konnte ich endlich einschlafen. Einmal sahen mich zwei englische Mädchen, als ich gerade mit nassen Haaren aus dem Bad kam. Sie lachten und wollten wissen, warum ich mein Haar denn nicht trocknete.
„Weil es in meinem Dachzimmer kochend heiß ist und ich nicht schlafen kann", antwortete ich. Sie schienen verblüfft, sahen einander an und liefen schnell die Treppe hinunter. Das schien nicht zu ihrer Vorstellung von „normal" zu passen.
Als ich in meine ersten Ferien fuhr, wurde ich von den englischen Mädchen zum Bahnhof begleitet, und sie winkten mir „goodbye". Auf dem Bahnhof in Hamm traf ich meinen Vater, denn wir wollten gemeinsam weiter zum Stryck fahren. Eine

Weile ging er auf dem Bahnsteig auf und ab, plötzlich wandte er sich mir zu und sagte:
„Du wirst in Bonn nicht weiter in Miss Jones' Pension wohnen."
„Warum denn nicht?"
„Miss Jones ist der Meinung, daß du nicht zu den anderen Mädchen paßt. Sie wollen nicht, daß du zurückkommst. Du seiest zu intellektuell, sagte sie."
Ich sah die freundlichen Mädchen vor mir, die mich in Bonn zum Bahnhof gebracht hatten, die gelacht und gewinkt hatten, als der Zug die Station verließ, und auch Miss Jones hatte winkend dabei gestanden. Und die ganze Zeit hatten sie mich nicht haben wollen! Sie mochten mich so wenig, daß sie verlangten, ich solle ausziehen. Sie sagten mir nicht, was ich falsch gemacht hatte, sie gaben mir keine Chance, irgendetwas zu erklären. Ich war ganz einfach unerwünscht.
Zu Hause betrachtete ich mich im Spiegel. Ein dunkelhaariges Mädchen mit rundem Gesicht blickte mir entgegen und sagte: „Das bist du, die Unerwünschte. Warum? Warum? Es gibt keinen Grund, nur, daß du bist, was und wie du bist."
Falls mein Vater wußte, wie tief verletzt ich war, so zeigte er es nicht. Aber während meiner Studienjahre und auch in meinem späteren Leben hielt ich eine gewisse innere Distanz in Beziehungen zu anderen Menschen. Manchmal hatte ich das Gefühl, hinter einem Lächeln könne sich eine Lüge verbergen oder Ablehnung, nicht etwa für etwas, das ich getan hatte, sondern einfach, weil ich war, wer ich war.
Die Ferien waren zu Ende, und mein Vater begleitete mich nach Bonn, vermutlich, um sicher zu sein, daß die neue Pension in Ordnung war. In der Baumschulallee gelegen, war sie näher zur Schule. Geleitet wurde sie von einer weißhaarigen, großen Dame, Fräulein Wrede. Sie war sehr aufrecht, reinlich, pünktlich und gänzlich unsentimental, ganz die Tochter eines Offiziers. Aber trotz ihres strengen Auftretens besaß sie einen wun-

derbaren Sinn für Humor. Sie war wirklich eine süße Person. Die anderen Bewohnerinnen waren alle etwas älter als ich, aber sie waren gute Kameraden. Trude Radicke, eine Pfarrerstochter, und Agathe Dorstewitz wurden meine besonderen Freundinnen. In der Schule ging es streng zu, aber der Unterricht war sehr gut. Zwei der herausragenden Lehrkräfte waren der Mathematik- und Physiklehrer Dr. Meisenburg und Frau Dr. Schütte, die Französisch und französische Literatur unterrichtete. Sie hatte ihren Doktor in Grenoble gemacht. Als sie studiert hatte, waren Frauen in Deutschland noch nicht zur Universität zugelassen. Wir bildeten offensichtlich eine neue weibliche Generation, und die Nachfrage nach Ausbildungsmöglichkeiten überstieg das Angebot von Hochschulplätzen für Frauen bei weitem. Ich mußte sehr hart arbeiten, um meine Wissenslücken zu füllen. Bei Dr. Meisenburg entdeckte ich – leider zu spät – eine echte Liebe zur Mathematik. Am Ende einer Stunde erzählte er manchmal von Kathedralen oder anderen Gebäuden, die er liebte, und dann zeichnete er mit erstaunlicher Geschwindigkeit und Begabung ein Bauwerk an die Tafel.

Die Geschichtsstunden handelten sehr ausführlich von dem Versailler Vertrag. Wir hatten alle ein Exemplar vor uns liegen. Anders als in vielen Provinzschulen wurde uns hier allerdings nicht beigebracht, daß der Krieg dem friedfertigen, kriegsunwilligen Kaiser Wilhelm II. aufgezwungen worden sei. Auch nicht, daß Deutschland den Krieg eigentlich gar nicht verloren hätte, wie es in manchen Schulen einige Jahre später verbreitet wurde. Unsere Geschichtslehrerin war sehr objektiv. Der Mythos, Deutschland sei nie besiegt worden, entsprang den Köpfen der NSDAP. Die Partei setzte darüber hinaus den Mythos der sogenannten „Dolchstoßlegende“ in die Welt, die besagte, die Juden seien Deutschland in den Rücken gefallen und hätten so die Niederlage verursacht. Daß diese beiden Behauptungen nicht miteinander vereinbar waren, schien die NSDAP gar nicht zu stören.

Die Schulstunden dauerten von acht bis eins, es gab eine kurze Pause. Jeden Tag, einschließlich samstags, hatten wir fünf Stunden Unterricht. Zwischen den Stunden gab es fünfminütige Pausen für einen Gang zur Toilette, um Bücher zu packen, Bleistifte zu spitzen oder in einen anderen Raum zu wechseln, wie es beispielsweise für Naturwissenschaften oder Musik notwendig war. Sport war auf den Nachmittag gelegt, ebenso die gelegentlichen Exkursionen und die Zeichenstunden im Freien. Vom Religionsunterricht war ich befreit.

An besonders heißen Tagen durften wir die Schule verlassen und gingen regelmäßig zum Rhein an eine Stelle, wo wir ein Boot mieten oder einfach schwimmen konnten. Ich hatte viel zu tun, und um meine Hausaufgaben ordentlich zu machen, mußte ich gewöhnlich bis elf Uhr nachts arbeiten.

Anfang November wurde ich plötzlich nach Hamm gerufen, wo mein Vater im Krankenhaus lag. Ich wußte nicht, ob er wirklich ernsthaft krank war, und war verärgert darüber, die Schule versäumen zu müssen. Als ich aber meinen Vater sah, sank mir das Herz. Er war sehr bleich und lag regungslos auf seinem Krankenbett. Zuerst glaubte ich, er schliefe, aber dann sah ich, daß seine Reglosigkeit nicht Schlaf sondern Schwäche war. Ich sah, daß er sehr schwer krank war, und mußte die Zähne zusammenbeißen, um nicht in Tränen auszubrechen. Er sah mich an und lächelte, vielmehr er versuchte zu lächeln. Dieses Lächeln schnitt mir ins Herz.

Meine Mutter wartete mit meinem alten Kindermädchen Erna im Korridor und ich war allein bei ihm. Er sagte: „Geh mal“. In Bonn war ich beim Springen vom Pferd gefallen und hatte mir am rechten Fußgelenk einen Bänderriß und eine Knieverletzung zugezogen. Ich verstand, daß er wissen wollte, ob alles gut geheilt war. Ich ging daher so, als sei mein Bein wieder ganz geheilt. Er beobachtete aufmerksam meinen Gang, nickte zufrieden, streckte sich aus und war tot.

*

Mein Vater starb am 6. November 1926 im Alter von 56 Jahren. Es war der Wunsch meines Vaters, eingeäschert zu werden. Er wollte kein jüdisches Begräbnis und konnte somit nicht auf einem jüdischen Friedhof begraben werden. Ein Krematorium

Dr. Emil Löhnberg, porträtiert von Heinrich Vogeler 1918 (Marianne Walter)

gab es nicht in Hamm. Ich hörte, daß an die zweitausend Leute den Sarg meines Vaters aus dem Krankenhaus begleitet hatten. Nach der Trauerfeier im Krematorium in Hagen, bei der Ernst Herrmanns eine Rede hielt, fuhr ich mit meiner Mutter zum Stryck. Unser Leid trennte uns voneinander. Wir redeten kaum, fast waren wir wie Fremde. Stundenlang saß meine Mutter an dem Doppelschreibtisch in der Bibliothek, hinter ihr an der Wand hing das Porträt meines Vaters. Sie saß nur da und starrte vor sich hin. Unser Dienstmädchen Frieda sagte zu ihr: „Sie sind gut zu mir gewesen, Frau Doktor. Ich bleibe bei Ihnen und arbeite für Sie, auch wenn Sie mich nicht bezahlen können. Ich werde Sie nicht im Stich lassen."

Über ein Jahr lang konnte meine Mutter dieser anständigen jungen Frau keinen Lohn zahlen. Aber Frieda blieb. Als ich schon wieder in Bonn war, setzte Frieda Sieberts Bruder, der Steinmetz war, einen Felsblock über die Urne meines Vater. Er lag ganz nahe bei dem kleinen Fluß und den Fichten im Stryck. Friedas Bruder gravierte nur Vaters Namen und seine Lebensdaten in den Stein, so hatte mein Vater es gewollt.

Ich war gerührt von dem Verständnis und der Anteilnahme, die mir Fräulein Wrede und alle Mädchen in der Pension, meine Klassenkameradinnen und die Lehrer entgegenbrachten. Ihre Freundlichkeit und ihr Mitgefühl hielten an, solange ich in Bonn war. Umso unverständlicher war daher die seltsame Begebenheit, die sich gegen Ende meines Aufenthalts in Bonn, nach unserem Abitur, zutrug.

In meiner Klasse waren noch zwei andere jüdische Mädchen, Liesel Appelbaum und Cissy Norden. Liesel wurde oft, und manchmal auch Cissy, Opfer handgreiflicher Attacken von ein oder zwei sehr kräftigen, sportlichen Mädchen. Diese Attacken waren immer begleitet von Bemerkungen wie „du dreckige Jüdin" oder ähnlichen Beschimpfungen. Nie jedoch geschah das in Gegenwart eines Lehrers. Cissy schloß Freundschaft mit mir und besuchte mich manchmal in der Pension. Sie lebte mit ihrer verwitweten Mutter nicht weit weg, und sie erzählte mir fantastische Geschichten über ihr eigenes Liebesleben. Wahr oder nicht wahr, ich hörte ihren Erzählungen gerne zu, aber sie schien in einer anderen Welt zu leben. Sie hatte kein wirkliches Interesse daran, etwas zu lernen, und war auch nicht besonders gut in der Schule. Sogar die Stunden bei Dr. Meisenburg langweilten sie.

Eines Tages, als ich aus der Schule in die Pension kam, sagte mir Fräulein Wrede, daß ich Besuch hätte. Es war ein älterer Herr von der Knappschaftskasse. Er erklärte mir, daß die Versicherung gesetzlich nicht verpflichtet sei, mir eine Rente zu zahlen. Mein Vater war ja auf dem Höhepunkt der Inflation aus der Knappschaftskasse ausgeschieden, aber die ihm damals ausgezahlte Versicherungssumme war natürlich wertlos gewesen. Zwar war Vater einige Zeit vor seinem Tode der Knappschaftkasse wieder beigetreten, der Zeitraum war jedoch zu kurz, um die Gesellschaft zu irgendwelchen Zahlungen zu verpflichten. Dennoch hatten sich die Direktoren der Gesellschaft in einer Sondersitzung über meinen Bruder und mich beraten; angesichts der außerordentlichen Verdienste meines Vaters während seiner zwanzigjährigen Tätigkeit wurde entschieden, daß mein Bruder und ich für die Dauer unserer Ausbildung eine Rente erhalten sollten.

„Das verdanken Sie Ihrem Vater. Er war ein großartiger Mensch und ein hervorragender Arzt. Wir haben uns in Ihrer Schule über Sie erkundigt und sind sehr zufrieden mit dem, was uns über Sie berichtet wurde. Bleiben Sie so fleißig“, fügte er mit einem Lächeln hinzu, „und machen Sie etwas aus sich.“ Ich mußte noch ein Formular unterschreiben, dann ging er. Es war mir, als hätte mein Vater diese Worte zu mir gesprochen. Und sie drückten genau das aus, was ich ja auch tun wollte.

Die unerwarteten Rentenzahlungen bestärkten meine Mutter darin, mir zu erlauben, zu studieren, was ich wollte, ungeachtet der Einwände einiger männlicher Verwandter, die ihr rieten, mich in einem Geschäft unterzubringen. Ein Vetter, der Kölner Gynäkologe Dr. Ernst Löhnberg, hielt es für reine Zeitverschwendung, ein Mädchen studieren zu lassen. Andere Verwandte versuchten, meine Mutter zu Entscheidungen zu drängen, von denen sie wußte, daß sie nicht den Ideen meines Vater entsprachen. Ihr eigener Vater war gestorben, als sie vierzehn Jahre alt war, und eingedenk ihrer eigenen unglücklichen Erfahrungen war sie entschlossen, mich tun zu lassen, was immer ich wollte.

Vaters Praxis in Hamm wurde an einen gewissen Dr. Mißmahl verkauft, von dem meine Mutter sagte, daß er sehr nett zu ihr gewesen sei. Eine Hälfte des Stryckhauses wurde während der Ferien an eine Familie vermietet, aber da es nur eine Küche und ein großes Badezimmer gab, war das nicht sehr angenehm, obwohl jeder rücksichtsvoll war. Dann hörte meine Mutter auf den Rat, aus dem Haus eine Hotelpension zu machen. Sie ließ eine zweite Dusche für Jugendliche im Souterrain einrichten und stellte Fräulein Steiner ein, eine kräftig gebaute, rothaarige Köchin, die sich sowohl im Kochen als auch im Organisieren als erstklassig erwies.

Personen, die früher als Freunde gekommen waren, kamen nun als zahlende Gäste, und sie brachten weitere Gäste mit. Fräulein Steiners guter Ruf verbreitete sich rasch, und das Haus war immer voll besetzt. Die Sache hatte nur einen Haken: Meine Mutter hatte keine Ahnung von Buchführung. Sie zahlte den Metzger und das Personal – Fräulein Steiners Lohn war nicht gering –, aber sie war außerstande, eine Rechnung für die Gäste aufzustellen. Dann hatte sie eine glänzende Idee. Gemeinsam mit Fräulein Steiner erstellte sie eine detaillierte Preisliste und legte eine Kopie davon in jedes Zimmer. Alle Gäste waren aufgefordert, ihre Rechnung selbst aufzustellen und den Betrag bei der Abreise zu bezahlen.

Dieses neue System funktionierte außerordentlich gut. Meine Mutter mußte nicht mehr ständig an Geld denken, was sie schon immer abscheulich gefunden hatte, und die Gäste fühlten sich meiner Mutter gegenüber verantwortlich. Ich glaube nicht, daß sie jemals übervorteilt wurde. Sie behandelte die Gäste wie Freunde, und die Gäste dankten es ihr durch entsprechendes Verhalten. In zwei großen Schränken hielt meine Mutter eine für jedes Wetter geeignete Ausstattung für die Gäste bereit: Wanderschuhe in verschiedenen Größen, Stöcke und Mäntel, darunter schwere Lammfellmäntel, die mein Vater aus Polen mitgebracht hatte, Skier, Stöcke und Schlitten. Es wurde bestes Essen, Gemüse und Beeren aus unserem eigenen Küchengarten serviert. Bettwäsche und Zimmer waren stets sauber, die Betten bequem, es gab rohseidene Vorhänge und Blumen in allen Räumen. Es stand eine gute Bibliothek zur Verfügung, das Haus war ausgestattet mit schönen Möbeln, Gemälden, Stichen und Aquarellen. Meine Mutter hatte zwei Sessel in der Bibliothek selbst entworfen, deren Rücken man auf jeden beliebigen Winkel einstellen konnte und auf deren Arme, zwei abklappbare Mahagoni-Platten, eine Tasse Kaffee oder ein Buch abgelegt werden konnte. Es gab sogar ein Grammophon und eine Auswahl von *His Master's Voice*-Platten, die nicht selten durch Gastgeschenke ergänzt wurden. Gespeist wurde von feinem Wedgewood-Geschirr und mit Silberbesteck. Die Tischtücher waren aus Leinen, das im Tal gewachsen, gesponnen, gewebt und bestickt worden war. Meine Mutter scheute keine Anstrengung, um ihren Gästen die schöne Umgebung zu zeigen.

Es waren die Gäste selbst, die ihr rieten, höhere Preise zu verlangen. Sie organisierten selbst oft Ausflüge, überprüften die Elektrizitäts- und Kohlerechnungen. Das Geschäft meiner Mutter blühte, gerade weil sie so gar nicht geschäftstüchtig war. Hinzu kam ihr persönlicher Charme, der sie selbst im hohen Alter anziehend wirken ließ, und sie war nach wie vor sehr schön. Während meiner Ferien zu Hause verglich ich sie immer mit den anderen anwesenden Frauen, und für mich stand es

außer Frage, daß sie – obwohl bereits in den Fünfzigern – der Star war, sie stellte alle in den Schatten.
Ärzte und Architekten, die meinen Vater gekannt hatten, reisten mit ihren Familien an. Anwälte kamen aus Essen, Düsseldorf und Köln. Einer der für einen Kurzaufenthalt angereisten Gäste war Guglielmo Marconi, den mein Vater im schweizerischen Samedan kennengelernt hatte. Marconi hatte wichtige Grundlagenforschung in der Physik geleistet sowie Erfindungen im Sende- und Empfangsbereich von Radiowellen gemacht.[27] Schon früher einmal hatte er meiner Mutter versprochen, im Stryck einen Radiomast zu errichten, und 1927 erhielt sie von ihm das erste Radioempfangsgerät, das sie je gesehen hat.

*

In Bonn arbeitete ich weiterhin hart. Ich war noch immer wie betäubt vor Kummer über den Tod meines Vaters, und die Arbeit war mir wie ein guter Freund. In Bonn beging man gerade das hundertste Todesjahr des berühmtesten Sohnes der Stadt, Ludwig van Beethoven. Berühmte Musiker aus aller Welt reisten an, um in Beethovens Geburtsstadt seine Musik aufzuführen. Sooft ich Zeit und genug Geld hatte, besuchte ich Konzerte. Mehrere Male saß ich neben einem klugen, ausländisch aussehenden Studenten mit straffem, schwarzem Haar und blassem Teint. Aus Neugierde nahm ich nach einem der Konzerte seine Einladung zu einer Tasse Kaffee oder einem Glas Wein an. Er schien ziemlich selbstsicher zu sein, wirkte aber etwas seltsam. Er hatte ein kluges, breites Gesicht mit hohen mongolischen Backenknochen, sein Haar trug er in der Mitte gescheitelt und länger, als es ein Deutscher getragen hätte. Mit ausländischem Akzent erzählte er mir, daß er an der Bonner Universität Jura studiere.
Wir saßen in einem Café am Rhein, und die Lichter am Fuße des Siebengebirges spiegelten sich in den dunklen Wellen. „Sie sehen so aus, wie ich mir einen Indianerhäuptling vorstelle“,

sagte ich zu ihm. Seine Reaktion überraschte mich: Er richtete sich auf und sah mich mit offensichtlichem Stolz an: „Das bin ich auch! Ich stamme von einem sehr alten Indianerstamm Boliviens ab und bin tatsächlich ein Häuptling. Ich studiere hier Jura, damit ich eines Tages für mein Volk das Land zurückgewinnen kann, das ihm gestohlen wurde.“ Er ließ sich nicht weiter darüber aus, sondern begann, mir von seiner Gebirgsheimat in Bolivien zu erzählen. Offensichtlich hatte er Heimweh.

„Meine Heimat ist das 'Dach der Welt‘, ein riesiges, fast endlos weites Gebiet, das 'altoplano‘, eine Hochebene, die zu einer unfruchtbaren, öden Steppe geworden ist. Einst war sie über und über mit Bäumen bewachsen, aber habgierige weiße Siedler fällten so viele Bäume, daß der Wasserspiegel gesunken ist. Der ehemals fruchtbare Boden wurde dadurch zu einer Wüste. Trotzdem gibt es noch Bäume, wie zum Beispiel die 'Chirimoyas‘, die bis zu fünfzig Pfund schwere Früchte tragen. Es gibt auch Schlangen, die einen Menschen vollständig verschlingen können, und dann liegen sie wochenlang bewegungslos da, um ihre Beute zu verdauen.“

„Das hört sich nicht gerade verlockend an!“

„Die Spanier ließen sich davon nicht abschrecken, nicht einmal von den Spinnen.“

„Was denn für Spinnen?“

„Sie sind so groß wie eine Männerfaust, und sie können einen Menschen mit ihrem Biß töten.“ Ich blickte hinaus auf die Umrisse der dunklen Hügel und die Lichterkette, die auf den Wellen tanzte.

„Und trotzdem haben Sie Heimweh?“

„Ja, ich will in meine Heimat zurück, sobald ich mein Studium abgeschlossen habe. Ich will bei meinem Volk sein und den Berg Illimani sehen. Die Luft in meiner Heimat ist klarer als irgendwo sonst auf der Welt, und man kann den Illimani aus einer Entfernung von 100 Meilen sehen. Er ist mehr als 7000

Meter hoch. Das ist das Land meiner Vorfahren, und dort gehöre ich hin."
Nach diesem Abend tranken wir Kaffee oder ein Glas Wein zusammen, wann immer wir uns zufällig in einem Konzert begegneten. Er versuchte nie, mir zu nahe zu kommen; offensichtlich war er sehr feinfühlig und viel zu stolz, um eine Abfuhr zu riskieren. Ich respektierte ihn dafür. Außerdem tat er mir leid, denn er schien keine Freunde in Bonn zu haben. In seinen mandelförmigen, dunklen Augen lag immer der Ausdruck tiefer Melancholie, sogar wenn er lachte. Im letzten Winter vor meinem Abitur begegnete ich ihm bei keinem Konzert mehr. Eines Abends kam in der Konzertpause ein fremder Student auf mich zu und fragte: „Suchen sie den Jurastudenten aus Bolivien?"
„Was ist mit ihm?", fragte ich.
„Kommen Sie, wir trinken einen Kaffee zusammen. Ich werde Ihnen von ihm erzählen." Wir gingen in ein Café, und etwas verlegen fragte er: „Sind Sie in den Bolivianer verliebt?"
Ich lachte:„Um Gottes Willen, nein! Ich kenne ihn ja kaum."
„Das ist gut", sagte mein Begleiter, „ich muß Ihnen nämlich etwas mitteilen."
„Hören Sie auf, um den heißen Brei herumzureden, und sagen Sie, was Sie zu sagen haben."
„Nun, mein Kollege ist sehr schwer krank gewesen, wissen Sie, und er hatte keine wirklichen Freunde hier. Wußten Sie, daß er Indianerhäuptling war? Ich habe ihn mehrere Male im Krankenhaus besucht, denn sonst kümmerte sich niemand um ihn. Er litt an einer schweren Tuberkulose. Er wußte besser über Jura Bescheid als irgendeiner von uns. Er war brillant und hatte ein phantastisches Gedächtnis. Auch spanisches und bolivianisches Recht hat er studiert und konnte Rechtsentscheidungen ausführlich aus dem Gedächtnis zitieren. Wirklich erstaunlich! Er war im Begriff, ein Verfahren gegen bolivianische Landbesitzer anzustrengen. Sollte er dieses Verfahren gewinnen, so

würde er ein sehr reicher Mann werden, sagte er, und auch sein Volk würde davon profitieren. Riesige Landstriche seien ihnen gestohlen, die Wälder abgeholzt und das Land verwüstet worden. Er erzählte mir, er sei im Besitz von Dokumenten, die all das beweisen. Zur Zeit lebe sein Volk in Elend und Unkenntnis. Zu mir sagte er: 'Wenn ich dieses Verfahren gewinne, dann werde ich das alles ändern. Nur gibt es leider niemanden, der den Kampf fortführen kann, wenn ich dazu nicht in der Lage bin. Niemand verfügt über die notwendige Ausbildung. Erzähle Marianne, was ich Ihnen erzählt habe. Auch sie wird eines Tages schwer zu kämpfen haben. Ich sehe das in Deutschland kommen.' Er hat wirklich nett über Sie gesprochen." Der Student hielt inne und seufzte.

„Was ist mit ihm? Ist er nach Hause zurückgekehrt? Warum kann er mir all das nicht selber sagen?"

Der junge Mann senkte den Blick und zögerte. Dann, so leise, daß ich ihn kaum hören konnte, sagte er: „Er ist vor zwei Wochen gestorben." Der Student schluckte schwer. „Er war erst siebenundzwanzig Jahre alt."

*

Wenn Cissy Norden mir von ihren amourösen Liebesabenteuern erzählte, wunderte ich mich darüber, daß ich nicht den Wunsch verspürte, etwas Ähnliches zu erleben.

Die jungen Männer, die ich bei den Herrmanns traf, zogen mich einfach nicht an. Es gab da einen sehr netten jungen Anwalt, der mich einige Male ausführte. Als er aber anfing, mir übertriebene Komplimente zu machen und mir riesige Sträuße weißer Rosen oder Chrysanthemen schickte, fühlte ich, daß es an der Zeit sei, dem ganzen ein Ende zu setzen. Ich wunderte mich, daß er nicht selbst erkannte, daß wir viel zu unterschiedliche Interessen und Neigungen hatten.

Dann geriet ich zufällig an Margaret Radclyffe Halls *Quell der Einsamkeit*, die bewegende Autobiographie einer homosexuellen Frau. Beim Lesen über ihre Jugendjahre kam ich zu der

Cecilia Norden „Cissy“ (mit Handtasche) und Marianne Löhnberg 1927 (Marianne Walter)

Überzeugung, daß auch ich lesbisch sein müsse. Aber als sie gegen Ende des Buches ihre lesbischen Beziehungen detailliert beschrieb, fand ich das abstoßend und erkannte, daß ich ganz gewiß nicht lesbisch war.

Ich las viel von Friedrich Schiller – wir lasen zu der Zeit auch einige seiner Dramen in der Schule – ich war fasziniert von Friedrich Nietzsche und dem großen jüdischen Schriftsteller Heinrich Heine. Alle Mädchen in meiner Klasse lasen Heine mit großer Begeisterung. Einige besaßen die vollständige Ausgabe seiner Werke, und es gab keine einzige, die nicht seine Gedichte hatte. Unsere Französischlehrerin Frau Dr. Schütte machte uns mit Honoré de Balzac bekannt, und zu Hause entdeckte ich Fjodor Dostojewski. Es kam mir seltsam vor, daß niemals Schillers Originaltext in Beethovens Neunte Symphonie gesungen wurde. Schiller widmete seine Ode ursprünglich der *Freiheit* und nicht der *Freude*. In Schillers und Beethovens Tagen war es gefährlich, von Freiheit zu schreiben und zu singen, aber war das auch während meiner Schulzeit gefährlich? Ist es heutzutage gefährlich?

Dann stieß ich auf ein Exemplar von Sebastian Bachs *Matthäus-Passion*. Das Studium dieser wunderbaren Musik war für mich zutiefst beeindruckend. Immer wieder studierte ich diese Musik. Es wurde zu meiner täglichen Beschäftigung in späten Abendstunden. Eine andere Leidenschaft galt in jenen Tagen den Skulpturen Auguste Rodins. Ich las über ihn alles, was mir in die Hände fiel.

Während unseres letzten Schuljahres wurden wir dazu aufgefordert, jede Woche einen freiwilligen kurzen Vortrag mit Bildern über kunstgeschichtliche Themen zu halten. Da sich sonst niemand meldete, tat ich es und hielt von da an jeden Mittwoch Nachmittag einen Vortrag. Ich glaube, ich lernte mehr dabei als meine Zuhörerinnen. Ich erfuhr, daß selbst der begnadetste Künstler nicht in einem Vakuum lebt und das auch nicht kann. Er steht auf den Schultern seiner Vorgänger, er drückt die Ideen

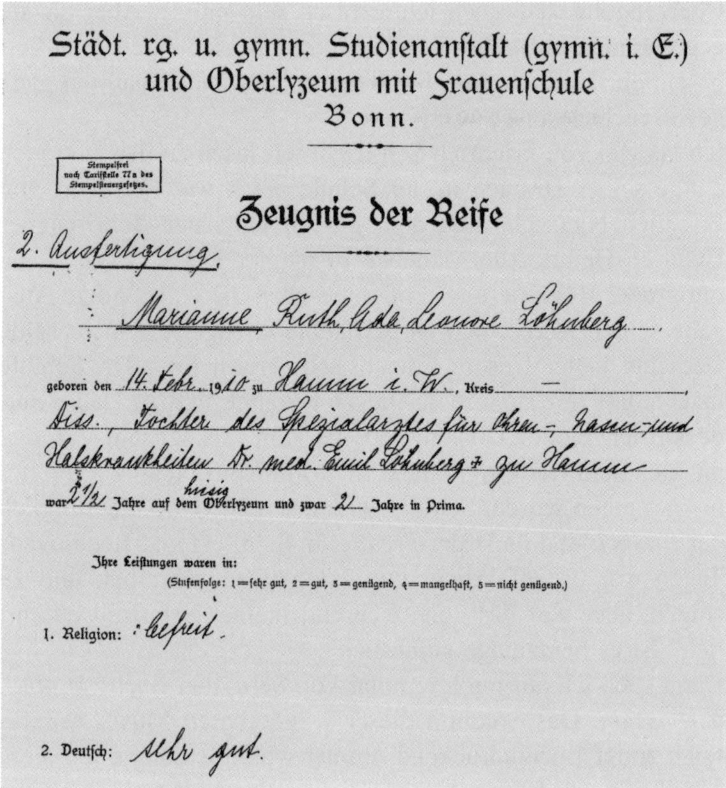
Städt. rg. u. gymn. Studienanstalt (gymn. i. E.)
und Oberlyzeum mit Frauenschule
Bonn.

Stempelfrei nach Tarifstelle 77a des Stempelsteuergesetzes.

Zeugnis der Reife

2. Ausfertigung.

Marianne Ruth, Ada, Leonore Löhnberg

geboren den 14. Febr. 1910 zu Hamm i. W., Kreis —,
Diss., Tochter des Spezialarztes für Ohren-, Nasen- und Halskrankheiten Dr. med. Emil Löhnberg † zu Hamm
war 2 1/2 Jahre auf dem hiesig Oberlyzeum und zwar 2 Jahre in Prima.

Ihre Leistungen waren in:
(Stufenfolge: 1 = sehr gut, 2 = gut, 3 = genügend, 4 = mangelhaft, 5 = nicht genügend.)

1. Religion: befreit.

2. Deutsch: sehr gut.

Abiturzeugnis 1929

und Werte seiner Zeit aus, er kann sein Werk nur erschaffen, wenn er eine Resonanz findet. Ohne Freunde und Förderer können weder Skulpturen noch architektonische Werke entstehen.

An einem Nachmittag erwartete mich bei Fräulein Wrede ein großes, geheimnisvolles Paket. Ich öffnete es und fand darin ein phantastisches gelbes Seidenkleid. Es war über und über bedeckt mit handgemalten Tulpen in lila, dunkelgrün, orange und weinrot. Es war wirklich überwältigend schön, ein echtes Kunstwerk. Das Kleid stammte von einem Verehrer meiner

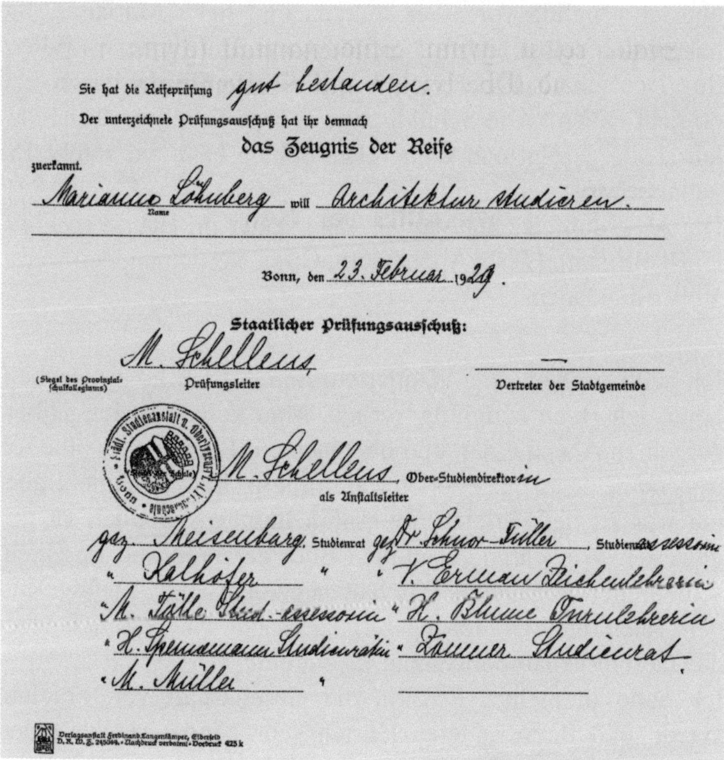

Sie hat die Reifeprüfung gut bestanden.

Der unterzeichnete Prüfungsausschuß hat ihr demnach

das Zeugnis der Reife

zuerkannt.

Marianne Löhnberg will Architektur studieren.

Name

Bonn, den 23. Februar 1929.

Staatlicher Prüfungsausschuß:

M. Schellens

(Siegel des Provinzialschulkollegiums) Prüfungsleiter —

Vertreter der Stadtgemeinde

M. Schellens, Ober-Studiendirektorin als Anstaltsleiter

gez. Theisenberg Studienrat gez. Dr. Schnor-Tiller, Studienassessorin

" Kalhöfer " " V. Erman Zeichenlehrerin

" M. Tölle Stud.-assessorin " H. Blume Turnlehrerin

" H. Spennemann Studienrätin " Zanner Studienrat

" M. Müller "

Verlagsanstalt Ferdinand Langenkämper, Elberfeld D. R. W. Z. 245044. Nachdruck verboten. Vordruck 425 k

Abiturzeugnis 1929

Cousine Charlotte Bara, die für ihn getanzt und von mir und meiner Situation erzählt hatte. Ich beschloß, das Kleid zur Schulabschlußfeier zu tragen, die nach dem Abitur im Haus unserer Klassenlehrerin Fräulein Tölle stattfinden sollte.

Das Abitur verlief gut für mich. Ich hatte viermal 'Sehr gut', fünfmal „gut" und dreimal „genügend". Ferner stand da: „Sie hat die Reifeprüfung gut bestanden" und „Marianne Löhnberg will Architektur studieren". Die mündliche Prüfung war von großer Bedeutung und wurde vor einer Gruppe von Prüfungsinspektoren aus Koblenz abgehalten. Nach meiner Prüfung lief mir das sonst so ruhige Fräulein Tölle hinterher, umarmte mich überschwenglich vor allen anderen und rief: „Marianne, Sie haben sich selbst übertroffen. Sie waren die Beste von allen! Ihre Deutschaufsätze über Hölderlin sollen Universitätsniveau erreicht haben!“ Die Schuldirektorin Frau Schellens war Fräulein Tölle gefolgt und sagte: „Die Schule kann auf solche Ergebnisse stolz sein.“

Die Abschlußfeier fand einige Tage später im Haus von Fräulein Tölle statt. Liesel Appelbaum, Cissy Norden und ich waren nicht eingeladen.

*

Ich hatte geplant, eine Wandertour durch die Eifel zu machen, bevor ich Bonn endgültig verließ. Man konnte in Jugendherbergen zu Abend essen und übernachten. Eigentlich wollte ich irgendeine Klassenkameradin auffordern, mitzukommen, aber ich war zu tief verletzt. Sie waren immer freundlich zu mir gewesen. Wir waren zusammen Boot gefahren und im Rhein schwimmen gegangen. Wir hatten gemeinsame Ausflüge auf dem Rhein und ins Siebengebirge gemacht. Nie hatte ich dabei das Gefühl gehabt, abgelehnt zu werden.

Ich hatte in meiner Pension die Gesellschaft von Fräulein Wrede und ihren anderen Gästen sehr genossen. Für einen erblindeten Englischprofessor, der über der Pension wohnte, tippte ich in meiner spärlichen Freizeit Adressen auf die Umschläge, in denen er seine in Blindenschrift geschriebenen Briefe versandte. Immer überprüfte er ganz genau, was ich getippt hatte, und ließ es sich von jemand anderem vorlesen. Hin und wieder führte ich ihn auf einem Abendspaziergang um den Block.

Ich war wohl viel zu beschäftigt gewesen, um eine mögliche Zurückhaltung meiner Klassenkameradinnen wahrnehmen zu können, von denen mich keine einzige je zu sich nach Hause eingeladen hatte. Aber Fräulein Wredes Mädchen in der Pension hatten mich angenommen. Agathe Dorstewitz und ich hatten gemeinsame Spaziergänge zum Schloß Poppelsdorf unternommen und abends dem Gesang der Nachtigallen gelauscht, die in den Büschen am Schloßgraben sangen. Sie und ihr Verlobter, ein Herr von Dassel, hatten mich zu Ausflügen zu den schönen Schlössern und Herrenhäusern in der Bonner Umgebung eingeladen. In den Ferien war Agathe auch zu Besuch im Stryck.

Meine Klassenkameradinnen hatten nicht dagegen protestiert, daß Fräulein Tölle mich nicht eingeladen hatte. Jede von ihnen hatte etwas zu dem Fest beigetragen und bei den Vorbereitungen geholfen. Sie mußten schon im voraus von Fräulein Tölles Absicht gewußt haben. Auch die Direktorin hatte an der Feier teilgenommen. Keine von ihnen empfand das als Verrat.

Ich verkürzte die Eifelwanderung und verbrachte nur zwei friedliche Tage ganz für mich allein. Ich fühlte mich Lichtjahre von anderen Menschen entfernt.

Ich war eingeladen in Köln bei dem Vetter meiner Mutter, Jupp Steinberg, eine Weile zu bleiben. Im Kölner Dom stand ich lange vor dem berühmten Bild von Stephan Lochner aus dem 15. Jahrhundert. Es stellt eine junge, ernste Madonna dar. Gekrönt wie eine Königin und in reichverzierte, fließende Gewänder gehüllt, hält sie das Jesuskind auf ihrem Schoß. Die beiden sind umgeben von Rosen, die an einem Spalier emporwachsen und von Engeln, die auf Lauten, Harfen und Flöten musizieren. Die Madonna war jüdisch wie ihr ganzes Volk und auch die Apostel. Hatten Fräulein Tölle und Frau Schellens mich zurückgewiesen, weil ich Jüdin war? Wenn das so ist, bin ich also zurückgewiesen worden, weil ich ein Nachkomme jenes Volkes bin, in dessen Mitte Christus geboren wurde? Aber sie waren doch Christen! Ich sah die schöne, jugendlich aussehende Madonna an, die schon fünfhundert Jahre alt war. Was hätte Christus wohl zu einer solchen Situation fast zweitausend Jahre später gesagt?

Bei Jupp und Emmi Steinberg lernte ich den berühmten Cellisten Emanuel Feuermann und seine Schwester, die Pianistin

Sophie Feuermann, kennen. *Munjo*, so nannten wir Feuermann, war ein wunderbarer Gesellschafter. Er war in Köln faktisch schon Professor, bevor er siebzehn Jahre alt war, durfte aber aufgrund seines jugendlichen Alters nicht den Titel „Professor" tragen. [28] Munjo erzählte, wie er eines Tages mit einem völlig untalentierten Studenten Fußball spielte, als plötzlich der Vater des Studenten in der Tür erschien. Er fragte Feuermann, was das zu bedeuten habe, was er sich denn dabei denke, mit seinem Sohn Fußball zu spielen, anstatt ihn im Cellospielen zu unterrichten? Munjo anwortete: „Nun, mein Herr, Ihr Sohn wird sicher ein sehr guter Fußballer werden."

Als ein Musikkritiker einmal schrieb, daß Feuermann ein zweiter Casals werden würde, erwiderte Feuermann: „Ich bin gerade gut genug, um Pablo Casals die Schuhe zu schnüren."

Als ich Ende Februar nach Hause kam, lud mich meine Mutter zu einem gemeinsamen Skiurlaub in die östereichischen Alpen, in die Kathedralen der Natur, ein. Ich war neunzehn Jahre alt, und abgesehen von Besuchen bei meiner Tante und meinem Onkel im Castello San Materno in Ascona, hatte ich noch nie eine Urlaubsreise gemacht. Wir wohnten im *Schwarzen Adler* in Pettnäu bei St. Anton. Meine Mutter mußte schon zurück, aber ich blieb eine weitere Woche. Um mein Geld zu strecken, lebte ich von trockenem Brot, Zucker und Zitronen. Ich bestieg den *Hohen Riffler* und schrieb meinen Namen in das Gipfelbuch, das in einer verzinkten Hülle dort aufbewahrt wird. Ich war die erste Frau, die den Berg im Winter bestiegen hatte.

6. Heinrich Vogeler

Heinrich Vogeler wurde 1872 als Sohn eines wohlhabenden Bremer Eisenwarenhändlers geboren. Nach dem Kunststudium in Düsseldorf ließ er sich als junger Mann in der Künstlerkolonie Worpswede mitten in einer Moorlandschaft nieder. Mit dem *Barkenhoff* schuf er ein schönes Haus, das von vielen Künstlern und Schriftstellern aufgesucht wurde. Einrichtung und Möbel unseres Hauses in Hamm hatte Vogeler entworfen. Er war der Architekt des Stryckhauses, als es im Jahre 1911 erbaut und 1921 vergrößert wurde. Auch das Haus in Brüssel für den Vater der Tänzerin Charlotte Bara, meinen Onkel Paul Bachrach, hatte er geplant.

Das Haus von Paul und Elvire Bachrach in Brüssel, von Heinrich Vogeler 1912/13 gestaltet (Dr. Christine Hoffmeister, Berlin)

Heinrich Vogeler um 1923 (Dr. Karl-Robert Schütze, Berlin)

Vogeler kam 1919 zu Besuch ins Stryck, das er sein zweites Zuhause nannte. Er war auf der Flucht vor den Behörden in Bremen, wo er als einer der Rädelsführer der Unruhen in Bremen gesucht wurde. Doch im Stryck wurde er auf Weisung des Präsidenten der Provinz verhaftet. Meinen Eltern wurde mitgeteilt, er sei wegen seiner politischen Einstellung als Kommunist verhaftet worden. Man unterstellte ihm, er habe im Stryckhaus ein geheimes Waffenlager eingerichtet. Im nahen Dorf Willingen kursierten Gerüchte. Mein Vater sprach beim Bürgermeister vor und telegraphierte dem Justizminister, woraufhin Vogeler freigelassen wurde. Aber der Minister ging nicht auf Vaters Forderung ein, den Präsidenten der Provinz wegen unrechtmäßiger Verhaftung zu belangen, da der Präsident in gutem Glauben gehandelt habe.

Als Vogeler meine Mutter Ende der zwanziger Jahre im Stryck besuchte, ging ich in Bonn nicht mehr zur Schule. Seit meiner Kindheit hatte ich Vogeler nicht mehr gesehen, und ich fand, daß er ein außergewöhnlich schöner Mann war, die personifizierte Poesie. Er sah dünner und knochiger aus, als ich ihn in Erinnerung hatte, seine Augen schienen tiefer unter der breiten Stirn zu liegen. Als Kind hatte ich alle Vogelers bewundert, seine blonde Frau Martha und die drei hübschen Töchter schienen mir wie Wesen aus einer anderen Welt.

Jetzt war er allein zum Stryck gekommen. Nachdem er in Ascona einige Zeit lang nicht sehr erfolgreich versucht hatte, eine landwirtschaftliche Kommune aufzubauen, war er in die Sowjetunion gegangen. „Warum bist du nach Moskau gegangen, Onkel Mining?“, wollte ich wissen. Ich konnte ihn wohl kaum fragen: „Warum hast du Martha und deine drei Töchter verlassen?“ Ich kam gar nicht auf den Gedanken, daß es Martha gewesen war, die ihn verlassen hatte. Im Alter von neun oder zehn Jahren hatte ich Martha und ihre drei Töchter Mieke, Bettina und die jüngste, auch mit Namen Martha besucht. Ich wohnte bei ihnen im Haus im Schluh, in ihrem riesigen mit

Reet gedeckten Bauernhaus in Worpswede. Es gab eine Menge Schafe rund ums Haus, aber im Gegensatz zu Ziegen und Kühen wurden sie nie gemolken. Ich hielt das für eine große Verschwendung zu einer Zeit, wo alle Nahrungsmittel sehr, sehr knapp waren. Daher hatte ich damals eifrig versucht, sie zu melken. Ohne den geringsten Erfolg. Ich war kindlich blind gewesen für die menschliche Tragödie, die sich zwischen Heinrich und seiner Frau Martha abgespielt hatte. Aber nun war ich zwanzig und konnte die Verlassenheit des wohlbekannten Besuchers, der gekommen war, um meine verwitwete Mutter zu trösten, verstehen. Er hatte den Barkenhoff verlassen, von dem er so viele Federzeichnungen, Radierungen und Gemälde gemacht hatte. Er hatte alles hinter sich gelassen, die Freunde, das Internat für die Kinder politisch verfolgter Eltern, die Schule, die mit seinen Gemälden ausgestattet war. Er hatte seine Frau und seine Töchter verlassen – warum?

Der „Barkenhoff" in Worpswede, Radierung von Heinrich Vogeler (Marianne Walter)

„Warum bist du nach Moskau gegangen?" wiederholte ich meine Frage, denn er hatte nicht geantwortet. Seine tiefliegenden Augen schienen durch mich hindurch in die Ferne zu sehen. Er zögerte, bevor er antwortete: „Ich war im Krieg, wie du weißt, Marianne. Wir zogen los aus Pflichtgefühl und Vaterlandsliebe. Wir wußten nicht, was Krieg bedeutet. Wir mußten furchtbare Dinge tun, es war abscheuliche Arbeit, die wir zu leisten hatten. Und dann tat Deutschland Rußland ein großes, sehr großes Unrecht. Du warst noch ein Kind, als Deutschland Rußland niederwarf."

„Aber Deutschland hat doch den Krieg verloren, Onkel Mining! Ich versteh das nicht!"

„Ja, das stimmt", fuhr er fort und erzählte, wie die Oberste Heeresleitung neun Monate vor der endgültigen Niederlage Deutschlands den Russen einen Separatfrieden aufgezwungen hatte. Der Vertrag sprach Deutschland russische Gebiete von einer Gesamtfläche Österreich-Ungarns und der Türkei zu. Deutschland nahm den Russen ein Drittel der Bevölkerung und mehr als drei Viertel seiner Industrie. Darüber hinaus sollte Rußland eine sehr hohe Entschädigung zahlen.

„Davon habe ich nie etwas gehört! Darüber habe ich in der Schule nichts gelernt! Wie hieß dieser Vertrag?"

„Das war der unrühmliche Vertrag von Brest-Litowsk. Ich vermute, in der Schule hast du alles Mögliche über den Versailler Vertrag gelernt."

„O ja, wir hatten alle ein Exemplar und gingen den Vertrag genau durch."

„Nun siehst du, das ist das Problem. Man lernt in der Schule eine Menge Geschichte, aber so viel wird ausgelassen! Was immer Deutschland in ungünstigem Licht zeigen würde, darüber erfahrt ihr nichts. Was in der Schule gelehrt wird, ist entstellte Geschichte. Ihr erfahrt nicht die Wahrheit. Aber ich habe ja selbst den Krieg an der Ostfront erlebt . . ."

„Was geschah mit dem Brest-Litowsk-Vertrag? Mit den Gebieten, die von Deutschland annektiert wurden? Sie gehören doch jetzt nicht mehr zu Deutschland?"
„O nein, zum Schluß wurden die deutschen Truppen an der West-und Ostfront geschlagen. Deutschland konnte die eroberten Gebiete nicht halten. Nun versuchen die Russen, eine neue, bessere Gesellschaft zu formen. Die Zaren sind endgültig verschwunden. Wir versuchen, eine Gesellschaft aufzubauen, in der jedes Kind das gleiche Recht auf Bildung hat, in der jeder für das Wohl aller arbeitet und in der jeder bekommt, was er benötigt. Eine Gesellschaft, in der die Menschen frei sind, das lernen, denken, schreiben und reden zu können, was sie wollen. Eine Gesellschaft ohne politische Gefangene, eine Gesellschaft ohne Geheimpolizei." Er war aufgestanden. Die silbernen Knöpfe an seiner dunkelgrünen Jacke funkelten in den schrägen Strahlen der Abendsonne.
Auch jetzt verstand ich eigentlich noch nicht, daß seine familiäre Tragödie zu seiner Entscheidung, nach Rußland zu gehen, beigetragen haben mußte. Viel später erzählte mir der Architekt Carl Weidemeyer, daß Vogelers Frau einen Geliebten hatte. Meine Mutter hatte mir erzählt, daß Martha als Kind im Nachthemd baden mußte, damit sie ihren eigenen Körper nicht sehen konnte. Ihre puritanische, protestantische Mutter betrachtete den menschlichen Körper als anstößig. Und dieselbe Martha, die so streng erzogen worden war, hat sich, obwohl sie von ihrem Mann verehrt wurde, später einen Liebhaber genommen. Ein gescheiterter Jurist, glaube ich, dem sie erlaubte, im Barkenhoff zu wohnen.
Und da stand Heinrich Vogeler, der sich eine die ganze Menschheit umfassende Liebe wünschte. Im Kampf der Völker in der Sowjetunion gegen ihre Unterdrücker glaubte er, diese Liebe am Werk zu sehen. Ich verstand, daß er sich mit den Unterdrückten identifizierte, und darin fühlte ich mit ihm. „Der Weg zum Frieden führt nicht über Verträge", fuhr er fort. „Wir müs-

sen einen dauerhaften, unzerstörbaren Frieden unter Menschen und Nationen schaffen. Primitiven Egoismus müssen wir überwinden und uns die ewigen Gesetze praktischer Nächstenliebe wieder zu eigen machen. Wir müssen alle füreinander arbeiten – nur Kommunisten leben so. Ein Kommunist gehört keiner politischen Partei an, er ist frei . . ."

Vogeler sprach wie ein Visionär, nicht wie jemand, der mit der zwanzigjährigen Tochter seines verstorbenen Freundes spricht. Es war, als spräche er zu einem unsichtbaren Publikum.

Ich mußte an den bolivianischen Jurastudenten in Bonn denken und daran, daß skrupellose weiße Siedler die einheimische Bevölkerung in die Armut getrieben hatten. Wenn der Kommunismus all dem ein Ende setzen könnte, wenn die Menschen Brüder würden, wenn es Ungerechtigkeit, Unterdrückung und Krieg nicht mehr gäbe, das wäre wunderbar! Die Hoffnung, die diese Vision barg, wallte in mir auf.

„So viele junge Männer zogen in den Kampf, sie meldeten sich freiwillig und in gutem Glauben", fuhr Vogeler fort. „Alles für das Vaterland. Bald aber erkannten wir, daß wir diesen entsetzlichen Krieg überhaupt nicht für die Menschen kämpften. Man redete nur von den Kriegszielen der Großgrundbesitzer, die immer mehr Land wollten, oder der Großkaufleute, die noch mehr Handel wollten, oder der Fabrikbesitzer, die größere Märkte anstrebten. Die Oberste Heeresleitung kämpfte nicht für das gemeine Volk! Estland, Belgien und russische Gebiete sollten annektiert werden. Der Friedensvertrag von Brest-Litowsk zeigte uns nur allzu deutlich, daß wir getäuscht worden waren. Den Reichen würden immer mehr Land und größere Märkte zur Verfügung stehen, die Armen würden leer ausgehen."

Vogeler hatte damals ein Protestmärchen an den deutschen Kaiser geschrieben[29], aufgrund dessen er nach einer ärztlichen Diagnose über seinen Geisteszustand aus dem Kriegsdienst entlassen wurde. Einige Jahre nach Kriegsende war Vogeler dann als Leiter der künstlerischen Abteilung der Akademie für die

Erziehung von Nicht-Russen nach Moskau berufen worden. Nach seiner einvernehmlichen Scheidung von Martha heiratete Vogeler Sonja Marchlewska. Ich habe sie nie kennengelernt, aber nach Fotos zu urteilen, war sie eine außergewöhnlich attraktive und intelligente Frau. Ihr gemeinsamer Sohn Jan, der 1923 in der UdSSR geboren wurde, war später Professor für Marxistische Philosophie an der Lomonossow-Universiät in Moskau.

Während Heinrichs Besuches im Stryck saßen wir abends um den grüngekachelten Kamin und unterhielten uns über sein Leben und seine Reisen in der Sowjetunion. Trotz seiner früheren Begeisterung für eine kommunistische Zukunft wirkte er deprimiert.

„Vorträge mit Diskussionen, wie wir sie in Deutschland kennen, sind dort einfach nicht möglich."

„Warum nicht, Onkel Mining?" fragte ich. „Wollen sie dir nicht zuhören?"

„O doch, sie hören schon zu. Sie sitzen da und schauen dich an, aber sie sagen kein einziges Wort. Man weiß dann einfach nicht, wieviel sie wirklich verstanden haben."

„Und wenn du sie fragst?" wollte meine Mutter wissen.

„Dann lächeln sie mit ihren mandelförmigen Augen und sind ganz verlegen. Sie kratzen sich und lachen. Sie reagieren wie Kinder. Sie sind nur daran gewöhnt zu gehorchen, und sie können einfach nicht verstehen, daß jemand wissen möchte, was sie denken." Er seufzte und starrte in das flackernde Feuer. „Die Bauern waren Leibeigene, so viele Generationen lang waren sie eigentlich wie Sklaven", fügte er hinzu.

„Ja", sagte meine Mutter, „sie sind von den Zaren und Adligen sehr grausam behandelt worden."

„Weißt du, Selma, viele von ihnen haben nie Lesen und Schreiben gelernt. Sie haben nicht gelernt, eine eigene Meinung zu haben. Sie sind sehr naiv und unkritisch. Sie kennen nur, daß man ihnen sagt, was sie tun müssen."

„Wer sagt es ihnen denn jetzt, wo die Zaren nicht mehr da sind? Und wie werden sie lernen, selbständig zu denken und eigene Entscheidungen zu treffen? Wer bringt ihnen das bei?", fragte ich.
Vogeler warf mir nur einen Blick zu. Er antwortete nicht sofort. Statt dessen stand er auf, schob sorgfältig das Feuerholz im Kamin zusammen, legte Scheite nach und ließ sich auf einem Kissen vor dem Kamin nieder.
„Die große Gefahr liegt darin, daß es Bürokraten sein werden, die ihnen sagen, was sie tun sollen. Die große Gefahr ist die Entwicklung einer alles durchdringenden Bürokratie, in der die Bürokraten für sich selber kapitalistische Werte annehmen werden."
Etwas überrascht dachte ich an seine frühere Begeisterung.
„Du meinst, die Bürokraten werden ihre Macht ausdehnen und ihren eigenen Reichtum vergrößern?" Ich blieb hartnäckig. Das war ich immer. Nach dem Abitur sagte mir meine Französischlehrerin, daß die Lehrer meine forschenden Fragen gefürchtet hätten. Meine Mutter mochte das nicht. Sie mochte Diskussionen nicht, und wenn ich früher meine Meinung äußerte, dann ermahnte sie mich, „taktvoller" zu sein. Auch jetzt warf sie mir einen ärgerlichen Blick zu und bat Vogeler, seine neuen Zeichnungen zu holen und sie uns zu zeigen. Er stand sofort auf, wandte sich aber, die Hand schon auf der Türklinke, noch einmal um.
„Ja, Marianne, ich fürchte sehr, daß wahr werden könnte, was du da sagst. Das wäre das Ende des Kommunismus, so wie ich das sehe." Er verließ den Raum. Aber ich war jung und enthusiastisch. Selbst diese düstere Aussage konnte die hoffnungsvolle Vision, die er vorher beschworen hatte, nicht auslöschen. Vogeler kam mit seiner Mappe zurück.
„Die Regierung hat mich beauftragt, viel im ganzen Land zu reisen und aufzuzeichnen, was nur möglich ist: Menschen, Häuser, Kleidung und Trachten, Werkzeuge, Geräte, Tiere und

Rußland-Zeichnung von Heinrich Vogeler (Marianne Walter)

Karren. Ihr könnt euch die Riesengröße des Landes nicht vorstellen, noch wie primitiv es ist. Es gibt Flüsse, die sind so breit wie das Meer, Wälder, die größer sind als die Schweiz. Wochenlang kann man reisen, ohne auf eine Stadt zu stoßen. Man sieht nur Dörfer mit niedrigen Holzhäusern und ohne gepflasterte Wege. Die Idee, die man in der Sowjetunion verwirklichen will, ist wunderbar. Aber es gibt Gegenden, in denen man die Felder noch mit Pflügen aus Holz pflügt, wie ihr auf meinen Zeichnungen sehen könnt. Es gibt Gegenden, in denen die Menschen noch im Steinzeitalter leben." Er sprach diese Worte mit großem Nachdruck. Einige der Federzeichnungen, die er mitgebracht hatte, waren im Ersten Weltkrieg in den Karpathen entstanden. Andere waren neueren Datums. Wir sprachen über die Zeichnungen, und plötzlich sagte er:
„Die brutalen Methoden der Zwangskollektivierung sind schrecklich. Die Rote Armee hat oft Befehl, die Kulaken ein-

Rußland-Zeichnung von Heinrich Vogeler (Marianne Walter)

fach zu erschießen. Die Kulaken sind die einzigen, die ein bißchen Schulbildung haben. Es ist grausam und dumm. Ich habe mit Soldaten gesprochen, die sich gegen diese sinnlose Grausamkeit auflehnten. So etwas geht doch wirklich nicht! Allein gelassen werden die Bauern nicht in der Lage sein, in den Kollektiven ökonomisch zu arbeiten, sie sind dazu nicht imstande. Jedenfalls noch nicht. Es wird eine schlimme Hungersnot geben, Millionen Menschen werden verhungern, Millionen. . . Ich weiß, daß das nur eine vorübergehende Phase sein kann, am Ende werden unsere Ideen vom Kommunismus Gestalt annehmen . . ." Es war, als wolle er sich selbst davon überzeugen. „Millionen werden Hungers sterben", sagte er, „Millionen werden durch die brutalen Methoden der Zwangskollektivierung sterben." Nach diesen letzten Sätzen war ich mir eigentlich sicher, daß er nicht mehr nach Rußland zurückkehren würde. Aber er ging.

In seinen letzten Briefen aus der Sowjetunion schrieb Vogeler, daß er sich von den Bürokraten übergangen fühle, daß er ständig friere und so „dünn wie ein Gespenst" sei. Doch die Einladung, bei seiner ältesten Tochter Mieke und ihrem Ehemann, dem Schriftsteller Gustav Regler, in Mexiko zu leben, lehnte er ab. Er fühlte, daß sein Leben sinnlos gewesen wäre, wenn er den Glauben an die Sowjetunion aufgeben würde. Heinrich Vogeler starb am 14. Juni 1942 in Woroschilowsk, Kasachstan. Er war siebzig Jahre alt. Sonja Marchlewska schrieb, daß ein Beamter im Dorf sich geweigert habe, Vogeler die Pension auszuzahlen, die ihm seit 1939 aufgrund seiner Arbeit an der sowjetischen Kunstakademie zugestanden hätte. In den Augen dieses Bürokraten war Vogeler zweifellos einfach nur ein Deutscher.

Als in Deutschland die Nazis an die Macht kamen, ordneten die Behörden an, alle Wandgemälde Vogelers vom Barkenhoff zu entfernen. Sie waren den deutschen Bürokraten zu „politisch", sie könnten die Kinder verderben. Es gab jedoch einen öffentlichen Aufschrei in Worpswede, und schließlich fand man einen Kompromiß. Die Gemälde durften erhalten bleiben, mußten aber hinter abschließbaren Rollos verborgen werden. Trotzdem wurden die Bilder von einem Mitglied der Hitlerjugend zerstört.

7. Zwischenstation

„Frauen müssen feminin und attraktiv sein"; „Frauen sollten nicht danach streben, intelligent zu sein"; „Männer mögen es nicht, wenn Frauen zu intelligent sind"; „Gebildete Frauen sind Blaustrümpfe"; „Sie sind unnatürlich"; „Blaustrümpfe sind langweilig"; „Ein Architekt muß den Arbeitern auf der Baustelle Anweisungen geben. Die lachen eine Frau doch aus, wenn sie versucht, sie herumzukommandieren."

Die Luft schien zu schwirren von Bemerkungen wie diesen.

„Marianne Löhnberg will Architektur studieren", das stand auf meinem Abiturzeugnis, aber mein Selbstvertrauen hielt dem Ansturm der Meinungen nicht stand. Meine Mutter hatte mit dem Direktor der Kunstakademie Düsseldorf, Dr. Käsbach, gesprochen, als er im Stryckhaus war. Ein Gespräch mit Dr. Käsbach in Düsseldorf erschütterte mein Selbstvertrauen auf eine noch subtilere Art. Er machte mir Komplimente über meine künstlerischen Fähigkeiten und schlug mir vor, an der Essener Folkwangschule zu studieren. Er werde ein gutes Wort für mich einlegen und dafür sorgen, daß ich die besten Lehrer bekomme. Da mir niemand sonst einen Rat gab, ging ich nach Essen und studierte Bildhauerei bei Professor Enseling, der selber ein Schüler des französischen Bildhauers Aristide Maillol gewesen war. Enseling war ein glänzender Lehrer, und sein Unterricht begeisterte mich. Ich liebte auch den Unterricht bei den beiden Lehrern für Zeichnen und Design. Enseling steigerte mein Verständnis und meine Liebe für die Bildhauerkunst. Es war jedoch unmöglich, mit anderen Studenten ins Gespräch zu kommen. Die meisten waren sehr nett, aber an Gesprächen, außer Klatsch, waren sie einfach nicht interessiert.

Anfang Oktober 1929, als ich in Essen war, starb der Außenminister Gustav Stresemann. Er hatte Deutschland in den

Völkerbund gebracht. Seine Regierung hatte erreicht, daß die Reparationen reduziert wurden. Aber die Extremisten hatten kein gutes Wort für ihn übrig. Wenige Wochen nach Stresemanns Tod brach die Börse in New York zusammen. Für Deutschland hätte der Zeitpunkt nicht ungünstiger sein können. Wegen des großen Börsenkrachs konnte Deutschland nicht genug Waren exportieren, um den Import von Rohmaterialien und Nahrungsmitteln zu finanzieren. Die Produktion wurde nahezu halbiert, Millionen von Menschen wurden arbeitslos. Deutschland hatte sich psychologisch noch nicht von dem verlorenen Krieg erholt, auch nicht von der Hyperinflation und der Besetzung deutscher Gebiete durch die Alliierten, die als Demütigung empfunden worden war. Gerade waren die Besatzungsarmeen abgezogen, die Reparationszahlungen wirtschaftlich zu verkraften, da gab es schon wieder eine Katastrophe. Zu schnell brach das Unheil abermals herein, plötzlich gab es noch mehr Armut und erneute Hoffnungslosigkeit. Für politische Agitatoren war es ein Leichtes, einfache Menschen davon zu überzeugen, daß ein böser Geist ihr Leiden verursacht hatte. Einige der Studenten, zwei oder drei vielleicht, waren Mitglieder der NSDAP. Zuerst hielt ich es für einen Spaß, als einer von ihnen sagte:

„Die Juden sind daran schuld, daß wir den Krieg verloren haben, aber wir werden sehen, daß sie dafür bezahlen!“ Ich fand es unmöglich, mit ihnen zu diskutieren. Sie stellten einfach eine Behauptung auf, und wenn man einen Einwand erhob, gingen sie sofort zur nächsten Behauptung über:

„Die Juden sind für die Arbeitslosigkeit verantwortlich. . .“ und so weiter. Sie sprachen wie gut programmierte Roboter und jagten mir damit kalte Schauer über den Rücken.

Mit einem von ihnen teilte ich den Raum, in dem mein Zeichenbrett stand. Er war sehr groß und dünn. Sein Haar und sein Gesicht hatten dieselbe Farbe, seine dünnen Lippen zuckten, wenn er wie ein Besessener über „die Juden“ sprach. Er konnte offenbar von nichts anderem reden. Er hatte niemals etwas gelesen, und nie hatte er die Welt, die ihn umgab, beobachtet oder wirklich wahrgenommen. Gelegentlich sprach er auch über Frauen. Sie waren für ihn auch keine menschlichen Wesen, sondern lediglich Sexobjekte. Aber eigentlich drehten sich all seine Gedanken um „die Juden".

„Ich kann einen Juden aus hundert Metern Entfernung riechen. Mir soll nur einmal einer dieser üblen Verschwörer über den Weg laufen." Er machte eine häßliche Handbewegung. Plötzlich wurde mir klar, daß er mich nicht als Jüdin ansah. Was würde er mir wohl antun, wenn er je auf den Gedanken käme, daß ich Jüdin war?

Zwei Ereignisse waren entscheidend dafür, daß ich die Kunstgewerbeschule verließ, um Architektur zu studieren. Es gab einen Wettbewerb für den Entwurf einer zweigeschossigen Halle mit einem großen Treppenhaus. Zu meiner Überraschung war ich dabei sehr erfolgreich. Bald darauf fand ein amtlich ausgeschriebener Wettbewerb für eine Sporttrophäe der Stadt Essen statt. Mehrere Kunstgewerbeschulen und Akademien sollten daran teilnehmen. Im Studio von Professor Enseling modellierte ich drei Eichenblätter, die in Bronze gegossen oder auch in Silber geformt und gehämmert werden konnten. Meine Eichenblätter gewannen den ersten Preis und wurden von der Stadt Essen angenommen. Das gab mir den Mut, in Darmstadt die Zulassung zum Architekturstudium zu beantragen. Zwar entsprach das nicht dem, was Professor Enseling vorausgesehen hatte, aber er half mir dabei. „Vielleicht kehren Sie eines Tages zur Bildhauerkunst zurück, wenn Sie die Auseinandersetzungen mit Bauunternehmern leid sind. Die Bildhauerei ist, denke ich, eine friedlichere Beschäftigung als das Bauen."

Wie recht er hatte! Aber gerade die Herausforderung und die vielfältigen Möglichkeiten der Architektur waren Teil ihrer Anziehungskraft. Ich wurde in Darmstadt angenommen, mußte aber vor Beginn des Studiums ein sechsmonatiges Praktikum auf einer Baustelle absolvieren. Ich verließ im Februar 1930 also Essen, um mich für den Studienbeginn im September an der Technischen Hochschule in Darmstadt vorzubereiten und fuhr zum Stryck. Mein Bruder Erhart kam während seiner Semesterferien auch dorthin. Er studierte an der Berliner Universität Soziologie und Psychologie und hatte sein Interesse an der Politik entdeckt.

„Verkaufe das Stryckhaus und verlasse Deutschland", drängte er meine Mutter. „Es wird hier großen Ärger geben, es ist sogar möglich, daß es Krieg gibt. Geht weg, solange es noch möglich ist", beschwor er uns. Aber Mutters freundliches Gästehaus lief gut. Sie war erfolgreich, sie liebte das Stryck, sie hatte viele Freunde, und dachte, Erhart sei übertrieben pessimistisch. Er war damals siebenundzwanzig Jahre alt, und er verstand besser als wir alle, was um uns herum vor sich ging.

Ich arbeitete auf Baustellen in Willingen, wo die Arbeiter mich „Peter" nannten, weil es ihnen unmöglich war, einen Lehrling auf dem Bau mit einem Mädchennamen anzureden. Ich fuhr immer mit dem Fahrrad zur Baustelle. Die Arbeit war sehr schwer, meine Armmuskeln taten nicht nur weh, sie wurden grün und blau von der Anstrengung. Wenn ich nach acht Stunden harter Arbeit nach Hause kam, nahm ich ein Bad und ging ins Bett, zu müde, um zum Essen herunterzugehen. Frieda brachte mir mein Abendessen auf einem Tablett herauf, und ich schlief danach sofort ein. Die Arbeit fing schon vor Sonnenaufgang an. Wenn ich durch die stille Landschaft hinunterradelte, hing die große Mondscheibe noch am fahlen Himmel über den grauen Bergen. Nach etwa sechs Wochen stellte mir der Bauunternehmer Fingerhut aus Usseln, der einige Jahre zuvor den Ausbau des Stryckhauses vorgenommen hatte, unaufgefordert ein unterschriebenes Zeugnis darüber aus, daß ich sechs Monate bei ihm gearbeitet hatte. Zu diesem Zeitpunkt war ich vollkommen ausgelaugt, und dankbar nahm ich das

Zeugnis an. Aber es hinderte mich daran, bei der offiziellen Verleihung für die Sporttrophäe der Stadt Essen meinen ersten Preis in Empfang zu nehmen. Fingerhut hatte mir bescheinigt, daß ich zu der Zeit auf einer Baustelle gearbeitet hatte. Lügen haben immer ihren Preis!

*

Ehe ich nach Darmstadt ging, besuchte ich noch einmal Onkel Paul und Tante Elvire, die ältere Schwester meiner Mutter, in ihrem Castello San Materno bei Ascona am Lago Maggiore. Ascona liegt am Fuße der Berge, die dicht an der weiten Fläche des Lago nach Süden verlaufen. Der oft ungestüme Fluß Maggia mündet am nordwestlichen Ende, unmittelbar südlich von Locarno in den Lago Maggiore. Nach jedem Regenguß verliert sein lebhaftes Wasser die blaue kristallene Klarheit und färbt sich braun von dem Schlamm, der über die Jahrtausende ein

Teatro San Materno in Ascona, 1927 von dem Architekten Carl Weidemeyer entworfen für Charlotte Bachrach, Künstlername Bara (Marianne Walter)

Castello San Materno in Ascona von Paul und Elvire Bachrach (Eliane Bachrach-Bulteaux, Brüssel)

weites Delta, das *Salleggi*, geformt hat. Im alten Dorf Ascona findet man viele kleine, elegante Läden mit Preisen wie in Paris. Anfang Mai säumen blühende Bäume und Büsche die Straßen mit den alten rosa, gelb oder ocker gestrichenen Häusern, ihren Arkaden und italienisch anmutenden Dächern. Es gibt riesige statuengleiche Camelien, wilde Orchideen wachsen an den Berghängen, dazu Opuntien und Agaven. Feigen und süße dunkle Trauben reifen noch in den ersten winterlichen Schneetagen. An den Hängen stehen die kleinen, im italienischen Stil gebauten Kirchen von Ascona und weiter oben die von Ronco. Deren Glocken hallen leise von den dunklen Bergen über den See, und ihr langsames Echo macht die Weite des Lago hörbar. Wenn im Winter die schneebedeckten Bergketten gegen den klaren seidenblauen Himmel stehen, reifen an den Straßenrändern orangefarbene und gelbe Früchte. Ascona ist dann nicht weniger attraktiv als in der Hitze, die im Sommer über den Salleggi flimmert.

Vor dem Ersten Weltkrieg waren die meisten Leute in Ascona sehr arm. Cencio, der Chauffeur meines Onkels, erzählte mir, daß er als Kind mit seiner Familie in einem Haus mit nur einem Raum gelebt habe. Einige Leute besaßen eine Ziege oder zwei, seine Eltern jedoch nicht. Sie ernährten sich überwiegend von wilden Kastanien, Trauben, und ab und zu aßen sie Fisch aus dem See. In den zwanziger Jahren übte Ascona eine starke Anziehung auf Künstler und Schriftsteller aus, die hier lebten und arbeiteten, so z. B. Hermann Hesse, Erich Maria Remarque, Hans Habe, Moissy Cogan, Paul Klee oder Franz Marc. Mit dem Zustrom von Künstlern und später auch Touristen kehrte ein bescheidener Wohlstand bei den italienisch sprechenden Dorfbewohnern ein. Ein deutscher Millionär aus Emden kaufte zwei kleine Inseln nahe der italienischen Grenze und lud die schönsten Frauen ein, die man nur finden konnte. Ich sah einige von ihnen in einer Taverne in Ascona. Anders als amerikanische Filmstars verdankten sie ihre Schönheit nicht irgendwelchen kosmetischen Hilfsmitteln oder ihren Friseuren. Es hieß, sie badeten nackt. 1930 war das ganz furchtbar schokkierend.

Ich liebte Tante Elvire. Sie konnte wunderbare Geschichten erzählen und wußte alles, was in Ascona vor sich ging. Ihre Stimme war warm und ausdrucksvoll, und ihre Geschichten

Paul und Elvire Bachrach um 1930 (Elaine Bachrach-Bulteaux, Brüssel)

schillerten wie ihre wunderschöne Perlenkette. Sie blickte freundlich durch ihre Lorgnette, und man verfolgte gebannt, wie sich ihre Geschichten entfalteten. Sie übersetzte die Stücke des französischen Dramatikers F. Crommelynck ins Deutsche. Nebenbei erzählte sie natürlich von seinen Eskapaden, zum Beispiel wie er einmal mitten in der Nacht ein Boot genommen und all seine Habe ans andere Seeufer gebracht hatte, als er wegen der Miete in Schwierigkeiten war. Als Tante Elvire noch jung war, hatte Max Reinhardt sie auf die Bühne bringen wollen, aber Onkel Paul hatte mit der Scheidung gedroht. Mit ihren eckigen, flachen Schultern, ihrer großen Nase und ihrem faltigen Hals war sie kaum eine Schönheit, und doch war sie durch ihren Esprit und ihren Charme sehr attraktiv, und das völlige Fehlen jedweder Arglist und ihre Offenherzigkeit ließen sie unzählige Freunde gewinnen.

Ich schlief in der Krypta ihres Castellos unter den riesigen, starrenden Augen eines frühbyzantinischen Christus, der auf den goldenen Hintergrund des Gewölbes gemalt war. Der Feigenbaum vor dem Fenster beherbergte quiekende Ratten, die so groß wie Kaninchen waren. Mein Onkel hatte eine riesige, gestreifte halbwilde Katze. Sie war beinahe so groß wie ein kleiner Leopard und versuchte, die Ratten in dem Feigenbaum zu fangen. Die Ratten allerdings schienen nicht die geringste Angst vor dem Raubtier zu haben, aber manchmal weckte mich nachts ihr Quieken und Knurren, wenn die Jagd im Baum auf und abging.

Einmal mietete ich ein Ruderboot und fuhr weit auf den Lago hinaus. Ganz plötzlich brach ein heftiger Sturm los. Der Regen strömte so stark und dicht, daß ich die Umrisse der Berge kaum erkennen konnte. Die Tropfen prasselten auf die Seeoberfläche, sprangen wieder hoch und zusammen mit den Wellen bildete die Gischt einen grauweiß gefleckten Vorhang, der sich um mein kleines Boot zog. Auf einmal sah ich im Wasser den glänzenden Scheitel eines Kopfes. Ich ruderte näher heran. Es

Von links: Walther, Charlotte, Elvire, Paul Bachrach um 1930 (Elaine Bachrach-Bulteaux, Brüssel)

war ein Schwimmer, dem es ganz unmöglich war zu sehen, in welcher Richtung das Land lag. Das Getöse des Regens und ununterbrochenes Donnergrollen machten eine Verständigung unmöglich. So packte ich ihn einfach an den Schultern und versuchte, ihn ins Boot zu ziehen. Mit gemeinsamer Anstrengung gelang es uns schließlich, ihn an Bord zu hieven, wo er

vor Kälte und Erschöpfung ohnmächtig wurde. So schnell ich konnte, ruderte ich auf die Badeanstalt zu, wo es heiße Duschen gab.
Ein paar Männer sahen uns und kamen herbeigerannt. Gemeinsam hoben sie ihn aus dem Boot, stellten ihn unter eine heiße Dusche, wickelten ihn in Decken und flößten ihm ein heißes Getränk ein, sobald er wieder zu sich gekommen war. Auch ich zitterte vor Kälte und war völlig erschöpft. Ich nahm ebenfalls eine heiße Dusche und zog mir trockene Kleider an. Der Mann, ein großer, älterer Herr, erschien ein wenig später und war von ergreifender Dankbarkeit. „Lassen Sie uns einen Tee zusammen trinken", lud er mich ein, „wir müssen ohnehin warten, bis der Regen aufhört. Vorher können wir nicht zurück." Während wir im warmen Restaurant der Badeanstalt saßen, sagte er immer wieder: „Sie haben mir das Leben gerettet. Ich hätte das Ufer nie erreicht. Der Sturm kam so plötzlich, ich konnte nichts mehr sehen. Und dann plötzlich haben Sie mich gepackt! Sie haben mir wirklich das Leben gerettet! Sagen Sie, was kann ich für Sie tun?"
Mir fiel überhaupt nichts ein, aber als er erzählte, daß er Engländer sei, in New York lebe und von Zeit zu Zeit hierher kam, um seinen Freund, den Freiherrn von der Heydt, im Monte Verita zu besuchen, da wußte ich sofort, was ich wollte. Ob er, fragte ich ihn, mir eine Besichtigung der Kunstschätze des Monte Verita ermöglichen könne? Zwei Tage später wurde ich von dem großen Engländer, dessen Namen ich vergessen habe, und Freiherrn von der Heydt zum Tee eingeladen. Ich wurde von einer riesigen Limousine mit Chauffeur in Livree abgeholt. Freiherr von der Heydt war der Schatzmeister von Kaiser Wilhelm II. gewesen. Er war Kunstkenner mit besonderer Liebe zu fernöstlicher Kunst. Den Düsseldorfer Architekten Emil Gustav Fahrenkamp hatte er mit dem Bau des sehr teuren und exklusiven Hotels auf einem riesigen Grundstück am Berghang über Ascona beauftragt. Vom Hauptgebäude des Monte Verita

blickte man auf die weite Fläche des Lago Maggiore und die jenseitigen Bergkette.
Der Speisesaal, wie ein breiter, wellenförmiger Korridor geformt, war mit großen Spiegelglasfenstern ausgestattet, die einen ungestörten Blick auf den See erlaubten. An den Wänden gegenüber hingen viele bedeutende Werke moderner Maler. An den Wänden der Aufenthaltsräume hingen mittelalterliche Tapisserien und Ikonen. Auserlesene mittelalterliche Skulpturen standen in kleinen Nischen, gedämpft beleuchtet, so daß man sie im vorteilhaftesten Licht sah. Größere asiatische Skulpturen, indische und chinesische Buddhas, javanische Tänzer standen zwischen den einzelnen Bungalows, in denen die Gäste wohnten. Das Ganze erinnerte mich an das Folkwangmuseum in Hagen. Doch diese Sammlung war größer und luxuriöser. Ich glaube, wenige, wenn überhaupt einer der Künstler, die in Ascona lebten, konnten es sich leisten, zum Dinner oder auch nur zum Tee ins Hotel Monte Verita zu gehen. Ich jedenfalls genoß diese einmalige Situation damals ausgiebig.

8. Architekturstudium in Darmstadt

Im September 1930 begann ich mein Architekturstudium an der Technischen Hochschule in Darmstadt. Die Fakultät für Architektur lebte jedoch von vergangenem Ruhm. Professor Walbe schien mir ein nicht sehr kompetenter alter Mann zu sein. Er haßte Frauen, jedenfalls ignorierte er jede Studentin, so gut er konnte. Er behandelte mich mit leichtem Spott, und ich versuchte, mich möglichst unsichtbar zu machen.
Die Stadt Darmstadt war sehr angenehm, sauber, mit gepflegten breiten Alleen. Sie war umgeben von hügeligem, intensiv genutztem Ackerland mit großen Laubbäumen entlang den Landstraßen. Es gab ein gutes Theater, das, wie Bonn, seine eigene Schauspielertruppe besaß. Im Kunstmuseum waren einige sehr schöne Gemälde von Hans Holbein, und im Buchladen wurde jeder Kunde wie ein besonderer Freund behandelt. Man konnte

dort sitzen und stundenlang lesen, auch wenn man nichts kaufte. An heißen Tagen wurde einem sogar kostenlos ein Glas Limonade angeboten.
Sonntags trafen sich ein paar Studenten, und wir fuhren mit dem Rad in die bewaldete Umgebung südlich der Stadt, um in einem der kleinen Seen schwimmen zu gehen. In der Nähe gab es ein Gasthaus, wo sogar ich mir eine Tasse Kaffee und ein Stück von dem köstlichen Pflaumenkuchen leisten konnte.
Unter den befreundeten Studenten war Senja Saretzky, ein Russe, der Elektrotechnik studierte. Sein Vater war Arzt in Moskau, und seine Mutter schickte ihm regelmäßig Eingemachtes aus wilden Erdbeeren, das er immer mit seinen Freunden teilte. In unseren politischen Diskussionen bezeichnete er sich als Kommunisten und Atheisten. Er hatte ein staatliches Stipendium, das ihn verpflichtete, nach Beendigung des Studiums nach Rußland zurückzukehren. Er konnte Fahrräder, Schuhe, einfach alles reparieren. Er schwamm schneller als irgendeiner von uns, war geistreich und schlagfertig, hatte einen scharfen Verstand und wußte genau soviel über deutsche Literatur wie über die russische. Die anderen Studenten erzählten mir, daß sie beobachtet hatten, wie er an Samstagen heimlich in die Synagoge ging. Ich war nie in einer Synagoge gewesen, auch meine Eltern nicht, soviel ich wußte. Es überraschte alle, daß er, der sich einen Atheisten nannte, regelmäßig zum Beten ein jüdisches Gotteshaus aufsuchte. Wir fanden heraus, daß er es geheimhalten mußte, andernfalls würden ihm die Russen das Stipendium und auch die Genehmigung in Darmstadt zu studieren, entziehen. Um Senja nicht in Verlegenheit zu bringen, erwähnte niemand ihm gegenüber unsere Entdeckung. Senja machte sein Diplom in Elektrotechnik und heiratete seine kluge, charmante Freundin Anja aus dem Baltikum. Später erfuhr ich, daß sie nicht, wie vereinbart, in die UdSSR zurückkehrten, sondern in das damalige Wüstenland Palästina auswanderten. Wenn Senja Saretzky nicht zurück-

kehren wollte zu seinem Volk, in seine Heimat, die er uns oft als wunderschön beschrieben hatte – war dann dort etwas nicht in Ordnung? Die UdSSR hatte sich doch befreit von der mittelalterlichen Tyrannei der Zaren und der Großgrundbesitzer, die die Bauern in grausamer Leibeigenschaft und Unwissenheit gehalten hatten. Ein Land, das im Namen des Kommunismus jetzt seinen vielen Menschen eine Schul- und Ausbildung ermöglichte und sich wirtschaftlich entwickelte. . .. Warum mußte da Senja, der überzeugte Kommunist, aus seiner Religion ein Geheimnis machen? Nur in einem kommunistischen Land würden die Menschen ihre Freiheit finden, hieß es doch immer.

*

Während meines ersten Jahres in Darmstadt hatte ich kein staatliches Stipendium. Das konnte man erst nach dem ersten Jahr und bei guten Noten bekommen. Meine Mutter schickte mir ein wenig Geld, aber nicht wirklich genug, als daß ich davon hätte leben können. Sie hatte vermutlich keine Vorstellung von dem, was ich brauchte. Und mir kam nie in den Sinn, sie um mehr zu bitten. Ich bekam immer noch die kleine Rente von der Knappschaft, aber ich war schlimm dran. Ich mußte ein Zeichenbrett und teure Zeichengeräte kaufen, auch Papier war kostspielig. An Reiten war überhaupt nicht mehr zu denken. So ging ich zu den Reitställen und bot dem Reitlehrer an, die Pferde für ihn zu zeichnen. Er war recht zugänglich, und als er meine Zeichnungen sah, erlaubte er mir sogar, kostenlos zu reiten, wann immer ein Pferd frei war. In der Regel waren die besten Pferde, zwei Vollblut-Araber, die einem persischen Studenten gehörten, vergeben. Sie waren pechschwarz und wunderbare sensible Tiere. Ihr seidenes Fell spannte sich über eine breite Brust und stark ausgeprägte Muskeln. Doch war die Haut beweglich genug, um lästige Fliegen zu vertreiben, ohne weitere Bewegung. Sie waren nicht sehr hoch, ihr Körper war lang, und sie hatten einen prächtig geschwungenen Hals, einen fein

gezeichneten Kopf mit besonders ausdrucksvollen Augen. Als ich zum zweiten oder dritten Mal zu ihnen kam, atmeten sie geräuschvoll, und eines spitzte seine weichen Lippen und packte mich am Arm, während das andere mich sanft mit der Stirn in den Rücken stubste, um mich daran zu erinnern, daß ich ihnen eine Möhre und weichen braunen Zuckerkuchen schenken sollte. Wenn ihr Herr kam, waren sie ganz aufgeregt, wieherten und scharrten mit den Hufen, und teilten ihm ganz deutlich mit, daß sie mit ihm hinaus wollten. Der gut aussehende, dunkle Perser sah sich meine Zeichnungen an und forderte mich auf, auch seine Pferde zu zeichnen. Er fragte auch, ob ich ihm die Ehre erweisen wolle, mit ihm am kommenden Sonntag auf einem seiner Pferde auszureiten? Wir könnten an der Bergstraße, südlich von Darmstadt, in einem guten Gasthaus Kaffee trinken. Er stellte sich in aller Form vor. Er war ein Prinz von edlem persischen Blut, und so sah er auch aus. Ich war ganz aufgeregt und freute mich auf den Sonntag. Dann traf ich ihn zufällig am Freitag in der Universität. „Hallo, Prinz . . .“, rief ich. Er antwortete nicht. Ich war sicher, daß er mich gesehen und gehört hatte, aber er sah an mir vorbei, als wäre ich nicht da und ging weiter. Kein Wort, kein Lächeln, nichts. In der Mensa traf ich dann einige Studenten, die ich gut genug kannte, um ihnen von diesem merkwürdigen Verhalten zu erzählen. Sie wußten schon über alles Bescheid. In seiner Fakultät, ich glaube, es war Eisenbahnwesen, hatte er über mich geredet. Etwas zu voreilig hatte er mit seiner „Eroberung“ geprahlt und daß er mich zum Reiten ausführen würde. Da hatte jemand gesagt: „Weißt du denn nicht, daß sie Jüdin ist?“
„Dann kenne ich sie nicht mehr“, war seine Antwort. „Für mich ist sie dann tot.“
„Das ist unglaublich“ rief ich, „er wollte, daß ich seine Pferde zeichne und mit ihm am Sonntag ausreite. Ich bin dieselbe Person wie am letzten Sonntag, und er auch. Welche Religion hat er?“

„Er ist Moslem.“ Ich war überrascht. „Wenn ich lutherisch oder katholisch wäre, hätte er mich also ausgeführt. Aber diese Glaubensrichtungen sind so verschieden von seiner Religion wie der jüdische Glaube. Er kann ja wohl kaum erwarten, daß eine deutsche Studentin Muslimin ist!“ Meinc Mitstudenten trösteten mich. „Es gibt genug Leute hier, die dich mögen, also vergiß den blöden persischen Prinzen.“
Aber ich war verwirrt. Da war es wieder. Ich war wieder zurückgestoßen worden, und diesmal war es aus einer völlig anderen Richtung gekommen, vielleicht auch aus völlig anderen Gründen. Für ihn war ich tot, hatte er gesagt. Aber er war kein nordischer blonder Deutscher. Mit seinem schwarzen Haar und der markanten Nase hätte er leicht als mediterraner Jude gelten können. Er war auch kein Christ. Ich war wieder zurückgestoßen worden und bekam keine Erklärung dafür. Ich war bestürzt und tief verletzt.
An diesem Samstagabend gab Emanuel Feuermann in Darmstadt ein Cello-Konzert, und alle meine Bekannten gingen hin und wollten ihn hören. Der Saal war zum Bersten voll, Studenten standen an den Wänden und saßen auf den Stufen. Feuermann spielte eine der Solo-Sonaten von Bach, die Sonata in e-moll von Brahms und etwas von Schumann. Das letzte Stück war ein für Violine komponiertes Virtuosenstück, ich glaube von Paganini. Es war ein ergreifendes Erlebnis. Ich hatte sehr gute Musiker in Bonn, aber noch nie einen Solo-Cellisten gehört. Feuermann zu hören war ein unvergeßliches Erlebnis. Ich war zu schüchtern, um ihn zu begrüßen, zu überwältigt von dem, was ich gehört hatte. Er war es, der mich im Publikum entdeckte, und nach dem Konzert führte er mich zu einem späten Abendessen aus. Ich habe ihn nie wiedergesehen.
Meine Darmstädter Freunde machten mich mit einem gutaussehenden jungen Mann bekannt, Fritz Eisinger. Er wollte Maschinenbau studieren, aber da seine Familie während der Inflation alles verloren hatte, seine Mutter gestorben und sein

Vater arbeitslos war, hatte er die Schule verlassen und mit Gelegenheitsjobs Geld verdienen müssen. Wir entwickelten ein System, nach dem jeder von uns Fritz einen Abend in der Woche in dem Fach unterrichtete, das der jeweilige Student am besten beherrschte. Senja Saretzky lehrte ihn Mathematik, ich war verantwortlich für Deutsch und Kunstgeschichte. Wir gaben ihm auch von unserem Essen ab, denn Fritz war unterernährt. Mit dem staatlichen Stipendium konnte ich genug Essen für uns beide besorgen. Fritz war sehr dankbar und lernte fleißig und diszipliniert. Wir alle waren sehr glücklich, als er das Abitur schaffte und einen Studienplatz für Maschinenbau in Darmstadt erhielt.
Der Architekt Müller-Jena, Präsident des Verbandes deutscher Architekten, war im Stryck gewesen und hatte meiner Mutter gesagt: „Marianne muß nach Berlin gehen, wenn sie Architektin werden will. Darmstadt ist bereits seit einer Generation tot." Es war eigentlich gar nicht die Art meiner Mutter, mir zu sagen, was ich tun sollte. Seit dem Tod meines Vaters mußte ich meine Angelegenheiten selber regeln. Aber Müller-Jena wußte, wovon er sprach, und dieses Mal bestand sie darauf, daß ich Darmstadt verlassen und nach Berlin gehen solle. Mir war klar, daß ich damit gut beraten war, aber es fiel mir nicht leicht, mich schon wieder loszureißen. Und was war mit Werner? Ich hatte angefangen, mich für einen der jüngeren Dozenten in einem anderen Fach zu interessieren und war ein bißchen verliebt. Wir sahen uns nicht oft, tranken nur gelegentlich in der Mensa einen Kaffee zusammen. Es war in der Tat eine seltsame Beziehung. Wenn ich in der Mensa saß, kam er dazu, und oft redeten wir miteinander, bis die Mensa schloß. Aber wir hatten selten einen Tisch für uns alleine. Das war alles, woraus unsere Beziehung bestand. Ich wußte eigentlich nicht, was er für mich empfand, und so erzählte ich ihm nicht einmal, daß ich nach Berlin übersiedeln würde.

9. Großstadt Berlin

In Berlin erschien alles größer als das wirkliche Leben. Die Straßen waren breiter, die Häuser viel höher als in Bonn oder Darmstadt. Türen und Fenster waren von Stuckdekor umrahmt. Die Gebäude der preußischen Hauptstadt hatten eine militärische Haltung, und es war, als ob sie einen angriffslustig anschauten. Die Menschen, die durch die Straßen eilten, schienen vor der grauen Steinmasse der Häuser kleiner zu werden. Die Geschäfte im Westend aber erstrahlten in Farbe und Licht. Die Waren hatte man mit designerischen Geschick ausgestellt. Es war ein ästhetisches Vergnügen, die Schaufenster von Geschäften wie die des *Haus der Geschenke* von Rosenhain am berühmten Kurfürstendamm oder das Seidenhaus von Michelson anzuschauen. Denn anschauen war alles, was ich mir leisten konnte.

Die Architektur-Fakultät nahm den ganzen Mittelbau der Technischen Hochschule in Berlin-Charlottenburg ein. Durch die

Technische Hochschule Berlin-Charlottenburg um 1910 (Landesarchiv Berlin, Acc. 3221)

hohen Fenster sah man auf den riesigen Park des Tiergartens und die Siegesallee, die vom Brandenburger Tor bis nach Charlottenburg, dem einstigen Sommersitz der preußischen Könige, durch den Tiergarten führt. Auf der Südseite war die Hochschule durch einen kleinen Park von der Akademie der Künste getrennt.

Der vierschrötige Professor Jobst Siedler hielt eine Vorlesung über Baukonstruktionen. Der Hörsaal war überheizt, und die Stimme des Professors dröhnte unentwegt, Satz für Satz, ohne Punkt und Komma. Er hatte ein sehr gutes Lehrbuch über Baukonstruktion geschrieben, aber er war kein guter Redner. Bei seiner monotonen Stimme fiel es den Studenten schwer, nicht einzuschlafen. Plötzlich jedoch war ich hellwach. Er sprach gerade über Balkone. Gebäude im sogenannten „alten Westen" von Berlin hatten oft große Balkone, die von mächtigen, wulstigen Steinfiguren getragen wurden. Imposante Männer- und Frauengestalten aus der griechischen Mythologie schienen die Last der Balkone zu halten. Tatsächlich aber waren sie an den Ecken der Balkone durch ein ausgeklügeltes System von Drähten aufgehängt. Diese Drähte waren mit Stroh gepolstert, und auf dieser Grundlage wurden die korpulenten Männer und Karyatiden aus Stuck geformt.

„Sind das also die preußischen Helden?" fragte eine Stimme aus dem Hintergrund. Alle brachen in großes Gelächter aus, ich drehte mich um, aber ich konnte den Frager nicht ausmachen. Siedler beachtete die Unterbrechung nicht und fuhr fort, über die Stärke der Drähte zu reden, als eine andere Stimme rief: „Ja, Herr Professor, das sind besonders gehärtete Stahlseile!" und wieder eine andere junge Stimme „Die Stahlindustrie ist der Drahtzieher . . .". Es hörte nicht auf. „Die deutsche Stahlindustrie unterstützt die Gipshelden. . ." Ich erkannte Charlies Stimme. „Wir wissen, wer zahlt . . ." Professor Siedler wischte sich den Schweiß von der Stirn, es war wirklich sehr heiß.

„Ausgelassenheit ist schon gut", ermahnte er die lachenden Studenten, „aber gehen Sie nicht zu weit, sonst enden Sie . . ."

„. . . in der Reichskanzlei!" riefen ungenierte Stimmen im Chor. Die barmherzige Glocke beendete die harte Prüfung des Professors. Die Vorlesung war zu Ende. Genau wie das Lachen. . ..

*

Ich hatte in der Lietzenburger Straße 8 im Westend von Berlin ein Zimmer gemietet, das nicht weit von der Technischen Hochschule entfernt war. Es war eine ruhige Straße, gesäumt von großen Mietshäusern. Die Wohnung von Fräulein Sachs hatte fünf Zimmer, und meines war heller und freundlicher als die anderen, die durch schwere Schabracken und Samtvorhänge dunkel wirkten. Das Hausmädchen von Fräulein Sachs hatte, wie die anderen Bediensteten im Haus, ein eigenes Zimmer im obersten Stockwerk und erreichte die geräumige Küche über die Hintertreppe. Sie war eine dunkelhaarige, untersetzte Polin und trug stets ein wehmütiges Lächeln im Gesicht. Sie erledigte die Einkäufe, putzte und kochte für meine Vermieterin, und gelegentlich kochte sie auch eine Mahlzeit für einen anderen Mieter.

In demselben Block wohnte ein alte Dame, die eine Cousine vom Reichspräsidenten, Generalfeldmarschall Paul von Hindenburg, war. Sie lud mich hin und wieder zu Kaffee und Kuchen ein. Sie war nur wenig jünger als ihr berühmter Vetter, der damals fünfundachtzig Jahre zählte. Sie war sehr freundlich, ich allerdings in ihrer Gegenwart so schüchtern, daß ich jedesmal erleichtert war, wenn ich gehen konnte. Ihre Wohnung wirkte noch düsterer als die von Fraulein Sachs. Sie war vollgestopft mit schweren Möbeln und jede freie Fläche übersät mit Nippes: Meißner Porzellanpuppen, Wiener und Straßburger Glas und dergleichen mehr; zweifellos wertvoll, aber zuviel davon. Und jeder verbleibende Zentimeter war mit silbergerahmten Familienfotos bedeckt, darunter Fotos von Hindenburg als Knabe auf seinem Pony, als junger Mann mit und ohne Uniform, mit und ohne Kaiser Wilhelm II. Ich fand nie heraus, warum sie mich einlud, und nachdem ich bei Fräulein Sachs, die mich ihr vorgestellt hatte, ausgezogen war, hörte ich nie wieder von ihr.

An der Hochschule stand eine lange Schlange von Studenten, die sich einschreiben wollten. Die Beamten waren unfreundlicher als in Darmstadt, und trotz ihrer Gewissenhaftigkeit wurde ich zunächst fälschlicherweise als „Französin“ registriert. Weil wir so viele waren, lernte ich nur Studenten der Architektur kennen. Politische Spannungen waren von Anfang an zu spüren.

„Wenn Sie wirklich Französin gewesen wären, dann hätte ich nicht mit Ihnen gesprochen.“

„Die Alliierten und besonders die Franzosen unter Präsident Poincaré wollten Deutschland in die Knie zwingen und es wirtschaftlich zerstören, indem sie unerschwinglich hohe Reparationen herauspressen wollten.“

„Die Briten unter Lloyd George waren in ihrer Einstellung pragmatischer.“ Dies war die vorherrschende Meinung. In Berlin konnte man nicht befreundet sein, wenn die politischen Ansichten auseinandergingen. In Darmstadt hatte mein Freundeskreis aus Leuten unterschiedlicher Einstellungen bestanden – von Senja Saretzky, dem bekennenden Kommunisten, über die eher rechts orientierte Alma Engelmann und die in der Mitte angesiedelte Gertrud Enders. Für unsere freundschaftlichen Diskussionen oder die sonntäglichen Radtouren hatte das nie eine Rolle gespielt.

Ich fühlte mich einsam in dieser grimmigen Horde, bis ich Rudi Kraut kennenlernte. Während einer Mittagspause lagen wir nebeneinander im Gras, und wir fanden heraus, daß wir über all unsere Ängste und Sehnsüchte miteinander sprechen konnten. Rudi war drei Jahre jünger als ich, er hatte nicht so viel Zeit vertrödelt wie ich und hatte sein Ziel, Architekt zu werden, schnurstracks in Angriff genommen. Er stammte aus einer sehr guten Familie, war talentiert, fleißig und sehr bescheiden und hatte die ungewöhnliche Gabe, über sich selbst lachen zu können. Rudi wurde ein echter Bruder für mich, so wie mein richtiger Bruder es nie gewesen war und nie sein würde. Rudi konnte mir vertrauen und ich ihm. Es war eine ungewöhnliche, wunderbare Beziehung. Wir liebten beide dieselben Dinge: Radtouren, Bach, alte und moderne Architektur, die Bildhauerei, kleine alte Städte auf dem Land und die Berge. Wir nahmen des anderen Freunde an, und seine verwitwete Mutter lud mich zu sich nach Hause ein. Wir saßen vor dem Radio seiner Mutter und lauschten gemeinsam der *Matthäuspassion* von Bach. Und einmal lud er mich in das Opernhaus ein, das unser Professor Hans Poelzig entworfen hatte, wo wir den *Fliegenden Holländer* hörten. Rudi kam ins Stryck, wo wir während der Ferien zusammen arbeiteten. Gemeinsam radelten wir zu meiner alten Schule im Schloß Letzlingen bei Magdeburg.

Mein Bruder Erhart war ebenfalls in Berlin. Als Psychologiestudent arbeitete er bei Professor Vierkant und nach seiner Promotion als Assistent bei dem Sexualwissenschaftler Professor Magnus Hirschfeld. Wir waren nicht unfreundlich zueinander, aber wir waren sicher keine guten Freunde. Nie sprachen wir über persönliche Dinge miteinander. Nie hätte ich meine persönlichen Probleme mit ihm besprechen können, und ihm ging es wohl ebenso. Wir waren wie höfliche Fremde. Als ich etwa zwölf Jahre alt war und er neunzehn, da hatte er einmal unserer Hündin Hektar gegenüber die Beherrschung verloren. Ich kann mich nicht an den Grund dafür erinnern, aber ich konnte nicht vergessen, wie er sie getreten hatte. Sie war damals trächtig gewesen.

Es gab eine Kluft zwischen uns. Ausgesprochen wurde das nicht, und ich versuchte, diese Kluft zu überbrücken, indem

Erhart Löhnberg 1921
(Marianne Walter)

ich gelegentlich für uns beide in seiner Bude kochte. Es half nicht. Dann war ich taktlos genug zu sagen, daß ich einen seiner Freunde nicht mochte, der einen Bücherverkaufsstand gegenüber dem Haupteingang der Universität hatte. Erhart war wütend auf mich. Später kam heraus, daß dieser Mann eine Liste all jener Studenten aufstellte, die links gerichtete Bücher bei ihm kauften, und diese Liste wurde den Nazis ausgehändigt. Einige seiner Kunden verschwanden sofort von der Bildfläche, wie Erhart mir später selbst erzählte. Doch sein Groll gegen mich wegen meiner früheren Bemerkungen hielt an.

10. Schwarz und Weiß

Man kann sich kaum einen größeren Gegensatz vorstellen als bei diesem Paar. Er war ein breitschultriger, fast schwarzer Afrikaner mit breiter Nase, immer freundlich, voller Wärme und immer mit einem Lächeln auf den Lippen. Seine tiefe, klangvolle Stimme, seine fließenden Bewegungen und seine Haltung zeigten Selbstvertrauen in seine eigene überlegene Stärke. Neben ihm erschien das schmächtige Mädchen, das gewöhnlich in der Mensa der Kunst-Akademie mit ihm am Tisch saß, trotz ihrer pechschwarzen Haare geradezu farblos. Ihr Madonnengesicht und ihr schlanker Nacken waren wie heller Marmor. Sie hätte eine Skulptur von Rodin sein können. Sie saß über ihren Teller gebeugt, ihre Augen verborgen, und man sah die weiße dünne Linie ihres Scheitels, der von der Kopfmitte zum Nacken verlief, wo sie ihr glattes Haar zu einem Knoten gebunden hatte.

Da an ihrem Tisch ein Platz frei war, balancierte ich mein volles Tablett vorsichtig an den vielen Studenten vorbei und setzte mich zu ihnen. Sie hob ihre Augen, um mich zu grüßen, und ich sah, daß ihre Iris beinah weiß war, aber von einer Linie umrandet, fast so schwarz wie die Pupille. Sie lächelte kurz zur Begrüßung und senkte ihren Blick gleich wieder. Ich hatte den Schwarzen schon früher getroffen, und er fragte mich nun, ob ich Kunststudentin sei. Ich sagte, daß ich mich gerade erst an der benachbarten Technischen Hochschule eingeschrieben hatte.

„Gibt es denn dort keine Mensa?“

„Nein, aber wir haben Essensgutscheine für hier, und außerdem ist das Essen hier gut!“

„Dies ist Ruth Stein oder 'zum‘ Stein oder ‘von' Stein“, stellte er mir seine Tischgenossin scherzend vor. „Aber sie ist aus wahrhaft kostbarem und feinem Stein gemacht, aus echtem Edelstein.“

„Ich wollte, ich wäre wertvoll und aus Stein“, sagte Ruth leise und sah dabei nicht auf. Wir plauderten, als zwei SS-Männer auf unseren Tisch zukamen und sehr laut sagten:
„Ah, da ist ja Ruth, unser Modell – sieht ihr ähnlich, sich mit einem Nigger an einen Tisch zu setzen, diese Judengöre!“
Ruth beugte sich noch tiefer über ihren Teller, und ich wagte kaum, den Schwarzen anzusehen. Einer der elegant uniformierten SS-Männer packte Ruths Kinn mit seinen fleischigen Fingern und schrie ihr ins Gesicht: „Warum gehst du nicht nach Jerusalem, wo du hingehörst, Jüdin? Von mir kannst du jederzeit eine Fahrkarte dorthin haben – einfache Fahrt, keine Rückfahrkarte!“
„Und was machen Sie hier?“ wandte sich der zweite SS-Mann an mich. „Ich esse Bratwurst mit Sauerkraut, wenn es gestattet ist.“ Ich spürte, wie kochende Wut gefährlich in mir aufstieg. „Gibt es denn für eine Französin keinen anderen Tisch?“ Merkwürdigerweise wurde ich in Berlin oft für eine Französin gehalten. Ich gab keine Antwort. Die beiden schlugen ihre schwarz glänzenden Hacken zusammen und gingen weiter – ein verstümmelter Hitlergruß war alles, was sie in der dichten Studentenmenge zustande bringen konnten.
Es war das Wintersemester 1932/33. Hitler war noch nicht an der Macht. In der Studentenschaft waren sämtliche politischen Schattierungen vertreten, von extrem links bis extrem rechts. Die meisten Studenten waren Christen, es gab nur wenige Vertreter anderer Religionen. Die Schwarzhemden, die uns beschimpft hatten, gehörten keiner legalen Armee an und hatten keinerlei offizielle Autorität.
Ich blickte im Saal herum, wo mehr als hundert Studenten umherliefen oder an den Tischen saßen. Alle schauten zu unserer kleinen Gruppe herüber, viele hatten zu essen und zu reden aufgehört. Es war ganz still geworden, nur aus der Küche war das Klappern von Geschirr zu hören. Der afrikanische Student war als Gast in unser Land gekommen, das blasse,

schüchterne Mädchen war geborene Berlinerin und den meisten Kunststudenten bekannt. Aber nicht ein einziger der vielen Studenten hatte auch nur ein einziges Wort gesagt oder irgend etwas unternommen, um die uniformierten SS-Männer zurückzuhalten.
Dann erfüllte der Bariton des Schwarzen den Raum: „Gott-sei-Dank fahre ich bald zurück nach Hause! Meine Landsleute würden sich niemals so benehmen!" Und sofort setzte die allgemeine Unterhaltung wieder ein, ganz so, als wäre nichts geschehen. Schämten sie sich nicht? Keiner von ihnen?
„Weine nicht, Ruth. Du bist zehnmal soviel wert wie sie." Der große Schwarze nahm ein seidenes weißes Taschentuch, und mit schüchterner Geste tupfte er Ruth schnell die Tränen von den Wangen. Ich war stumm vor Verlegenheit und Furcht. Gleich sollte meine Vorlesung beginnen. Ich hatte einen Kloß im Hals, also gab ich beiden nur die Hand, eine stumme Geste des Mitgefühls und der Freundschaft. Beim Herausgehen mußte ich am Tisch eines Nazi-Studentenführers aus der Architekturabteilung vorbei. Er starrte mich an und sagte: „Warum müssen Sie bei diesem – diesem Mann sitzen?"
„Ich habe schon früher mit ihm gesprochen. Er studiert Politik, er ist sehr belesen und interessant."
„Untermenschen sind das! Alle miteinander! Und Sie sind nicht viel besser, auch wenn Sie so überlegen tun und weiße Haut haben."
„Entschuldigen Sie mich, Herr Röbenack, ich muß zu einer Vorlesung."
„Wenigstens arbeiten Sie und verdienen Ihr Geld nicht, indem Sie Ihren Körper zur Schau stellen."
„Was wollen Sie damit sagen?"
„Wissen Sie nicht, daß diese Jüdin Ruth für die Kunstklassen Modell steht? Sie posiert nackt, ja, nur deswegen kommt sie hier zum Essen. Sie ist keine Studentin." Ich dachte an die geschäftigen Zeichenstunden an der Folkwangschule in Essen.

„Aber Kunststudenten müssen doch Modelle haben! Wie sollen sie denn sonst lernen, den menschlichen Körper zu zeichnen? Und glauben Sie mir, Modell stehen ist eine wirklich harte Arbeit.“

„Ja, Sie müssen sie ja noch verteidigen, wenn . . .“ Er wollte mehr sagen, aber mit offensichtlicher Anstrengung beherrschte er sich und rümpfte statt dessen verächtlich die Nase. Völlig verstört machte ich mich davon und versuchte, mich auf die bevorstehende Vorlesung unseres hervorragenden Professors für die Geschichte der Architektur, Professor Krenker, zu konzentrieren.

Das Bild dieser beiden jungen Menschen kam mir später immer wieder in den Sinn. Dieser feine Schwarze, sein warmes Lächeln, die Hilflosigkeit und der Kummer in seinen Augen, als das blasse Mädchen an seinem Tisch so gedemütigt wurde wie er selbst. Aber zu der Zeit war ich mit meiner eigenen Arbeit und meinen eigenen Problemen beschäftigt. Das änderte sich, als eines schönen Abends mein konventioneller, untadelig gekleideter Freund Kurt Lewinski erschien, „zu einem Spaziergang um den Block“, wie er zu sagen pflegte. Ich hatte Kurt schon in Darmstadt kennengelernt, das er ein Jahr vor mir verlassen hatte, um sein Architekturstudium in Berlin fortzusetzen. Wir waren uns hier in der Fakultät zufällig über den Weg gelaufen. Unsere Beziehung war ganz förmlich, fast unpersönlich. Ich wußte zu der Zeit nichts über ihn, außer, daß er aus Hildesheim kam. Viel später erzählte mir ein anderer Student, daß sein Vater dort Rabbiner sei.

Meist gingen wir etwa eine dreiviertel Stunde, redeten ein bißchen über das Studium und kehrten erfrischt in unsere Zimmer zurück, um weiterzuarbeiten. An diesem Abend aber war Kurt nicht der wohlerzogene, unpersönliche Kommilitone. Er schien sehr aufgeregt, den Tränen nahe und wollte sich zuerst nicht aussprechen.

„Was ist denn, Kurt? Was ist los?“

„Du kennst doch Ruth, die in der Akademie Modell stand, nicht wahr?“ Plötzlich schluchzte er.
„Ja, ich kenne sie. Was ist mit ihr?“
„Sie ist tot.“
„Tot? Wann? Wie?“
„Einige sagen, es war Selbstmord. Ich glaube das aber nicht.“
„Selbstmord? Warum? Warum sollte sie das tun?“
„Ich glaube nicht, daß es Selbstmord war, sie war nicht schwermütig, sie lebte mit ihren Eltern zusammen. Als einziges Kind. Sie waren eine glückliche Familie. Nein, es war kein Selbstmord.“
„Kurt – was ist passiert?“ Ich verstand nicht, worauf er hinauswollte.
„Ihre Eltern hatten sie immer davor gewarnt, abends alleine nach Hause zu gehen, aber sie war so selbständig. Eines Abends wurde sie auf dem Heimweg von einer Schar Gangster bedrängt. Sie trugen die schwarze Uniform der SS. Einige Nachbarn hörten den Tumult, aber sie wußten nicht, daß Ruth dort war. Nach ihren Aussagen muß Ruth zu dieser Zeit gerade die Brücke im 'alten Westen‘ überquert haben. Ihre Eltern erwarteten sie, und natürlich wissen wir auch, wann Ruth ihre Freunde auf der anderen Seite des Kanals verlassen hat. Aber an diesem Abend kam Ruth nicht nach Hause, und schließlich benachrichtigten ihre Eltern die Polizei.“ Er schauderte.
„Und . . .?“ drängte ich ihn.
„Sie fanden sie dann im Landwehrkanal. Ihre Kleider waren zerrissen. Sie war verwundet. Ganz schlimm. Ihre Eltern durften sie nicht einmal sehen. Nachbarn identifizierten sie, dieselben, die den Tumult gehört hatten.“ Ich sah die zurückhaltende, schlanke Gestalt dieses schönen Mädchens mit seinen seidenen schwarzen Haaren vor mir und dachte, wie tief es wohl den afrikanischen Mann treffen würde, der sowieso keine sehr hohe Meinung von deutschen Männern zu haben schien.

„Wie viele Männer waren es denn? Was haben die Nachbarn gesagt?"
„Sicher können sie das nicht sagen, aber sie vermuten, daß es sechs oder sieben Männer in schwarzer Uniform waren. Sie haben ein Mädchen schreien hören. Sie hatten Angst, näher heranzugehen, Angst vor der SS."
„Und wer sagt, daß es Selbstmord war?"
„Die Polizei behauptet das."
„Und die Zeitungen? Was schreiben die?"
„Die Zeitungen? Die Hugenbergpresse? In den Zeitungen wird darüber gar nicht berichtet. Das ist Deutschland heute."

*

Im Februar, kurz nach dem tragischen Tod des jungen Mädchens, wurde sowohl von Heinrich Mann, dem berühmten Autor und Präsidenten der Literaturabteilung an der Akademie, als auch von der Malerin Käthe Kollwitz, die Ruth gekannt hatte, eine Petition unterschrieben, in der sie die SPD und die KPD zu einem gemeinsamen Kampf für die im März bevorstehenden Reichstagswahlen aufforderten, um Deutschland vor dem „Versinken in die Barbarei" zu bewahren. Der Reichskommissar für Kultur und Erziehung ließ den Präsidenten der Akademie wissen, daß er die Akademie schließen würde, wenn gegen Käthe Kollwitz und Heinrich Mann keine Maßnahmen ergriffen würden.
Mann und Kollwitz bewegten sich zwar voll und ganz im Rahmen der Verfassung, sie traten jedoch beide zurück, um die Akademie vor der Schließung zu retten. Bei einer Versammlung, auf der Heinrich Manns Nachfolger gewählt werden sollte, schlug man vor, die literarische Sektion solle in Zukunft sämtlichen politischen Aktivitäten abschwören und außerdem der nationalsozialistischen Bewegung ihre unerschütterliche Loyalität und Unterstützung zusagen. Thomas Mann, der vielleicht bedeutendste zeitgenössische deutsche Schriftsteller, und die berühmte Historikerin und Dichterin Ricarda Huch weiger-

ten sich, diese Resolution zu akzeptieren. Sie traten aber nicht zurück. Zweifellos dachten sie, durch ihr Bleiben weiterhin Einfluß auf die Geschehnisse nehmen zu können.
Von alledem war nicht ein Wort in der Presse zu finden, die jetzt Alfred Hugenberg gehörte. Seine Zeitungen unterstützten Hitler und die NSDAP. Aber wir wußten trotzdem Bescheid. Die Gerüchte schienen jetzt zuverlässiger zu sein als die Zeitungen. Die Polizei schwieg. Die Zeitungen blieben stumm. Aber die Berliner waren nicht dumm. Sie wußten ebenso wie wir Studenten, was sich abspielte. Allzu oft konnte man Zeuge werden, wie Leute aus ihren Häusern gezerrt und geschlagen wurden, um dann in Lastwagen verfrachtet zu werden, die auf dem Kurfürstendamm bereit standen! Die Berliner nannten das „Razzia" – ein neues Wort in der deutschen Sprache.

*

An einem kalten Nachmittag Ende Januar 1933 war ich wieder zu Kaffee und Kuchen bei der feisten, in marineblaue Seide gekleideten alten Dame, der Cousine Paul von Hindenburgs. Ich war schon aufgestanden und wollte gerade gehen, als das Dienstmädchen laut an die Tür klopfte und ins Zimmer stürmte, noch ehe sie dazu aufgefordert worden war:
„Schalten Sie das Radio ein!" Sie schrie es fast. „Hören Sie, es ist befohlen worden, daß alle diese Meldung hören sollen, stellen Sie's lauter!" Sie wartete die Reaktion ihrer Dienstherrin nicht ab, lief quer durch das Zimmer und schaltete den Apparat selber ein. Das Radio schmetterte jene Meldung heraus, die über sämtliche Radiostationen in Deutschland zu hören war. Der Präsident der Republik hatte Adolf Hitler zum Kanzler des Deutschen Reiches ernannt. Der Reichstag sollte aufgelöst werden.
Meine Knie wurden schwach. Ich setzte mich wieder. Ich weiß nicht mehr, was dann geschah, aber die große alte Dame stand über mich gebeugt und hieß mich, ein Glas Wasser zu trinken.

„Hören Sie", sagte sie, „nehmen Sie sich das nicht so sehr zu Herzen. Wenn Hitler erst einmal in der Regierung sitzt, dann wird er schon milder werden." Ich dachte an Ruth Stein und an Hitlers Elitetruppe, die SS. Ich verabschiedete mich von meiner Gastgeberin, und ihr Mädchen nahm mich am Arm und führte mich zu Fräulein Sachs, die uns die Tür öffnete.

„Haben Sie gehört?"

„Fräulein Löhnberg ist fast ohnmächtig geworden", sagte das Mädchen zu Fräulein Sachs, die mich gleich in ihr Wohnzimmer führte, das dem, aus dem ich gerade kam, sehr ähnlich war.

„Hören Sie, Fräulein Löhnberg", sagte Fräulein Sachs, „wenn Hitler in der Regierung sitzt, dann wird er schon milder werden. Es wird nichts so heiß gegessen, wie es gekocht wird." Dieselben Worte, die auch die Cousine Hindenburgs gebraucht hatte! Ich sollte sie wieder und wieder zu hören bekommen.

11. Ein arischer Supermann

Unter den Architekturstudenten, die nach 1933 verschwanden, war auch ein schlankes Mädchen mit hellbraun gelocktem, kurzem Haar und klassischen Zügen: Karin Hirsch aus Köln. Sie kam nach den Ferien einfach nicht wieder. Ob sie relegiert worden war oder einfach die Atmosphäre nicht länger ertragen konnte, weiß ich nicht.

Karin sah sehr gut aus. Als ihr Nacken wieder einmal mit dem schlanken Nacken der Nofretete verglichen und ihre schmale klassische Nase bewundert wurde, da brach es ganz verzweifelt aus ihr heraus: „Ach, das ist überhaupt nicht meine Nase! Meine eigene Nase war doppelt so lang, sie ist operiert worden!"

„Man kann eine Nase doch nicht einfach kürzen", warf ich ein, „sämtliche Proportionen im Gesicht würden sich verändern, beispielsweise würde die Oberlippe zu lang werden."

„Das klingt logisch und könnte auch passieren, wenn man die Operation von einem beliebigen Arzt durchführen ließe. Aber ich wurde von Dr. Joseph operiert."
„Oh, ist das der berühmte Dr. 'Noseph' aus Köln?"
„Ja, genau der ist es!"
„Nun, dann erzähl uns mehr."
„Ich war wirklich ein häßliches Entlein und . . .", Karin konnte nicht weiterreden, sofort erhob sich ein Chor ungläubigen Protests.
„Ich werde Euch ein paar Fotos aus der Zeit vor der Operation mitbringen." Karin hielt Wort, aber was veranlaßte sie, uns diese Fotos zu zeigen? Warum bestand sie darauf, uns von all dem zu erzählen? Sie war jetzt eine sehr attraktive junge Frau, aber auf den Fotos, die vor ihrer Operation entstanden waren, sah sie wirklich ziemlich häßlich aus. Eine ungewöhnlich lange, hängende Nase verunstaltete ihr Gesicht.
„Dr. Joseph hat mich aus allen Blickwinkeln fotografiert, er hat einen Gipsabdruck von meinem Gesicht gemacht und eine zweite Form hergestellt, um meinen Eltern zu zeigen, wie ich nach der Operation aussehen würde. Er gab sich unendlich viel Mühe. Er arbeitet wie ein Künstler und nimmt sich Zeit." Wir waren voller Bewunderung für diese Verwandlung.
„Ich fühle mich manchmal seltsam. Dann denke ich, daß alles falsch ist, vor allem dann, wenn Leute mir Komplimente über mein Aussehen machen. Ich komme mir manchmal wie eine Lügnerin vor. Wenn ein junger Mann mir sagt, daß er mich mag", sie errötete, „dann frage ich mich, ob er mich mag, wie ich wirklich bin, oder ob er die Puppe meint, die Dr. Joseph geschaffen hat."
„Ach, deshalb hast du uns die Fotos gezeigt! Ich kann das verstehen", sagte Kurt, „aber das wird niemanden davon abhalten, dich zu mögen!"
„Hättest du dir die Nase bei einem Unfall gebrochen, so wie es mir erging, als Weihnachten 1926 ein Pferdeschlitten umkippte,

dann würdest du dich wohl kaum als Lügnerin empfinden", gab ich zu bedenken.
„Dein Unfall hat deine Nase nicht gerade verschönert, nehme ich an?"
„Nein, er machte eine schlechte Sache nur noch schlimmer!" behauptete ich, und alle lachten. Doch wußten wir alle, daß Karins Problem damit nicht erfaßt war.
„Meine Mutter hat mich zu der Operation überredet", fuhr Karin fort. „Es war kein Unfall, und es war sehr teuer." Sie seufzte. „Ich fühle mit mißgestalteten Menschen, denn ich betrachte mich als einen von ihnen."
„Ach, du bist doch nicht mißgestaltet! Schließlich hast du keinen Klumpfuß." Wir wußten alle, wen Leo Gerstner damit meinte.
„Warum, ganz nebenbei bemerkt, wird der Teufel überhaupt so häufig mit einem Klumpfuß dargestellt?"
„Oh, ich kenne einen Teufel mit einem Klumpfuß! Mein Vetter besuchte mit ihm zusammen eine katholische Schule im rheinischen Rheydt und hat mir einiges über ihn erzählt. Nein, so wie der bin ich hoffentlich nicht!"
„Erzähl uns von ihm, Karin", drängten wir sie.
„Also gut, in der Schule gab es einen Deutschlehrer, den die Schüler nicht leiden konnten. Er war sehr streng und verlangte viel mehr Hausarbeiten als jeder andere Lehrer. Er war Klassenlehrer und ebenso einflußreich wie unbeliebt. Und so sollte wieder einmal jeder einen dieser endlosen Aufsätze bei ihm abgeben, und das kurz vor den Weihnachtsferien. Dieses Mal wollte der Junge namens Joseph seine Klassenkameraden dazu überreden, einfach nichts zu schreiben.
„Er wird uns zu Brei schlagen", protestierten die Jungen, „man wird uns einsperren, wir werden schlechte Noten bekommen und unsere Väter . . . es ist nicht auszudenken . . ." So einfach waren sie nicht bereit, sich von Joseph dazu anstiften zu lassen.

„Es wird schon klappen, wir müssen nur alle zusammenhalten“, drängte er. „Wenn nächsten Montag alle ohne Aufsatz erscheinen, dann kann er nicht viel machen. Das würde nur schlecht für ihn aussehen.“ Also versprachen sie sich, daß sie zusammenhalten würden. Der Montag kam, und einer nach dem anderen erhob sich und gestand, keinen Aufsatz geschrieben zu haben. Alle außer einem. Nur ein einziger Schüler trat vor und lieferte dem Lehrer einen langen, sauber geschriebenen Aufsatz ab. Ihr wißt natürlich, wer es war – 'Klumpfuß‘, der Anführer der Rebellion.“

„Was für ein Teufel!“ riefen wir aus. „Wie hieß er denn?“

„Der verdient‘s doch, daß wir ihn kennen!“

„Könnt ihr nicht erraten, wer es war?“

„Natürlich nicht, sag es uns schon, Karin.“

„Sein Nachname“, sie warf einen schnellen Blick über die Schulter, um sicher zu sein, daß sonst niemand zuhörte, „sein Nachname ist Goebbels.“

Joseph Goebbels war Hitlers loyalster Freund, sein treuester Berater und der hellste Kopf unter den Nazis. Weder ich noch die anderen Studenten bezweifelten, daß Karins Geschichte der Wahrheit entsprach. Schließlich wurde mir ihre Geschichte noch von einer ganz anderen Seite bestätigt. Die Frau des Kölner Architekten Müller-Jena, der mir das Studium in Berlin empfohlen hatte, hat meiner Mutter bei ihrem Besuch im Stryck 1933 dieselbe Geschichte erzählt. Karin war Jüdin, Frau Müller-Jena war Christin. Die Geschichte bestätigte, was wir alle nur zu gut wußten: Hitlers Propagandaminister war absolut zynisch und bereit, zu tun und zu sagen, was immer seinen eigenen Zwecken dienlich war.

Sein Ende 1945, fast zwölf Jahre später, entsprach völlig Goebbels' Charakter. Die sechs Kinder von Goebbels spielten noch in dem Berliner Bunker, in dem Hitler und seine ihm frisch angetraute Ehefrau am 30. April Selbstmord begangen hatten. Am frühen Abend des 1. Mai allerdings mußten die Kinder mit

Spielen aufhören. Dr. Goebbels ließ jedem seiner Kinder eine tödliche Giftspritze verabreichen. Es waren Hella 12, Hilda 11, Helmut 9, Holde 7, Hedda 5, und die dreijährige Heide. Danach gab er einem SS-Mann den Befehl, seine Frau und ihn selbst zu erschießen, aber von hinten.

12. Der Boykott

Ende Februar 1933 zog ich von Fräulein Sachs zu den Schwestern Kesten in die Uhlandstraße im Berliner Westen. Während der großen Ferien gaben die meisten Studenten ihre Zimmer auf, um Miete zu sparen. Mein Bruder Erhart und ein weiterer Student, ein Herr Teske, hatten ebenfalls ihre Zimmer bei den Schwestern.

Eines Tages lud Herr Teske mich ein, Schallplatten auf seinem neuen Grammophon zu hören, auf das er sehr stolz war. Er hatte es in London gekauft und brüstete sich damit, daß er es an der Grenze unter einer alten Decke verborgen hatte, um den Einfuhrzoll zu sparen. Er legte ein Platte für mich auf.

„Kennen Sie jüdische Industrielle?" fragte er mich ganz unvermittelt. Ich antwortete nicht. Hitler war im Januar an die Macht gekommen, es war nun Frühling. Jeder stand unter dem Druck, einer Organisation beizutreten, in der immer Nazis die Schlüsselpositionen innehatten. Es gab hundert Christen auf einen Juden, aber für jeden Mißstand wurden „die Juden" verantwortlich gemacht. Man hörte es im staatlich kontrollierten Radio, man las es täglich in den Zeitungen, und es gab keine freie Presse mehr. Früher oder später kam dieses Thema in jeder Unterhaltung auf.

„Kennen Sie jüdische Industrielle?" wiederholte Teske. Der einzige Industrielle, den ich persönlich kannte, war Herr Hoesch aus Hagen. Ich kannte die meisten seiner dreizehn Kinder und seine beiden Geliebten, und Hoesch war nicht jüdisch.

„Warum fragen Sie?"

„Es sind fürchterliche Menschen“, platzte er heraus, „kein deutsches Mädchen ist vor ihnen sicher.“
„Was meinen Sie mit 'nicht sicher'?“
„Nun, sie vergewaltigen jedes anständige Mädchen, das sie mit ihren schmutzigen Fingern zu fassen kriegen“, rief er, „dem müssen wir ein Ende machen. Wir können nicht erlauben, daß das so weitergeht!“
„Papperlapapp! So ein Blödsinn!“ Ich hatte keinerlei Erfahrung mit Leuten aus der Industrie oder der Wirtschaft, außer dem Baugewerbe, wo es normalerweise keine Mädchen gab. Die Juden, die ich kannte, waren ganz gewöhnliche, anständige Leute.
„Es sind einfach nur Menschen“, sagte ich, „weder besser noch schlechter als andere Leute.“
„Das ist völliger Unsinn, die Juden sind eben keine ganz gewöhnlichen Menschen. Sie sind alle Teil dieser Verschwörung, wissen Sie das denn nicht?'
„Worüber reden Sie? Was für eine Verschwörung?“ Teske setzte sich auf seine Liege und schaltete das Grammophon aus, das leise gespielt hatte. Er war ein schlanker junger Mann. Anders als die meisten Nazis trug er sein flachsblondes Haar zur Seite gebürstet. Er hatte ein fein geschnittenes Gesicht und glühende braune Augen. Wir hatten bis dahin nie miteinander gesprochen, uns lediglich gegrüßt. Bis zu diesem Augenblick hatte ich ihn, eher unbestimmt, für einen gut gekleideten, wohlerzogenen jungen Mann gehalten, eigentlich ganz gut aussehend. Nun sah ich ihn an und bemerkte zum ersten Mal, wie straff seine Gesichtshaut über den Backenknochen lag, als gäbe es gar kein Fleisch zwischen Haut und Knochen. Seine Fingerknöchel waren weiß, seine Hände straff, seine ganze Haltung unheimlich gespannt. Er begann, die Geschichte eines jüdischen Fabrikbesitzers zu erzählen, der angeblich alle seine Arbeiterinnen vergewaltigt haben sollte.
„Wieviele Frauen waren denn bei ihm angestellt?“

„Oh, ungefähr fünfzig", erwiderte Teske, und seine dunklen Augen strahlten plötzlich wie von innen erleuchtet.
„Fünfzig!" rief ich. „Aber warum ließen die Frauen das zu? Wenn sie es nicht wollten?" Für den Bruchteil einer Sekunde hatte ich das starke Bedürfnis, laut zu lachen und konnte gerade noch ein Glucksen unterdrücken bei dem Gedanken an fünfzig große, kräftige Walküren, die sich von einem einzigen, älteren jüdischen Industriellen vergewaltigen ließen. Aber Teske schien nichts mehr wahrzunehmen, er saß da und starrte vor sich hin in einer unnatürlich steifen Position. Er glaubt diesen grotesken Unsinn tatsächlich, er hat alle Urteilsfähigkeit verloren, dachte ich. Teskes Reglosigkeit jagte mir einen Schrecken ein. Ich bekam eine Gänsehaut. Der Mann ist ja geisteskrank, dachte ich.
„Die Juden wollen die deutsche Rasse vernichten", stieß er hervor. „Sie waren verantwortlich für Deutschlands Niederlage 1918. Sie steckten hinter dem Versailler Vertrag und den hohen Reparationen, die wir den Alliierten zahlen mußten. Doch tatsächlich haben die Alliierten den Krieg nie gewonnen." Er schrie jetzt. „Die Juden sind Deutschland in den Rücken gefallen! Deshalb haben wir den Krieg verloren!"
„Teske", versuchte ich, „es gab deutsch-jüdische Soldaten, die auf Deutschlands Seite kämpften. Mein eigener Vater war Major beim Sanitätskorps. Warum sollte ein jüdischer Deutscher eher sein Land verraten als irgendein anderer? Warum sollte er? Sagen Sie mir das!" forderte ich. Er schien zu sich zu kommen und sah mich an.
„Oh, ich vergaß, Sie sind Jüdin. Jeder kennt einen oder zwei anständige Juden, aber die meisten sind doch fürchterliche Menschen und planen die Vernichtung Deutschlands." Dann fuhr er fort: „Sie sind von der anständigen Sorte, ich werde Ihnen einen guten Rat geben: Gehen Sie morgen unter keinen Umständen in die Hochschule! Es wird Unruhe geben."
„Warum, was ist denn morgen los?"

„Morgen gibt's einen Boykott, und kein Jude darf die Universität betreten. Wir werden auch eine Menge Bücher verbrennen. Alle Bücher, in denen die Juden ihre Lügen über Deutschland niedergeschrieben haben. Gehen Sie morgen auch nicht auf die Straße. Rühren Sie sich nicht vom Fleck, ich rate es Ihnen!" Er schien in seine Trance zurückzufallen und starrte wieder vor sich hin.
„Sind Sie Mitglied der NSDAP?" fragte ich ihn. Er trug ein Hakenkreuz am Rockaufschlag.
„Ja, selbstverständlich!"
„Ich muß morgen Vormittag eine Stunde geben."
„Was denn für eine Stunde? Für wen?" wollte er wissen.
„Die Geschichte einiger Gebäude, wofür Professor Krenker keine Zeit gehabt hat. Ich wurde gebeten, das zu übernehmen. Einige Studenten werden ohne diese Nachhilfestunden die Zwischenprüfung nicht bestehen können. Ich muß diese Stunde geben."
„Gehen Sie nicht!" sagte er, „Sie werden in Gefahr sein, wenn Sie hingehen!" Genaueres sagte er nicht.
„Einer meiner Studenten ist Röbenack, kennen Sie ihn?" fragte ich Teske. Ich hatte Angst vor Röbenack, konnte aber nicht genau sagen, warum. Er war breitschultrig, nicht besonders groß und hatte düstere, unbewegliche Züge. Ich konnte nie ausloten, was er dachte, und seine Augen ließen mich frösteln.
„Röbenack kommt zu Ihren Stunden?" Teske schien erstaunt. „Er ist der Studentenführer der NSDAP. Ich bin nur ein kleiner Fisch verglichen mit Röbenack. Spricht er mit Ihnen? Wirklich?" Seltsam, bisher war mir das gar nicht aufgefallen. Röbenack hatte mich einmal rüde angesprochen, als ich bei Ruth Stein und dem Afrikaner gesessen hatte. „Nein", sagte ich, „jetzt, wo Sie es erwähnen, eigentlich spricht er nicht mit mir."
In diesem Moment kam eine der Schwestern Kesten herein.
„Besuch für Sie, Herr Teske."

„Lassen Sie ihn herein, Fräulein Kesten“, sagte Teske und stand auf. „Heil Hitler!“

Preis 30 Pfennig

Der Stürmer

Ritualmord-Nummer

…tsches Wochenblatt zum Kampfe um die Wahrheit

HERAUSGEBER: JULIUS STREICHER

Sonder-Nummer 1

Nürnberg, im Mai 1934

12. Jahr 1934

Jüdischer Mordplan

gegen die nichtjüdische Menschheit aufgedeckt

Das Mördervolk

Die Juden stehen in der ganzen Welt in einem furchtbaren Verdacht. Wer ihn nicht kennt, der kennt die Judenfrage nicht. Wer die Juden nur ansieht, wie Heinrich Heine (Chaim Bückeburg) sie beschreibt: „Ein Volk, das zu seinem Unterhalt mit Wechseln und alten Hosen handelt und dessen Uniform die langen Nasen sind,“ der ist auf falschem Wege. Wer aber weiß, welch eine ungeheuerliche Anklage schon seit Anbeginn gegen die Juden erhoben wird, dem erscheint dieses Volk in einem anderen Lichte. Er sieht in ihnen nicht nur ein eigenartiges, seltsam anmutendes Volk, er sieht in ihnen Verbrecher und Mörder und Teufel in Menschengestalt. Und es überkommt ihn gegen dieses Volk ein heiliger Zorn und Haß.

Der Verdacht, in dem die Juden stehen, ist der des Menschenmordes. Sie werden bezichtigt, nichtjüdische Kinder und nichtjüdische Erwachsene an sich zu locken, sie zu schlachten und ihnen das Blut abzuzapfen. Sie werden bezichtigt, dieses Blut in die Mazzen (ungesäuertes Brot) zu verbacken und auch sonstige abergläubische Zauberei damit zu treiben. Sie werden bezichtigt, ihre Opfer, besonders die Kinder, dabei furchtbar zu martern und zu foltern. Und während dieses Folterns Drohungen, Flüche und Verwünschungen gegen die Nichtjuden auszustoßen. Dieser planmäßig betriebene Menschenmord hat eine besondere Bezeichnung, er heißt

Ritualmord.

Das Wissen vom jüdischen Ritualmord ist schon Jahrtausende alt. Es ist so alt wie die Juden selbst. Die Nichtjuden haben es von Generation zu Generation übertragen. Es ist uns durch Schriften überliefert. Es ist aber auch in der breiten Volksmasse vorhanden. In den verstecktesten Bauerndörfern stößt man auf dieses Wissen. Der Ahne sprach von ihm zu seinem Enkel. Und dieser wieder trug es weiter auf Kinder und Kindeskinder. So vererbte es sich bis zum heutigen Tag.

Es ist auch in den anderen Völkern vorhanden. Wo irgendwo in der Welt eine Leiche gefunden wird, die die Anzeichen des Ritualmordes trägt, erhebt sich sofort laut und groß die Anklage. Sie richtet sich überall nur gegen die Juden. Hunderte und aberhunderte von Völkern, Stämmen und Rassen bewohnen den Erdball. Niemand denkt daran, sie des planmäßigen Kindermordes zu beschuldigen und sie als Mördervolk zu bezeichnen. Den Juden allein wird diese Anklage aus allen Völkern entgegengeschleudert. Und viele große Männer haben

Judenopfer

Durch die Jahrtausende vergoß der Jud, geheimem Ritus folgend, Menschenblut
Der Teufel sitzt uns heute noch im Nacken, es liegt an Euch die Teufelsbrut zu packen

Die Juden sind unser Unglück!

Der Stürmer 1934

„Heil Hitler!“ Die beiden Männer grüßten einander mit ausgestrecktem rechtem Arm.
„Oh, entschuldige, ich sehe, du hast Damenbesuch, Teske“, sagte der riesige Neuankömmling noch im Türeingang, den er fast ausfüllte. Er trug die schmucke schwarze Uniform der SS, dekoriert mit dem ominösen Totenkopf.
„Es ist schon gut“, sagte ich, „ich wollte sowieso gerade gehen. Grüß Gott!“ Es war der Gruß, den ich gebrauchte, wenn alle anderen „Heil Hitler“ sagten. „Guten Tag“ oder „Auf Wiedersehen“ war einfach nicht mehr möglich. „Guten Morgen“ oder „Guten Abend“ zu sagen, wurde mittlerweile als ein unausgesprochener Verrat an den erhabenen Idealen der Nazis betrachtet. Doch zu der Zeit war es immer noch möglich, „Grüß Gott“ zu sagen.
Beide Männer salutierten schneidig und schlugen die Hacken zu sammen:
„Heil Hitler!“
„Heil Hitler!“
„Grüß Gott.“ Die Ironie dieser Situation entging ihnen völlig. So war das immer. Sinn für Humor war eben nicht ihre Stärke. Die SS-Männer dachten sicher, daß Juden so aussahen wie die abscheulichen Karikaturen im *Stürmer*[30], und es kam dem Freund von Teske wohl gar nicht in den Sinn, daß eine normale Studentin wie ich Jüdin sein könnte.

*

Am nächsten Tag, es war Anfang April, ging ich wie geplant zur Hochschule, um meinen Unterricht zu geben. Keiner der Professoren hatte mich gewarnt, und ich wollte weder den Befehlen der Nazis gehorchen noch dem Rat eines Mannes wie Teske folgen, der offenbar den Verstand verloren hatte. Der übliche Propagandarummel war bereits in vollem Gange, als ich die schluchtartige Uhlandstraße zwischen den hohen grauen Steingebäuden hinunterging. Massen von SA-Männern in khakifarbenen Uniformen und SS-Männer in ihren eleganten schwarzen Uniformen und hohen polierten Stiefeln marschierten, von Blechbläsern begleitet, im Paradeschritt die Straße entlang. Sie trugen die eindrucksvollen Parteifahnen mit dem Hakenkreuz, die Hitler selbst entworfen hatte. Wie immer bei solchen Gelegenheiten fand auch hier ein ausgezeichnet inszeniertes Theater statt. Kein Opernregisseur hätte es besser arrangieren können. Mir war kalt vor Angst, aber ich ging dennoch weiter bis zur Hochschule. Niemand achtete auf mich, bis ich am Hochschultor ankam, das von SA-Männern bewacht wurde.

„Sind Sie Deutsche?“ fragten sie mich.

„Ja.“ Einer der Männer schien mich zu kennen.

„Sie ist keine Deutsche, sie ist Jüdin“, sagte er.

„Du kannst hier nicht rein.“

„Ich werde mich Ihretwegen verspäten.“

„Halt die Klappe und komm mit.“ Vier SA-Männer führten mich zu einer langen, niedrigen Baracke, die der Hochschul-NSDAP als Hauptquartier diente. Man brachte mich in ein Büro, und dort stand ich einem SA-Offizier gegenüber, der lässig hinter seinem Schreibtisch saß. Ein Licht hinter ihm war in meine Richtung gedreht und blendete mich, so daß ich sein Gesicht nicht gut erkennen konnte.

„Ihr Name?“

„Marianne Löhnberg.“

„Studentin? Welches Fach?“

„Architektur.“

„Sind Sie Jüdin?’

„Ich denke, ja.“

„Sie sind nicht sicher? Gehen Sie in die Synagoge?“

„Nein.“

„War Ihr Vater Jude?“

„So stand es in seinem Militärpaß.“

„In seinem Militärpaß? Wieso, war er denn Soldat?“

„Nein, er war Arzt im Sanitätskorps.“

„Im Sanitätskorps!“ rief er aus, „wo war er und in welchem Rang? Ich brauche genaue Angaben.“
„Zuerst war er in Colmar bei Straßburg und später in Warschau, wo er das Feldlazarett Nr. 2 im Rang eines Majors leitete.“
„Verdammt! Ich habe noch nie von einem Juden gehört, der als Major ein Feldlazarett geleitet hat. Wo war er, als er einberufen wurde? Was für ein Arzt war er?“
„Er hatte eine Praxis als Hals-, Nasen-und Ohrenarzt in Hamm in Westfalen, und er hat immer gesagt, daß jüdische Hälse, Nasen und Ohren genau so sind wie die von anderen Leuten.“ Das war mir herausgerutscht.
„So, das sagte er also, der Herr Vater. Nun, vielleicht wußte er, wovon er sprach.“ Noch immer konnte ich das Gesicht des Mannes nicht sehen, aber ich hatte den Eindruck, daß er ein Lachen unterdrückte.
„Wo ist Ihr Vater jetzt?“
„Er starb 1926.“
„Ihre Mutter?“
„Sie lebt auf dem Land in der Nähe von Willingen, Waldeck.“
„Wie finanzieren Sie Ihr Studium?“
„Ich erhalte ein staatliches Stipendium und freie Mahlzeiten.“
„Sie werden das Stipendium nicht länger erhalten können und auch keine freien Mahlzeiten mehr.“ Ich saß da wie betäubt. Ich wollte vor diesem Mann doch nicht weinen.
„Was wollten Sie heute hier?“ setzte er seine Befragung fort.
„Ich gebe donnerstags morgens Unterricht in Baugeschichte.“
„Welche Art von Gebäuden? Synagogen?“
„Nein, deutsche Dorfkirchen.“
„Sie sind mir ja ein seltsames Tierchen. Sie passen wohl nicht ins Schema, was?“ Er schwieg eine Weile. Ich war noch geschockt von dem, was er über mein Stipendium gesagt hatte.
„Warum färben Sie sich nicht das Haar? Sie könnten es bleichen und blond färben lassen, man macht das heutzutage sehr

ordentlich. Niemand würde erraten, daß sie Jüdin sind." Er hielt einen Moment inne. „Ich würde Sie gewiß nicht verraten."
„Nein, ich würde mein Haar nicht blond färben."
„Warum nicht? Dann würde bestimmt niemand auf die Idee kommen, daß Sie Jüdin sind, und Sie würden sich eine Menge Ärger ersparen."
„Nein." Ich schüttelte den Kopf.
„Warum nicht?"
„Wenn ich das täte, dann müßte ich mich vor mir selber schämen", erwiderte ich. Er stand auf und machte eine Bewegung zu mir hin, hielt dann aber inne und setzte sich wieder. Er war offensichtlich sehr erstaunt darüber, daß jemand wie ich sich weigerte, wie ein deutscher Arier auszusehen. Und daß eine Jüdin vor ihm stehen und ihm erklären konnte, daß sie dafür zu stolz sei! Als er wieder aufstand und sich herumdrehte, konnte ich seinen Gesichtsausdruck sehen. Zusammen mit seiner Armbewegung war es so eindeutig, als hätte er seine Gedanken laut ausgesprochen. Er seufzte.
„Für heute muß ich Sie einsperren. Man wird Sie nicht belästigen, dafür werde ich sorgen. Ich werde Ihnen etwas Kaffee bringen lassen, aber das ist alles, was ich für Sie tun kann. Ich wünschte wirklich, ich könnte Ihnen helfen! Ich hoffe, es wird Ihnen gelingen weiterzustudieren. Uns allen stehen schwierige Zeiten bevor." Er seufzte wieder und drückte einen Klingelknopf. Ich wurde von einem SA-Mann abgeführt, der mich nicht gerade sanft in einen anderen Raum schob. Die Tür wurde zugeschlagen und von außen verschlossen.
Bis auf eine kleine Bank war der Raum leer. Die hohen schmalen Fenster waren vergittert. Allein gelassen setzte ich mich auf die Bank und dachte darüber nach, was der Offizier beim Verhör gesagt hatte. Er hatte offensichtlich Mitgefühl mit mir, und es paßte ihm nicht, daß er mich einsperren mußte. Wahrscheinlich hatte er seine Befehle und durfte nicht anders handeln. Ich kannte seinen Namen nicht, und abgesehen von dem Bruchteil

einer Sekunde hatte ich sein Gesicht nicht deutlich sehen können. Er hatte gesagt, daß ich mein Stipendium verlieren würde. Er hoffe, daß ich noch meinen akademischen Grad erhalten könne. Das würde bedeuten, daß ich weiter studieren durfte, vorausgesetzt, daß ich die Kosten dafür aufbringen konnte. Aber wie?

Ich hatte hervorragende Lehrer in Berlin. Da war der allseits beliebte Architekturprofessor Hans Poelzig mit seinem Pott-Haarschnitt. Er war ein Architekt von internationalem Ruf. Neben anderen Bauwerken hatte er die Berliner Oper entworfen und das Haus des Rundfunks, das erst vor drei Jahren fertig geworden war. Dann war da Professor Jobst Siedler, eine anerkannte Autorität für moderne Baukonstruktion. Seit einiger Zeit trug auch er das Hakenkreuz, aber er blieb mir gegenüber stets freundlich. Und Professor Krenker, der Architekturgeschichte unterrichtete und in dessen Abteilung ich heute einen Vortrag hätte halten sollen. Und der nette Professor Wach. Sie alle hatten mir stets Mut zugesprochen, und Professor Krenker hatte mir sogar zugetraut, Lehrstunden in seinem Auftrag zu übernehmen. Es war harte Arbeit, aber ich liebte sie. Wie konnte ich nur nebenher etwas Geld verdienen?

Die Bank wurde allmählich sehr hart, und ich war gerade aufgestanden, um mir ein wenig Bewegung zu verschaffen, als ein SA-Mann hereinkam und mir eine große Tasse dampfend heißen Kaffee brachte. Es war schon Mittag, aber zu essen gab es nichts. Ich klopfte an die Tür, und als jemand kam, bat ich, zur Toilette gehen zu dürfen. Dort lag auf der Fensterbank hoch oben ein halb aufgegessenes Salamibrot. Ich ließ es in meiner Manteltasche verschwinden, zog die Spülung und wurde sofort in mein Gefängnis zurückgeführt.

In der Ferne hörte ich lange einen Hund bellen. Als das Bellen endlich aufhörte, folgten sofort die lauten Begeisterungsrufe einer riesigen Menschenmasse. Was sich wie das Bellen eines Hundes angehört hatte, war in der Tat eine gefährliche Bestie:

Adolf Hitler. Was ich da gehört hatte, kam wahrscheinlich aus einem Radio irgendwo in der Baracke. Jede noch so kleine Radiostation im Land mußte dasselbe Programm senden. Was wohl Professor Poelzig von einem solchen Gebrauch seines Rundfunkhauses halten mochte?
Ich verschlang den Rest des Salamibrotes und wurde dadurch nur noch hungriger. Vom Sitzen auf der harten Bank ganz steif geworden, stand ich auf, zog den Mantel aus und machte ein bißchen Gymnastik. Ich befahl mir selbst, mich nicht entmutigen zu lassen. Ich dachte an einen Kommilitonen: Leo Gerstner war ein rotwangiger, freundlicher jüdischer Junge mit einem dunklen Lockenkopf. Wenn er lächelte, und das tat er oft, dann zeigte sich ein makellos weißes Gebiß. Er war ein flinker und gewissenhafter Arbeiter, immer freundlich, immer hilfsbereit. Leos Familie stammte aus Polen, und er arbeitete jedes Wochenende und an den meisten Abenden als Bauarbeiter, um seine Mutter und seine Schwestern zu unterstützen.
Als Mädchen konnte ich auf einer Baustelle schlecht Ziegel und Zementsäcke schleppen, aber ich konnte zeichnen. Vielleicht könnte ich abends in einem Architektenbüro arbeiten oder vielleicht Landschaften malen und dann die Bilder verkaufen. Meine Freundin, Friedel Letz, eine nichtjüdische Studentin machte es so. Aber Friedel war viel talentierter als ich, ihre Landschaften waren wirklich erstklassig. Durch die Farben fühlte man die Weite ihrer Landschaften und wäre am liebsten hineingelaufen. Andere mußten auch kämpfen, um zurechtzukommen. Leo hörte trotzdem nicht auf, zu lächeln und niemand, der Friedels helles, klingendes Lachen gehört hatte, konnte es vergessen. Was konnte ich nur tun, um Geld zu verdienen?
Ich machte von Zeit zu Zeit weiter mit meinen gymnastischen Übungen und versuchte, an alles mögliche, nur nicht an Essen zu denken. Am Abend brachte man mir eine zweite Tasse Kaffee. Ich trank sehr langsam und in kleinen Schlucken, damit ich

länger etwas davon hatte. Die Dämmerung brach herein, und im Zimmer wurde es allmählich dunkel. Plötzlich bemerkte ich Bewegung in der Baracke. Es gab Gebrüll, dann schlagende Geräusche, auf die wieder Stille folgte. Dann wieder Geschrei, knarrende Dielen, Türenknallen und einen dumpfen Aufschlag. Inzwischen war es vollkommen dunkel geworden, und ich konnte nicht ausmachen, woher die Geräusche kamen. Nun waren es andere, schwächere Geräusche. Ich hielt mein Ohr an die verschiedenen Wände, um herauszufinden, wo die Geräusche herkamen, und plötzlich war ich sicher, daß in einem Raum nebenan ein Mann stöhnte. Anscheinend lag er auf dem Boden, ich glaubte ihn schluchzen und stöhnen zu hören. Schließlich wurde das Stöhnen von Schnarchen abgelöst, aber es klang nicht wie das Schnarchen eines Schlafenden. Ich klopfte gegen die Wand – keine Reaktion. „Nur Mut!“ rief ich. Ich rief noch einmal, aber es blieb still, ich hörte nichts mehr. Ich mußte schließlich eingenickt sein und schreckte hoch, als eine von der Decke hängende nackte Glühbirne plötzlich eingeschaltet wurde und zwei SA-Männer vor mir standen.

„Sie können jetzt nach Hause gehen. Sie haben Glück, wissen Sie das? Wir hatten Befehl, Sie in Ruhe zu lassen. Gehen Sie jetzt schnell.“ Ich lief hinaus und rannte auf der dunklen Uhlandstraße bis zur Wohnung. Vollkommen außer Atem klingelte ich. Es dauerte lange, bis eine der Schwestern Kesten endlich die Tür öffnete. Im Schlafanzug und Morgenmantel sah sie unordentlich und verschlafen aus.

„Das ist ja wohl kaum eine Zeit, nach Hause zu kommen! Was glauben Sie, wo Sie hier sind?“ Sie war wütend. „Wir vermieten nicht an Studenten, die über Nacht wegbleiben.“

„Wieviel Uhr ist es denn?“

„Es ist fast drei. Und morgen können Sie sich nach einem anderen Zimmer umsehen.“

*

Es war noch Frühling, und der Abend war kühl. Ich war auf dem Weg zur Kaiser-Wilhelm-Gedächtniskirche. Kurt Lewinski, Karin Hirsch und Rudolf Stern mit unserer beider Freundin Friedel Letz hatten vorgeschlagen, daß ich auch kommen solle.

Unser Treffpunkt war das berühmte Romanische Café. Es war berühmt, weil die besten Schachspieler, bekannte Schriftsteller, Dichter und Schauspieler sich dort zu treffen pflegten. Noch waren hier freie Gespräche möglich, aber uns allen war klar, daß es nicht mehr lange so bleiben konnte. An jenem Abend wurden Kurt Tucholsky und Bertolt Brecht in dem Café erwartet – beider Werke waren am Tag des Boykotts verbrannt worden. Verbrannt auf dem Hof der alten Universität, verbrannt vor den Toren meiner Hochschule. Tausende von Büchern. Kleine Werke, große Werke. Werke, die sich nicht so einfach aus dem menschlichen Bewußtsein löschen lassen. Werke von Albert Einstein, Heinrich Heine, Helen Keller, Thomas und Heinrich Mann. Werke von Emile Zola und Marcel Proust und von vielen anderen.

Ich konnte mich kaum durch die Menschenmenge kämpfen. Ich entdeckte Rudolf und Friedel weiter vorne, aber schon einen Augenblick später waren sie wieder im Gedränge untergetaucht. Auf der Straße marschierten die Sturmtrupps mit ihren schwarz polierten Stiefeln und sangen aus voller Kehle: „Wenn's Judenblut vom Messer spritzt, dann geht's nochmal so gut . . ."

Da waren diese riesigen Hakenkreuzfahnen, die Trommeln. Ich glaubte, einen Schrei zu hören. Die Menge schloß mich ein, ich konnte mich nur noch mit ihr in dieselbe Richtung bewegen. Über das Singen, die Trommeln, den ganzen Lärm hinweg hörte ich deutlich einen herzzerreißenden Schrei, und für einen winzigen Moment sah ich den weißhaarigen Kopf eines Mannes, der offensichtlich aus einem der riesigen Häuser auf die

Straße gezerrt wurde. Auf dem Kopf trug er eine kleine schwarze, bestickte Kappe. Ein kleiner blonder Junge von sechs oder sieben Jahren stand auf der Insel, die die Menge vor dem Haus frei gelassen hatte. Er hielt ein buntes Windrad in der Hand, das sich munter drehte. Er sah zu, und auch die Menge sah zu, wie der alte Mann auf den schon überfüllten Lastwagen geworfen wurde, der hinter den Sturmtruppen fuhr. Die Menge schloß sich wieder. Ich verlor meine Kommilitonen aus den Augen, und fast gab ich alle Hoffnung auf, das Café jemals erreichen zu können.

Schließlich schaffte ich es doch. Auch meine Freunde kamen langsam die Treppe herauf. Es gelang uns, am Fenster zwei Tische zusammenzuschieben, so daß wir den endlosen Marsch und die Zuschauermenge beobachten konnten. Ich weiß nicht mehr, ob Brecht und Tucholsky noch ankamen, aber jemand erzählte uns, daß der Schachmeister bereits gegangen sei. Dann kam der dunkelhaarige Leo Gerstner die Treppe herauf und setzte sich zu uns. Normalerweise hatte er rote Wangen und lächelte, an diesem Abend aber sah er erschöpft und unwohl aus, wodurch er jüdischer wirkte als sonst. Er wurde von den Leuten an den Nachbartischen mit offener Abneigung angestarrt. Ich bemerkte, wie die Leute an den Nachbartischen einander anstießen und offen zu uns herüber starrten. Karin war sehr hübsch, und ein fetter, älterer Mann neben uns mit einem Stiernacken schielte lüstern nach ihr. Seine Hand lag auf dem Hosenschlitz. Rudolf Sterns schwarze Locken und seine Adlernase zogen Blicke unverhohlener Feindseligkeit auf sich.

Unsere Unterhaltung kam nicht richtig in Gang. Wir fühlten uns alle unwillkommen und gingen bald. Die Schwestern Kesten hatten mir erlaubt, noch einige Tage bei ihnen wohnen zu bleiben. Als ich die Wohnungstür öffnete, hörte ich das englische Grammophon laut aus Teskes Zimmer dröhnen. Das Grammophon, für das er keinen Einfuhrzoll gezahlt hatte. Es spielte „Deutschland, Deutschland über alles . . .“

13. Folgenreiche Besuche

In der Uhlandstraße hatte ich gerade ein neues Zimmer bezogen, als ich Besuch erhielt, den meine Mutter geschickt hatte. Der Mann überreichte mir ein Päckchen – ich habe vergessen, was es war – und etwas Geld von ihr. Sein Gesicht war mir nur halb zugekehrt, während er mir berichtete, daß er mehrere Wochen zur Erholung im Stryckhaus gewesen sei und es dort meiner Mutter gut gehe.

„Haben Sie Zeit für eine Tasse Kaffee?" Er nahm die Einladung an, zeigte mir aber weiterhin nur seine linke Gesichtshälfte. Ich bat meine nette Hauswirtin Frau Levkoff um den Kaffee, und schon wenige Minuten später klopfte sie und brachte auf einem Tablett mit Spitzendeckchen zwei Tassen heißen Kaffee und etwas Kuchen. Als ich ihr die Tür öffnete und sie schon halb im Zimmer stand, stieß sie einen seltsamen Laut aus und ließ beinahe das Tablett fallen. Ich war einen Schritt vorgesprungen, um das Tablett aufzufangen, aber dann ließ ich es beinahe selber fallen. Mir wurden die Knie weich bei diesem Anblick. Ich sah nun die andere Gesichtshälfte des Mannes, besser gesagt, seine andere Kopfhälfte, denn auf seiner rechten Seite gab es kein Gesicht mehr.

„Ja", sagte er, „ich war im KZ. Es geht mir jetzt schon viel besser, als es mir ging, bevor ich bei Ihrer Frau Mutter war. Es war sehr mutig von ihr, mich nicht wegzuschicken, denn es hätte gefährlich werden können. Es war riskant für sie, mich aufzunehmen." Er formte seine Worte nur mit Schwierigkeiten. Ich forderte meine Wirtin auf, sich zu setzen. Mir war übel, und sie sah auch etwas eigentümlich aus.

„Niemand im Dorf sollte wissen, daß ich mich bei Ihrer Mutter aufhielt. Sie sagte, sie könne ihren Angestellten vertrauen. Sie hatte aber ein wenig Angst wegen der Gäste. Einige von ihnen kannte sie nicht sehr gut."

„Sind Sie aus dem KZ geflohen?"

„Oh nein, an eine Flucht war in Oranienburg gar nicht zu denken. Es gibt dort einen hohen Stacheldrahtzaun mit Pfeilern aus Beton. Dieser Zaun steht unter elektrischer Hochspannung. Oh nein, ich habe gar nicht erst versucht zu fliehen, ich wurde ganz einfach entlassen. Aber oft entlassen sie Leute, um herauszufinden, wer ihre Freunde sind.“
„Oh, mein Gott!“ Ich hatte Angst um meinc Mutter. „Bei Ihrer Mutter ist alles in Ordnung. Kein Außenstehender wußte von meiner Anwesenheit. Alle im Haus waren so hilfsbereit. Es war bestimmt kein Verräter dabei.“ Aber mich fror, und ich zitterte. „Ich wollte nicht länger dort bleiben. Ich habe vor, sehr bald ins Ausland zu gehen. Ihre Mutter ist eine sehr tapfere Frau.“
Wieder schaute ich den Mann an, und mir war alles andere als tapfer zumute. Dort, wo sich eigentlich seine rechte Gesichtshälfte befinden sollte, war nichts außer einer purpurfarbenen Aushöhlung. Der Anblick war so schrecklich, daß ich nicht einmal Mitleid empfand. Er erhob sich, bedankte sich höflich bei meiner Wirtin für den Kaffee und ging. Meine Wirtin und ich fielen einander in die Arme und weinten.

*

Das war gerade zwei Tage her, da erhielt ich den offiziellen Bescheid, daß mein Stipendium nicht verlängert und ich außerdem keine freien Essensmarken für die Mensa mehr bekommen würde. Mein Onkel Paul Bachrach hatte mir geschrieben, daß er mir durch einen Geschäftsfreund etwas Geld schicken würde. Für wieviele Wochen würde das reichen? Und was dann?
An einer Haltestelle wartete ich auf den Bus. Ich hatte eine große Zeichenmappe bei mir, und ein älterer Herr kam auf mich zu und bot an, mir beim Einsteigen in den Bus behilflich zu sein.
„Studieren Sie Architektur?“ wollte er wissen.
„Ja“, ich nickte.
„Sie sind nicht zufällig Marianne Löhnberg?“

„Doch, die bin ich! Aber ich kenne Sie nicht. Woher wissen Sie, wer ich bin?"
„Ich kenne Ihren Onkel Paul Bachrach aus Ascona. Einen Teil des Jahres verbringe ich regelmäßig in Ascona. Durch Ihren Onkel habe ich auch Ihre Mutter kennengelernt. Sie hat mir von Ihnen erzählt. Sie sehen ihr ähnlich, und ich sah die Initialien auf Ihrer Mappe. Ich habe ganz einfach geraten, daß Sie es sein könnten."
Er stellte sich vor: „Felix Oppenheim. Ich bin nicht so klug wie Sie, ich baue nur Fahrräder." Er lachte: „Ich finde es komisch, Sie mitten in Berlin einfach so kennenzulernen. Würden Sie mir die Ehre erweisen und mit mir zu Mittag essen? Ich bin gerade auf dem Weg zu meinem Stammlokal. Aber ich muß Sie warnen, ich bin Vegetarier."
Seitdem die Essensmarken für mich weggefallen waren, hatte ich nichts Ordentliches mehr gegessen, und ich sehnte mich nach einer anständigen Mahlzeit. Ich nahm also die Einladung dieses Fremden an. Wenn der Leser das für töricht hält, dann hat er nie wirklich Hunger gehabt. Aber ich besaß noch so viel Anstand, daß ich nicht wagte, mehr als nur ein kleines Gericht zu mir zu nehmen, und das war nicht annähernd genug, um meinen Hunger zu stillen. Am liebsten hätte ich mir ein paar dieser himmlischen, frisch gebackenen Brötchen in die Manteltasche gestopft. Wie dem auch sei, der Mann war wirklich ausgesprochen nett zu mir und offenbar ein feiner, kultivierter Mensch. Als er mich nach dem Grund für mein niedergeschlagenes Aussehen fragte, schilderte ich ihm meine Sorgen. Die Folge war eine wöchentliche Einladung in das vegetarische Restaurant und zum Mittagessen bei der Familie eines Rechtsanwaltes, mit dem Oppenheim befreundet war.

*

Der Rechtsanwalt Dannenberg und seine Frau Thea wohnten auch in Berlin-West, nicht weit von mir entfernt. Sie hatten eine dünne, flachshaarige Tochter von etwa elf Jahren, die eine nahegelegene Tagesschule besuchte. Nach dem Essen verschwand Herr Dannenberg sofort und begab sich wieder an seine Arbeit. Frau Dannenberg und ich tranken dann eine Tasse Kaffee zusammen und hielten ein Schwätzchen. Sie klagte über ihre Tochter, von der sie sagte, sie sei in letzter Zeit geradezu unglaublich schwierig geworden.

„Ich weiß im Moment einfach nicht, wie ich mit ihr fertig werden soll."

„Hat sie in der Schule keine Freunde?"

„Nicht einmal das weiß ich. Sie vertraut mir nichts mehr an."

„Wie geht es denn mit der Arbeit in der Schule?"

„Mittelmäßig. Nicht wirklich gut. Sie war früher besser."

„Und ihre Schulfreunde?"

„Sie hat keine mehr", seufzte ihre Mutter, „früher hatte sie viele Freunde." Ich fand als über zehn Jahre ältere Studentin die feindselige Stimmung ringsherum unerträglich, wie sollte dieses kleine Mädchen mit soviel Ablehnung um sich herum fertig werden?

„Könnten Sie sie nicht ins Ausland schicken, vielleicht in ein Internat in der Schweiz?"

„Nun, wir haben schon darüber gesprochen, aber sehen Sie, sie ist unser einziges Kind. Wir machen uns jetzt große Sorgen um sie. Wir haben auch mit unserem Hausarzt gesprochen, und er ist strikt gegen eine Trennung. Er ist der Meinung, ihr schwieriges Benehmen sei ein Zeichen dafür, daß sie mehr denn je auf unsere Liebe und unseren Beistand angewiesen ist. Wenn wir sie jetzt wegschicken, wird sie glauben, daß wir es tun, weil wir sie nicht wirklich lieb haben, ganz gleich, was wir sagen."

Die Glastür am Wohnungseingang wurde laut zugeknallt. Das Mädchen kam nach Hause, aber anstatt ihre Mutter zu begrüßen, ging sie schnurstracks in ihr Zimmer, und auch diese Tür knallte heftig zu. Ein anderes Mal aß sie mit uns zusammen zu Mittag. Sie saß mit ausgebreiteten Ellbogen am Tisch, aß mit den Händen, leckte ihre Finger ab und griff quer über den Teller ihrer Mutter hinweg nach dem Wasser. Sie legte es offensichtlich darauf an, zurechtgewiesen zu werden. Plötzlich hielt sie inne.

„Vati, was ist eine Hure?“

„Woher hast du dieses Wort?“

„Was ist es denn, Vati? Ist es etwas Schlimmes? Du mußt es mir sagen.“

„Wer hat denn dieses Wort gebraucht?“

„Die Lehrerin. Sie hat das gesagt. Was bedeutet es denn, Vati?“

„Was genau hat denn die Lehrerin gesagt?“

„Die Lehrerin hat es zur ganzen Klasse gesagt.“

„Was hat die Lehrerin zur Klasse gesagt?“

„Sie hat gesagt, daß alle jüdischen Mädchen Huren sind. Was ist denn eine ’Hure‘, Vati? Das ist etwas sehr Schlimmes, nicht wahr?“

„Eine Hure ist eine schlechte Frau. Und die Lehrerin macht einen großen Fehler, wenn sie euch solchen Unsinn erzählt. Es gibt viele verschiedene Arten von schlechten Frauen, aber was euch die Lehrerin da erzählt hat, das ist einfach nicht wahr! Ich werde mit dem Schuldirektor darüber sprechen. War es die neue Lehrerin, die das gesagt hat?“

Als ich die Dannenbergs das nächste Mal besuchte, hatte Herr Dannenberg schon mit dem Rektor gesprochen. Er erzählte mir, der Rektor habe Verständnis für ihn gehabt, könne aber nichts machen. Er sei kein Parteimitglied. „Ich muß geradezu dankbar sein, daß die NSDAP mir erlaubt, meine derzeitige Stellung zu behalten“, sagte er. Eine neue Lehrerin hatte die Elfjährigen übernommen. Ihre Vorgängerin war bei Kindern und Kollegen sehr beliebt gewesen, sie mußte aber entlassen werden, weil ihr Mann arbeitete. Und es gehörte zu den allgemeinen politischen Maßnahmen jener Zeit, daß man Lehrerinnen entließ, deren Männer ebenfalls berufstätig waren. Sie hießen jetzt „Doppelverdiener“, und weder ihre Kompetenz noch ihre Arbeit fanden in irgendeiner Form Berücksichtigung. Bald danach stellte sich jedoch heraus, daß der Ehemann der neuen Lehrerin auch Lehrer an einer anderen Schule war. Er war also auch berufstätig, allerdings war er Mitglied der NSDAP und hatte entsprechenden Einfluß. Der Rektor betonte, wie sehr er die Situation bedauere, aber offenbar hatte er keine Befugnis, in einem solchen Fall irgend etwas zu unternehmen.

Die Dannenbergs fingen an, über Emigration nachzudenken. Ein Jurist übt jedoch einen Beruf aus, der sich nicht so einfach in ein anderes Land übertragen läßt wie bei einem Schneider, einem Ingenieur oder Chemiker. Jedes Land hat seine eigenen Gesetze, und das Rechtswesen ist überall anders organisiert. Ein Anwalt ist außerdem abhängig von der Sprache, sie ist sein Handwerkszeug, so wie bei einem Schriftsteller. Herr Dannenberg hatte eine gutgehende Praxis, die Familie lebte gut. Er war in den späten Vierzigern und nicht gerade begeistert von der Vorstellung, in einem fremden Land von vorne anzufangen. So zögerte er, wie viele andere auch in der Hoffnung, daß sich die Dinge zum Guten wenden würden. Schließlich mußten sie jedoch ihre Tochter aus der Schule nehmen. Seine Frau bekam Weinkrämpfe, die tagelang andauerten. 1937 emigrierten sie. Nicht mehr als ein Taschengeld war alles, was die Familie aus Deutschland mitnehmen durfte.

*

Felix Oppenheim, „F.O.“, war ein anständiger und gütiger Mann. Er sah gut aus, hatte dunkles welliges Haar mit grauen Strähnen, schöne graublaue Augen und ein fein geschnittenes Gesicht. Er sah wie ein Künstler aus. Er wirkte sehr alt, wahrscheinlich war er um die Fünfzig. Er lud mich jeden Mittwoch zu einem vegetarischen Mittagessen ein, und bei dieser Gelegenheit eröffnete er mir eines Tages, daß er mir ein Segelboot und ein Fahrrad leihen wolle. Solange ich in Berlin sei, könne ich beides benutzen, sobald ich aber aus Berlin fortginge, müsse ich einen anderen jungen Menschen wie mich finden und ihm oder ihr beides überlassen.

„Sie wissen, daß Sie nicht in Deutschland bleiben können, und da die Lebensumstände für Sie hier immer schwieriger werden, können diese Dinge Ihnen und vielleicht später jemand anderem etwas helfen.“ Wie versprochen brachte er ein kleines Segelboot zum Pichelsee in ein gut ausgestattetes Bootshaus. Das Fahrrad holte ich von der Fabrik ab, wo ich als Bekannte von „F.O.“ höchst respektvoll behandelt wurde. Es war ein wunderbares Geschenk.

Das Boot war groß genug, um leicht drei Personen mitzunehmen. Ich liebte es so sehr, daß ich oft hinausradelte und über Nacht blieb. Meine Bücher nahm ich mit. Ich hatte auch immer genügend Brot, Käse und Milch bei mir, denn schon bald war es mir untersagt, im Café am Seeufer Brötchen und Kaffee zu kaufen oder die öffentliche Badeanstalt zu benutzen. Die Abende auf dem See bescherten mir eine ruhige Gelassenheit, die mir über die schwierigen Tage in der Hochschule hinweghalf. Ich habe in späteren Jahren oft gedacht, daß dieses Boot mich davor bewahrt hat, den Verstand zu verlieren. Kurz nachdem „F.O.“ mir dieses großzügige Geschenk gemacht hatte, das er „lediglich eine Leihgabe“ nannte, teilte er mir mit, daß er Berlin verlassen werde. Er hatte in Portugal eine Villa gekauft oder gemietet.

„Sie liegt etwas oberhalb einer sandigen Bucht, geschützt vor den atlantischen Winden. Dort wachsen Palmen, blühende Sträucher und Wein. Es ist ein gesegnetes Fleckchen Erde, und die portugiesischen Bauern sind sehr liebenswert. Eigentlich bin ich ein reicher Mann, ein Millionär, aber ich liebe das einfache Leben. Nur hätte ich gerne Gesellschaft. Wenn Sie mich heirateten, würde ich Ihnen erlauben, mit Ihrem Architekturstudium fortzufahren. Ich weiß, wie sehr Ihr Herz daran hängt. Sie könnten Ihr eigenes Zimmer haben und Ihren Zeichentisch.“ Der Antrag kam aus heiterem Himmel. Vielleicht hätte ein erfahreneres Mädchen schon früher geahnt, worauf es hinauslaufen würde. Aber mich traf es vollkommen

unerwartet. Was konnte ich diesem Mann antworten? Er war so unwahrscheinlich gütig und nett zu mir gewesen. Nie hatte er versucht, mich in irgendeiner Form auszunutzen oder sich mir zu nähern, und nun kam er mit dem Angebot, sein Leben mit mir zu teilen. Ein Leben in Sicherheit und Behaglichkeit, während ich arm war. Ich konnte ihm wohl kaum die Wahrheit sagen: Die Wahrheit nämlich, daß er mich langweilte. Er langweilte mich einfach, trotz allem, was er für mich getan hatte. Dann war da noch die Art und Weise, wie er sich ausgedrückt hatte:
„Ich würde Ihnen erlauben, Ihr eigenes Zimmer und Ihr Zeichenbrett zu haben." Er würde mir „erlauben", so zu leben. Er war ein guter Mann, ein feinfühliger, netter Mann, daran hatte ich keinen Zweifel. Aber er würde mein Herr sein, und ich wollte keinen Herrn, ich wollte mein eigener Herr sein, ich wollte Freiheit. Ich schwieg sehr lange und wußte nicht, was ich sagen sollte, ohne ihn zu verletzen. Und er, feinfühlig wie er war, sagte:
„Nehmen Sie sich Zeit, denken Sie darüber nach, was immer auch Ihre Antwort sein wird, ich hoffe, wir bleiben Freunde." Und nach einer kurzen Pause fügte er hinzu: „Wenn Sie nicht meine Frau werden möchten, dann werde ich Frau L. fragen, die seit ihrer Scheidung mit zwei Kindern allein lebt. Dann hätte ich gleich eine richtige Familie. Ich bin viel zu lange allein gewesen. Lassen Sie mich bitte Ihre Antwort innerhalb einer Woche wissen."
Als ich ihn das nächste Mal traf, sagte ich ihm einfach, daß ich mich zum Heiraten noch nicht bereit fühle und ohnehin erst mein Architekturdiplom erhalten wolle.

*

Dic Atmosphäre an der Hochschule wurde immer schlimmer. Wo immer ich hinkam, zogen sich die Menschen von mir zurück, als hätte ich die Pest. So oft ich konnte, radelte ich hinaus zum Boot, nahm meine Bücher mit und schwänzte so viele

Vorlesungen, wie ich eben wagen konnte. An schönen Abenden glänzte der See wie geschmolzenes Silber, die Silhouette der Kiefernwälder stand schwarz gegen den klaren Himmel, der noch lange nach Sonnenuntergang in einem gelben Licht glühte. Ich blieb so lange auf dem See, bis es dunkel genug war, daß ich von den anderen Booten nicht mehr gesehen werden konnte. Dann glitt ich rasch ins Röhricht. Dort brauchte ich das Boot auch nicht festzumachen, denn das dichte hohe Rohr verhinderte, daß ich auf den offenen See hinaus trieb. Ich holte mein einziges Segel ein und machte es mir unter meinem wasserdichten Segeltuch gemütlich. Die einzigen Geräusche, die dann noch zu hören waren, waren das Plätschern der kleinen Wellen, die gegen das Boot schlugen und die kleinen Vögel, die eifrig die Brotkrumen aufpickten, die ich ihnen zuwarf. Der weite Nachthimmel mit seinen Sternen erinnerte mich an den Stryck. Diese ruhigen Tage und Nächte auf dem Wasser verliehen mir die innere Stärke, um das feindselige Vakuum, dem ich in der Hochschule ausgesetzt war, zu ertragen. Ich nannte das Boot *Fermate.* Für mich war es eine Pause, ein Ruhepunkt, fernab von dem ständig zunehmenden Terror. Erfrischt und ausgeglichen kehrte ich sonntags abends in die Stadt zurück.

Ehemalige Freunde und Kommilitonen gingen an mir vorbei. Einige lächelten mir noch kurz zu, andere wandten ihre Gesichter ab. Einmal kam ein gutaussehender, schwarzhaariger junger Mann auf mich zu, streckte seine Hände nach meinen aus und schüttelte sie zur Begrüßung. Ich erkannte ihn nicht sofort. „Erinnern Sie sich nicht? Ich war in Darmstadt. Ich bin der Perser, Sie haben meine Pferde gezeichnet." Jetzt erkannte ich ihn, es war der persische Prinz. Ich trat zurück und wollte weitergehen, aber er hielt meine Hand fest.

„Es tut mir sehr leid, daß ich Sie beleidigt habe. Ich habe Ihnen großes Unrecht getan. Können Sie mir verzeihen?" Als ich zögerte, fügte er hinzu: „Ich habe gehört, daß Sie jetzt in Berlin sind, und ich habe Sie gesucht. Es gibt eine amerikanische

Expedition von Archäologen nach Persien. Sie suchen noch einige Architekten. Professor Poelzig wird Ihnen davon berichten. Wenn Sie sich bewerben, wird Ihnen für die Arbeit in Persien ein Zweijahresvertrag angeboten und eine sehr gute Bezahlung." Ich war sehr überrascht und starrte ihn nur an.
„Es tut mir sehr leid, daß ich Ihre Gefühle verletzt habe", fuhr er fort. „Bitte, verzeihen Sie mir. Ich wurde so erzogen. Frauen waren für uns keine vollwertigen Menschen und natürlich die Juden schon gar nicht. So hat man es mir beigebracht." Leute gingen an uns vorbei, jemand sprach ihn an. Ich war noch immer fassungslos und wollte gehen. „Überlegen Sie es sich", rief er mir nach, „Professor Poelzig wird mich benachrichtigen. Mein Vater unterstützt die Ausgrabungen, die Archäologen werden unsere Gäste sein."
Als ich zu Professor Poelzigs Atelier ging, stand eine Gruppe von Studenten dort, die sich über die archäologische Arbeit in Persien unterhielten. Wenn ich mitmachte, bedeutete das den Aufschub meines Diploms um zwei Jahre. Das Projekt klang sehr interessant, und die Bezahlung, die geboten wurde, war viel besser, als man es als Student, ja sogar als frisch qualifizierter Architekt in Deutschland erwarten konnte. Es hörte sich wirklich ideal an, und ich geriet in Versuchung. Der Arbeitgeber war eine amerikanische Universität. Poelzig kam herein, sah mich in der Gruppe von Studenten stehen und winkte mich in sein Büro.
„Machen Sie Ihr Diplom, Löhnbergchen, lassen Sie sich nicht ablenken. Vielleicht können Sie nicht wieder zurückkommen, wenn Sie jetzt gehen. Man hat mich angewiesen, die Zahl meiner Studenten zu verringern, man nennt das jetzt 'Numerus clausus'. Sie möchten natürlich erreichen, daß Leute wie Sie hier weggehen. Sie wissen, was ich meine, nicht wahr? Ich werde Ihnen ein Zeugnis ausstellen, das bescheinigt, daß Sie gut genug sind, um zu bleiben. Ich werde nicht zulassen, daß man Sie hinauswirft." Der liebe Herr Poelzig, er ließ mich trotz

der Repressalien weiterstudieren, und es erforderte großen Mut, sich für einen jüdischen Studenten einzusetzen. Damit war Persien für mich kein Thema mehr.

Dem persischen Studenten begegnete ich nachher noch ein paar Mal. Er blieb immer stehen und unterhielt sich mit mir, als es sonst schon niemand mehr tat. Diese zufälligen Begegnungen spielten sich immer auf den Korridoren ab, und jedes Mal lud er mich ein, mit ihm essen zu gehen oder wenigstens einen Kaffee zu trinken. Aber ich nahm seine Einladungen nicht an. Er konnte sich mit mir unterhalten und hatte keine Angst vor den Nazis. Er war ein Ausländer, dessen Vater Einfluß und Macht hatte. Bald würde er promovieren und nach Hause zurückkehren. Er hoffte, daß ich ihm sein Benehmen in Darmstadt vergeben hatte und daß wir uns eines Tages wieder treffen würden. Ich fragte ihn, was seine Sinneswandlung verursacht habe.

„Nun, die NSDAP selbst“, erwiderte er. „Ich habe einige ihrer Bücher gelesen, Bücher dieses halbgebildeten Halbrussen Rosenberg, die Schriften des einstigen Schullehrers Streicher, die sind ja irrsinnig! Sie wenden sämtliche Methoden der Massenhypnose an, kein gesunder Mensch kann den Unsinn glauben, den sie produzieren.“

„Aber in Darmstadt haben Sie ganz anders gedacht. Was also hat wirklich zu Ihrem Sinneswandel geführt?“

„Vor allem zwei Dinge. Einmal der Prozeß gegen den holländischen Idioten van der Lubbe, der für den Reichstagsbrand vor Gericht stand. Ich habe den Brand mit eigenen Augen gesehen. Die Flammen sprangen ja überall zur gleichen Zeit hoch, und jeder, der den Brand gesehen hat, wird das bestätigen.“

„Aber was beweist das?“

„Es beweist mir, daß der Reichstag unmöglich von einer einzigen Person in Brand gesteckt worden sein kann. Es ist ein großer Gebäudekomplex, und Sie wissen so gut wie ich, wie streng die Brandschutz-Vorschriften in Berlin sind. Wie hätte dieser einfältige, holländische Junge überall in diesem großen Bau Feuer legen können, ohne dabei ertappt zu werden? Und ohne, daß jemand ihn davon abhielt? Es ist einfach nicht zu glauben. Als ich den Brand sah, loderten die Flammen überall auf."

„Aber was beweist Ihnen das?"

„Es beweist mir, daß es Leute geben muß, die van der Lubbe geholfen haben, und zwar nicht einer oder zwei, sondern eine gut organisierte Bande, die das Gebäude gut kannte, wie van der Lubbe es nie hätte kennen können."

„Und?" Ich blieb hartnäckig. „Weiter!"

„Haben Sie im Radio gehört, wie Göring mit ihm sprach?"

„Natürlich, alle haben das gehört!" Der Perser fuhr fort: „Marinus van der Lubbe ist das Opfer einer Intrige." Er sah sich schnell nach rechts und links im Korridor um, aber niemand war in Hörweite. „Man hat ihn dazu überredet. Ich kann mir vorstellen, daß er beteiligt war, aber alles muß doch sehr gut vorbereitet gewesen sein und bestimmt nicht von diesem Einfaltspinsel. Sie haben ihn auch gehört, nicht wahr? Alles war abgekartet und Teil eines Planes, Teil der großen Lüge. Und dann gibt es noch den *Stürmer*. Kennen Sie die Zeitung?"

„Ja, sie machen die Juden für alles verantwortlich, was schief läuft." Ziemlich wütend brach es aus mir heraus. „Es gibt mehr als hundert Christen auf einen Juden in Deutschland, aber die Juden sollen an allem Schuld haben, was schief geht!"

„Haben Sie die Zeitung wirklich gelesen?"

„Nein, nur die Schlagzeilen."

„Nun, es ist nicht gerade die passende Lektüre für eine Dame. Es ist die reinste Pornographie und Perversion. Es wird eine Massenhysterie oder Massenpsychose erzeugt, und das geschieht vorsätzlich und nach einem Plan. Ich kann solchen Quatsch nicht glauben. Ich bin froh, daß ich meine Abschlußprüfung bald hinter mir habe und daß ich dann nach Hause kann. So, ich habe jetzt eine Vorlesung. Vielleicht sehe ich Sie

noch einmal?" Aber ich sah ihn nach diesem Gespräch nicht wieder. Nur einmal, er stand bei einer Gruppe ausländischer Studenten, winkte er mir zu und lächelte.
Dieser schwarzhaarige schlanke Perser mit der Adlernase sah nicht im geringsten aus wie das Naziideal eines Ariers, und doch war er ein Prinz von reinem arischen Blut, was immer das sein mochte. Er selbst war zu der Überzeugung gelangt, daß die Nazis das Volk täuschten und ihre eigentlichen Ziele geheim hielten. Die große Mehrheit der Menschen aber nahm hin, was erzählt wurde. Abweichende Stimmen wurden zum Schweigen gebracht.

*

„Der Minister für Kultur und Erziehungwesen, Herr Rust, hat mich eingeladen, zu einer Besprechung nach Berlin zu kommen. Es geht um die Leitung einer Fakultät, die ich übernehmen soll." Werner schrieb mir aus Darmstadt. Deutsche Universitäten und Akademien waren nicht unabhängig. Sie wurden vom Ministerium kontrolliert, sowohl was das Lehrpersonal als auch den Lehrstoff betraf. Die Professoren waren eigentlich Beamte. *„Ich nehme den Frühzug, so daß ich Dich treffen kann, bevor ich zum Minister gehe. Wir können den größten Teil des Tages gemeinsam verbringen. Ich werde vor dem Mittagessen bei Dir sein."*
Mein Herz setzte aus, als es an dem Tag dann an der Tür klingelte. Ich hatte mein letztes Geld ausgegeben, um ein schönes Essen für ihn vorzubereiten. Meine Hauswirtin zeigte sich verständnisvoll und bot mir dieses Mal nicht ihr Speisezimmer an, wie sie es sonst tat, wenn ich Besuch bekam. Wir würden also allein sein. Wir waren noch nie vorher miteinander allein gewesen. In Darmstadt hatte ich ihm weder den Zeitpunkt meiner Abreise noch meine Berliner Adresse mitgeteilt. Er mußte an die Fakultät geschrieben haben, um meine Adresse zu bekommen. Und nun war er da.

Als er eigentlich schon im Begriff war, sich wieder auf den Weg zu machen, fing er plötzlich an zu weinen. Nicht ich war es, die weinte – er war es. Schluchzen schüttelte ihn, er konnte nicht aufhören. Wir wußten beide, daß unsere Beziehung ganz unmöglich war. Er sollte Leiter einer Fakultät in Nazideutschland werden, und ich war Jüdin. Unaufhaltsam schluchzend fiel er auf die Knie und sagte: „Wenn ich an dich denke, bin ich hilflos wie ein kleines Kind." Ich schwieg und dachte: „Es ist dein Nazideutschland. Du bist es, der dabei hilft, dieses Lügengebilde, dieses Gebilde aus Demütigung und Unrecht zu errichten. Es sind Leute wie du, die Deutschland in eine Tyrannei führen." Ich dachte an all die Menschen, die ich kannte. Ich hatte niemals danach gefragt, welcher Rasse oder Religion jemand angehörte. Es spielte keine Rolle. Was zählte, war allein die Menschlichkeit eines Mannes oder einer Frau. Wenn Gott den Menschen erschaffen hat, dann hat er doch jeden Menschen erschaffen.

„Du bist, was du tust. Wie du handelst, so wirst du sein." Dr. Krökel hat mich das gelehrt, und bis heute bin ich davon überzeugt, daß es wahr ist. Ich konnte mir nicht vorstellen, daß Werner bei all dem, was geschah, mitmachen würde. Ich konnte es einfach nicht glauben. Jetzt aber mußte er gehen. „Komm mit mir bis zur letzten Bahnhaltestelle, bitte, bitte."

Wir fuhren zusammen, ohne ein Wort miteinander zu reden. Ich begleitete ihn nur bis zum Ausgang, der von gepflegten Gartenanlagen, blühenden Büschen und Kiefern umgeben war. Schnell drehte ich mich um, rannte die Treppen hinunter und sprang in den nächsten Zug. Am anderen Ende des fast leeren Wagens saß ein untersetzter Mann mit schwarzen Augen. Sein breitkrempiger Hut überschattete sein Gesicht, und er las eine Zeitung. Aber ich hatte das Gefühl, daß er mich beobachtete. Plötzlich wußte ich, daß derselbe Mann schon mit Werner und mir im selben Wagen gekommen war. Er mußte uns gefolgt sein, warum sonst sollte er jetzt zurückfahren? Mich packte die

Angst. Er mußte von der Gestapo sein. Hatte er gesehen, wo wir in die U-Bahn stiegen? Wußte er, wer Werner war? Warum folgte er uns? Wußte er, wer ich war? Warum folgte er mir und nicht Werner? Wollte er dessen Verbindungen ausspionieren? Er muß gewußt haben, wen Werner besuchte, aber er kennt mich nicht, er folgt mir, weil er mich verdächtigt und herausfinden will, wo ich wohne. Ich muß mich ganz ungezwungen benehmen und ganz natürlich sein. Vor allem darf er nicht merken, daß ich Angst habe. Ich muß so tun, als hätte ich ihn nicht bemerkt. Ich muß ihn mir folgen lassen bis zu einem Ort, wo ich ihn abschütteln kann.
Dann und wann hatte ich bei dem Architekten James Wolfsohn gearbeitet, der gerade einen großen Block in der Von-der-Heydt-Straße in kleine, luxuriöse Appartements umbaute. Es wurde dort noch gebaut, und ich kannte die Pläne auswendig. Das war ein Irrgarten, in dem ich ihn hoffentlich abschütteln konnte. Wenn ich an der einen Seite in das Gebäude ging, konnte ich mehrere Wohnungen, die noch nicht voneinander getrennt waren, durchqueren und an der anderen Seite auf einer Seitenstraße wieder herauskommen. Ich mußte von der U-Bahnstation mehrmals um die Ecke biegen. Folgte er mir noch? Ich nahm meine Puderdose und blieb stehen, um mir die Nase zu pudern. In dem kleinen Spiegel sah ich ihn in einiger Entfernung herumlungern. Ich ging unbekümmert weiter, ab und zu warf ich einen Blick in die Schaufenster mit spiegelndem Glas. Er folgte mir. Ich führte ihn langsam an das Gebäude heran, stürmte eine Leiter, die vergessen worden war, hinauf, und hoffte, den Weg nach unten und einen Ausgang auf der anderen Seite zu finden. Ich hatte Glück! Einmal aus dem Gebäude heraus, raste ich die Seitenstraße hinunter, und um mehrere Ecken herum. Es wurde dunkel, und mein Herz pochte wild, als ich endlich mein Zimmer erreichte. Ich hatte nicht gewagt, noch einmal stehenzubleiben und in meinen Spiegel zu gucken. In dieser Nacht – und in vielen, vielen Nächten später

– lauschte ich immer wieder, ob da wohl Schritte im Hof vor meinem Fenster zu hören waren.
Einige Zeit später erhielt ich einen weiteren Brief von Werner. In dem Brief gab es zwei Wörter, die in mein Gedächtnis graviert sind wie die Rosen und Herzen, die Seeleute in ihre Haut tätowieren lassen, so tief, daß kein Skalpell sie enfernen kann. Ich zerriß den Brief in tausend Stücke. Die zwei Worte blieben mir. Die Worte waren: „Mein Führer".

14. Ein deutscher Dreyfus

Es muß 1923 gewesen sein, als Vaters Freund Arnold Freymuth wieder einmal zu Besuch im Stryckhaus war. Er und mein Vater

Dr. Arnold Freymuth 1919, (Arnold Freymuth-Gesellschaft, Hamm)

liebten gemeinsame Wanderungen durch die Wälder des Sauerlands. Ich kannte und liebte Onkel Arnold seit meiner frühesten Kindheit, als er in Hamm Richter am Oberlandesgericht gewesen war. Nun war er Senatspräsident am Kammergericht in Berlin. Früher hatte er mich immer gern geneckt. Aber diesmal blieben seine Scherze aus. Wir saßen in der Bibliothek, deren Wände dunkelblau gestrichen waren und in der ein von Vogeler entworfener Messingkronleuchter über Vaters Mahagonischreibtisch hing. Es war eine außergewöhnliche Situation, denn normalerweise saß ich nach dem Essen nicht mit den Erwachsenen beim Kaffee.

Freymuth nahm seinen Kneifer ab, putzte die Gläser, setzte ihn wieder auf die Nase und wiederholte diese Prozedur alle fünf Minuten.

Er unterhielt sich mit meinem Vater über den „Fall Felix Fechenbach“. Dieser Journalist war vor kurzem zu einer Gefängnisstrafe von elf Jahren verurteilt worden, weil er seinem Schweizer Kollegen Renée Payot ein Telegramm zur Veröffentlichung gegeben hatte, das dieser dann auch 1918 in einer Pariser Zeitung publizierte.[31]

„Warum mußte er denn deswegen ins Gefängnis? Nur weil er ein Telegramm hat veröffentlichen lassen?“ wollte ich wissen.

„Du bist aber sehr neugierig.“ Freymuth konnte sich diese kleine Neckerei nicht verkneifen. „Aber ich will versuchen, es dir zu erklären. Schließlich bist du jetzt schon dreizehn!“

„Sie stellt immer viele Fragen“, warf mein Vater lächelnd ein.

„Am 28. Juni 1914 wurden der österreichische Kronprinz, Erzherzog Franz Ferdinand und seine junge Gemahlin, die Herzogin von Hohenberg, in Sarajewo auf der Straße ermordet“, begann Freymuth zu erzählen. „Man hatte zwei Bomben geworfen und sie dann in ihrem Wagen erschossen. Du kannst dir vorstellen, daß ganz Österreich in Aufruhr war. Der Kaiser Franz Joseph verlangte Genugtuung von der serbischen Regie-

rung, und sollte die ausbleiben, war er entschlossen, gegen die Serben militärische Maßnahmen zu ergreifen."
„Die Serben sind Slawen", erklärte mein Vater. „Sowohl Österreich als auch Deutschland fürchteten eine panslawistische Bewegung und eine Einmischung Rußlands in diese Angelegenheit."
„Der österreichische Kaiser wollte sicher gehen, daß Österreich im Falle eines Krieges gegen die Serben nicht allein dastand", fuhr Freymuth fort. „Er wandte sich daher an den deutschen Kaiser Wilhelm II. und wollte wissen, ob Deutschland zu der Allianz mit Österreich stehe. Der deutsche Kanzler befürchtete, falls Deutschland den Österreichern keine militärische Unterstützung zusichere, daß Österreich die westlichen Mächte wie Frankreich oder England um Unterstützung bitten würde. Das wiederum hätte für Deutschland das politische Gleichgewicht in Mitteleuropa gefährden können", erklärte Freymuth.
„Was ist mit dem Telegramm?" fragte ich.
„Das Telegramm stammte von dem Baron von Ritter, der bayerischer Botschafter am Heiligen Stuhl war, und er schrieb folgendes über dieses Attentat. . ." Zu meinem großen Erstaunen zitierte Freymuth den vollständigen Text des Telegramms.[32]
Mein Vater wandte sich an mich. „Verstehst du, was das bedeutete? Baron von Ritter beschrieb die Ansicht des Papstes, die panslawistische Bewegung sei für den Mord am österreichischen Kronprinzen verantwortlich und stelle damit eine Bedrohung für die Existenz Österreichs dar. Österreich müsse sich verteidigen und, wenn nötig, sogar gegen Serbien in den Krieg ziehen."
„Ritter hatte dieses Telegramm 1914 an die bayerische Regierung in München geschickt, die wiederum weitere Abschriften an alle Bischöfe in Bayern sandte", erklärte Freymuth.
„Warum denn an die Bischöfe?" wollte ich wissen.
„Weil die Bischöfe Einfluß auf die öffentliche Meinung in Deutschland hatten", antwortete mein Vater, „und die bayeri-

sche Bevölkerung unterstützte dann auch tatsächlich den deutschen Kaiser Wilhelm II. in seinem Entschluß, mit Österreich in einen 'gerechten Krieg' gegen Serbien zu ziehen."
„Aber warum war es denn ein Verbrechen von Fechenbach, das Telegramm zu veröffentlichen?" Freymuth antwortete mir: „Es war eben ganz bestimmt kein Verbrechen, Marianne. Ich bin mit anderen Juristen der Ansicht, daß der bayerische Richter, der Fechenbach jetzt verurteilt hat, vollkommen falsch gehandelt hat. Das Telegramm war zu keiner Zeit ein Geheimnis. Doch der Richter behauptete, die Veröffentlichung des Telegramms 1918 habe Deutschlands Interessen in den Versailler Friedensverhandlungen der Alliierten geschadet. Der Richter war der Meinung, daß der Papst in Versailles bei den Alliierten vielleicht ein gutes Wort für Deutschland eingelegt hätte. Aber da den Alliierten das Telegramm bekannt geworden war, bringe das den Papst in eine peinliche Lage, und sicherlich sei er über die Deutschen verärgert. Schließlich habe er die kriegerischen Absichten der Österreicher und der Deutschen moralisch unterstützt. Aber jetzt, da Österreich und Deutschland den Krieg verloren hätten, wolle der Papst wohl kaum die Aufmerksamkeit auf seine damalige Unterstützung lenken, zumal die Alliierten zu diesem Zeitpunkt den Paragraphen diskutierten, der allein Deutschland für diesen Krieg verantwortlich machte: den sogenannten Kriegsschuldparagraphen."
Ich begann zu verstehen, und aufmerksam hörte ich Freymuth und meinem Vater weiter zu, als sie ihre Diskussion fortsetzten und mich scheinbar vergessen hatten. Nie zuvor hatte ein Freund meines Vaters sich die Mühe gemacht, mir seine Angelegenheiten so ernsthaft und ausführlich zu erläutern. Ich begriff, daß Freymuth dafür kämpfte, daß ein zu Unrecht verurteilter Mann Gerechtigkeit erfahren solle. Onkel Arnold war ein untersetzter, dunkelhaariger Jude, nicht besonders gut aussehend oder beeindruckend. Aber plötzlich war er nicht mehr der lustige Spaßvogel, den ich in Kindertagen erlebt hatte. Er

war ein Mann, der für Menschen kämpfte, die nicht für sich selbst kämpfen konnten, er wollte Gerechtigkeit, und nichts sollte ihn dabei hindern.

Die Strahlen der Nachmittagssonne fielen schräg über den Tannenwald des Mühlenkopfes. Vereinzelt stiegen Nebelschwaden auf und vergingen im Sonnenlicht. „Sieh mal, die Sonne ruft“, sagte mein Vater und erhob sich. Die beiden Männer zogen ihre Stiefel an und begaben sich auf eine ihrer Wanderungen.

*

Es war 1933, zehn Jahre nach diesem Besuch von Arnold Freymuth. Ich war während meiner Semesterferien wieder im Stryck. Im Stryckhaus waren mehrere Gäste: Herr Ziegler aus Dortmund mit Frau und Familie, Dr. Richard Rosenthal aus Duisburg mit seiner Frau Marie und Sohn Lutz, einem begabten Flötenspieler. Das Wetter war wunderschön, aber die Gäste waren weit davon entfernt, in fröhlicher Stimmung zu sein. Seit dem Tode meines Vaters war meiner Mutter die Vossische Zeitung, ein hervorragendes liberales Blatt, kostenlos zugeschickt worden. Jetzt, 1933, waren die Artikel dieser Zeitung den neuen Machthabern nicht mehr genehm, und die Zeitung wurde eingestellt. In einer der letzten Ausgaben hatte ein Artikel über den „Fall Felix Fechenbach“ gestanden. Wieder einmal wurde über die Tragödie des jungen Journalisten geredet.

Dr. Richard Rosenthal, ein Rechtsanwalt, rief das Urteil des Volksgerichts in Erinnerung. Der Richter des Bayerischen Volksgerichts, der zehn Jahre zuvor Fechenbach wegen Hochverrats verurteilt hatte, hatte in seiner Urteilsbegründung behauptet, das Telegramm habe die Friedensverhandlungen in Versailles für Deutschland negativ beeinflußt. Deutschland habe dadurch seinen einzigen Freund, den Papst, verloren, der nicht mehr zugunsten Deutschlands eingeschritten sei. Der Richter, dessen Name tatsächlich *Hass* war, hatte sogar gesagt: „Fechenbach brachte Deutschland in die Gefahr einer schweren

Hungersnot." Er ließ durchblicken, daß Fechenbach für den Kriegsschuldparagraphen verantwortlich sei, der in der Tat enorme Reparationsforderungen zur Folge hatte, die wiederum eine sehr große Nahrungsmittelknappheit nach sich zogen.[33]
Herr Ziegler, ein typischer Jurist, dessen schmales Gesicht fast hinter seinen großen Brillengläsern verschwand, sagte nun: „Freymuth hat bereits gezeigt, wie lächerlich diese Darstellung war. Wer kann glauben, daß der Richter nicht wußte, daß der Papst ausdrücklich von der Teilnahme an den Versailler Friedensverhandlungen ausgenommen war? Außerdem ist es naiv zu glauben, daß die Veröffentlichung des Telegramms wenige Tage vor Beginn der Friedensverhandlungen die geringste Auswirkung hätte haben können."
Herr Ochs, Bergwerksingenieur aus Frankfurt, warf ein: „Stimmt es, daß Dr. Arnold Freymuth vom Republikanischen

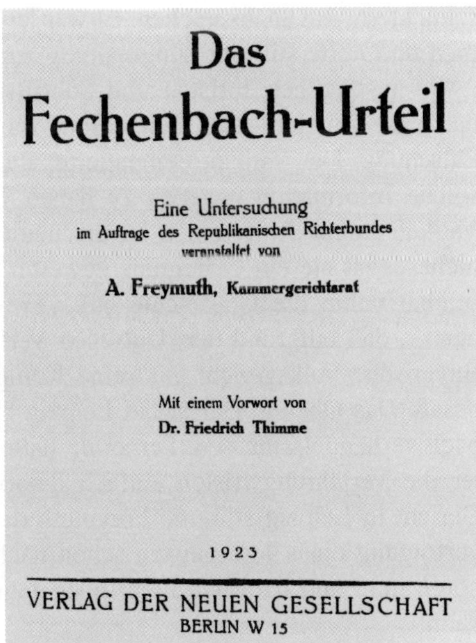
Das
Fechenbach-Urteil

Eine Untersuchung
im Auftrage des Republikanischen Richterbundes
veranstaltet von

A. Freymuth, Kammergerichtsrat

Mit einem Vorwort von
Dr. Friedrich Thimme

1923

VERLAG DER NEUEN GESELLSCHAFT
BERLIN W 15

Titelblatt 1923

Richterbund beauftragt wurde, die Angelegenheit zu überprüfen?“
Ich mochte Herrn Ochs. Er hatte das wettergegerbte Aussehen eines Mannes, der sein Leben im Freien verbringt. Statt des in Deutschland damals üblichen militärischen Haarschnitts trug er sein Haar gescheitelt. Den größten Teil seines Lebens verbrachte er in Kleinasien, er kam nur von Zeit zu Zeit nach Hause, um bei seiner mütterlichen Frau und seinen Kindern zu sein. Er hörte den Juristen aufmerksam zu, und seinen grauen Augen schien nichts zu entgehen.
„Oh ja“, stimmte Rosenthal zu, „er, als führender Jurist in der Weimarer Republik, untersuchte die ganze Angelegenheit und veröffentlichte die Ergebnisse im Jahre 1923.“[34]
Der schwarzhaarige Rosenthal hatte den Ruf eines klugen Anwalts. Sein ernster Sohn Lutz war ein oder zwei Jahre älter als ich. Ich mochte ihn lieber als seinen Vater, aber ich war zu schüchtern, ihn anzusprechen. Er war leise ins Zimmer gekommen und hörte still der Unterhaltung zu.
„Alle anständigen Juristen und Schriftsteller waren empört“, bemerkte Ziegler. „Das Telegramm war wahrscheinlich eine Fälschung. Der Vatikan dementierte, Baron von Ritter je eine solche Information gegeben zu haben, und ein Sprecher des Vatikan nannte Ritter einen unverschämten Lügner. Wahr oder nicht, es ist nie ein Geheimnis gewesen.“ Er seufzte, und Rosenthal nahm die Geschichte auf: „Freymuth hob außerdem hervor, daß aufgrund der deutschen Verfassung von 1919 das Bayerische Volksgericht gar keine Kompetenz für diesen Fall besaß. Das Oberste Gericht in Leipzig hätte den Fall Fechenbach verhandeln müssen. Fernerhin hatte der bayerische Richter die Verjährungsfristen einfach ignoriert, und das Oberste Gericht in Leipzig stimmte Freymuth darin zu, daß die Strafverfolgung eines Journalisten schon nach sechs Monaten aufhören muß und natürlich nicht noch Jahre später weitergehen kann.“

„Aber Fechenbach erhielt kein Wiederaufnahmeverfahren vor einem zuständigen Gericht", fügte Ziegler hinzu. „Sogar eine Begnadigung wurde vom bayerischen Präsidenten zunächst verweigert."
„Aber warum, warum denn?" wollte meine Mutter wissen. „So viele Schriftsteller und Juristen haben doch gegen das Urteil protestiert."
„Nun, es war zu einer Frage der 'Persönlichkeit' Fechenbachs und der Zuständigkeit des Bayerischen Gerichts geworden. Mit anderen Worten, es war eine Prestigefrage geworden."
„Wer kann es denn für zivilisiert halten, einen Mann seiner Persönlichkeit wegen zu verurteilen!" entfuhr es Herrn Ochs.
„Der Richter war eingeschnappt", wußte Rosenthal, „weil die Kompetenz seines Gerichts in Frage gestellt wurde."
„Ja", ergänzte Ziegler, „und seinen Ärger darüber ließ er an dem Angeklagten aus."
Es wurde still, während wir über die Unterhaltung nachdachten. Ich hatte große Sehnsucht nach meinem Vater, und wie so oft fragte ich mich, was er wohl gesagt und getan hätte, wenn er noch am Leben wäre. Zwei Gestalten durchquerten den Rosengarten vor der Bibliothek und kamen durch die Terrassentür herein. Es waren Herr und Frau Heller aus Willingen, die trotz des Druckes, den man auf sie ausübte, ihre Freundschaft mit meiner Mutter aufrecht erhielten. Meine Mutter stellte die Gäste einander vor und lud die Neuankömmlinge ein, mit uns Kaffee zu trinken. Anton Heller war ein großer, kräftig gebauter Mann, aber er war stumm. Vor einigen Jahren hatte er einen Tumor im Hals gehabt. Die Ärzte hatten ihn schon aufgegeben und seiner Frau gesagt, man könne ihm nicht helfen, als er meinen Vater konsultierte. Mein Vater operierte das Gewächs, und Heller sagte immer, mein Vater habe ihm das Leben gerettet. Doch Hellers Stimme konnte er nicht retten. Heller war meinem Vater zutiefst dankbar und ließ keine Gelegenheit vorübergehen, ohne ihm das zu zeigen. Er war Geschäftsmann,

besaß Wälder und handelte mit Bauholz für Bergwerke. Seine Frau begleitete ihn auf seinen Geschäftsreisen, und bei Verhandlungen war sie seine Stimme. Nur sie konnte ihn verstehen. Sie muß eine Frau von erheblichen Fähigkeiten gewesen sein. Sie half nicht nur ihrem Mann, für den sie ganz unentbehrlich wurde, sondern sie versorgte auch den ziemlich großen Haushalt in Willingen und ein beachtliches Landgut etwa zwanzig Kilometer entfernt. Für ihre drei Söhne und die Tochter stand ihr Minni Wichgraf, eine Nichte des deutschen Komponisten Johannes Brahms, als hochgeschätzte Helferin und Freundin zur Seite. Diesmal waren Hellers ohne Minni Wichgraf gekommen. Nachdem alle einander vorgestellt worden waren, erklärte Frau Heller, daß ihr Mann nicht sprechen könne. Ich war immer wieder gerührt von diesem großen, robust aussehenden Mann, der keine Stimme hatte. Meine Mutter erzählte den beiden, worüber wir gerade gesprochen hatten. Anton Heller schüttelte heftig den Kopf, und seine Frau übersetzte sein Gewisper: „Das ist eine furchtbare Rechtsbeugung!"
„Ja", sagte Herr Ziegler, „ich will nicht auf die Einzelheiten des Prozesses eingehen, aber mein Blut kocht, wenn ich darüber lese." Er saß mit dem Rücken zum Fenster, und sein Gesicht schien hinter seiner Brille zu verschwinden. „Fechenbach durfte während der Untersuchungshaft nicht einmal lesen."
„Das ist natürlich vollkommen ungesetzlich", warf Rosenthal ein. Ziegler fuhr fort: „Schließlich ließ man ihn zwei Zeitungen lesen. Sie werden es kaum glauben, wenn er seinen Verteidiger traf, durfte er nicht einmal seine eigenen Aufzeichnungen mitnehmen. Er wurde auf jede nur erdenkliche Weise bei der Vorbereitung seiner Verteidigung behindert."
„Und während seines Gefängnisaufenthaltes mußte er drei volle Jahre Einzelhaft ertragen. Und nach weiteren sechs Monaten erfuhr er keine Gerechtigkeit, bekam kein neues Verfahren, sondern wurde begnadigt."

„Drei Jahre Einzelhaft!“ rief ich „Wie kann ein Mensch das aushalten?“
„Haben andere Journalisten und Juristen nicht gegen diese Behandlung protestiert?“ vermittelte Frau Heller die Frage ihres Mannes. „Er hatte ein Telegramm zur Veröffentlichung gebracht, das gar nicht geheim war! Das hat doch keinem geschadet, oder?“
„Aber nein“, antwortete Rosenthal. „Dr. Freymuth hat das in seinem Untersuchungsbericht betont. Es war kein Geheimnis, und es konnte keinen Schaden für Deutschland angerichtet haben. Es gab einen wahren Aufruhr unter Schriftstellern und Juristen.“
„Ich habe gehört“, sagte Herr Ochs, „daß Thomas Mann wiederholt von der *Weltbühne*[35] aufgefordert wurde, sich zugunsten Fechenbachs zu äußern. Nun, Thomas Mann lebte damals in Bayern, und jemand, der ihn gut kannte, erzählte mir, daß er um sein Leben fürchte. So schwieg er also. Mann war ein großer Verehrer Emile Zolas, und er bewunderte Zolas Mut, als er gegen die französischen Militärs vorging, um Gerechtigkeit für Dreyfus zu erwirken.[36] Oh ja, Thomas Mann bewunderte Emile Zola, aber er versuchte nicht, es ihm gleichzutun.“
„Aber *Die Weltbühne* brachte Artikel anderer Schriftsteller, unter ihnen Gerhard Pohl, der nicht weniger als 30.000 Unterschriften für die Freilassung Fechenbachs gesammelt hatte.“
„Armer Kerl“, sagte meine Mutter, „und all das ist jetzt umsonst.“ „Wieso umsonst?“ wisperte Heller und seine Frau sprach es für ihn aus. „Natürlich wissen Sie nicht, was passiert ist.“ Ochs und Rosenthal sprachen gleichzeitig. „Fechenbach wurde erneut verhaftet. 'Schutzhaft‘, wissen Sie.“ Die Hellers nickten, sie wußten Bescheid. Zieglers Stimme erhob sich über alle anderen: „Es ist lächerlich, von Schutzhaft zu reden. Die Wahrheit ist, daß die irregulären Truppen, die SS oder die SA, einen Menschen einfach deswegen verhaften, weil er unbequem für die Machthaber ist. Da sie ihn nicht annähernd glaubhaft

belangen können, behaupten sie einfach, es geschehe zu seinem eigenen Schutz. Aber“, seine Stimme wurde so laut und eindringlich, als spräche er vor Gericht, „man vergißt immer zu sagen, warum sie jemanden verhaften und gegen wen sie den Gefangenen schützen wollen.“
„Die Vossische Zeitung war voller Namen von Männern, die in Schutzhaft sitzen.“
„Fechenbach sollte ins Konzentrationslager gebracht werden, auf dem Weg dorthin passierte es.“
„Was passierte?“ fragte Frau Heller auf einen Blick ihres Mannes hin. Es war mir schon vorher aufgefallen, manchmal flüsterte er nicht einmal, er sah sie nur an, und sie wußte, was er sagen wollte.
„Drei SA-Männer nahmen ihn in einem Auto mit und hielten unterwegs an, weil sie austreten mußten. Fechenbach forderten sie auf, auch herauszukommen, um sich ebenso zu erleichtern. Da haben sie ihn erschossen. Angeblich soll er versucht haben zu fliehen, dabei hatte ihm das Laufen schon immer Schwierigkeiten bereitet. Es war ganz einfach Mord!“[37]
Wieder wurde es still. Ein Windstoß wehte den Duft der Rosen durch die geöffnete Terrassentür. Die untergehende Sonne warf breite, gelbe Lichtbänder über die bewaldeteten Berge. Die Schönheit dieser Szene ließ uns die Niedertracht dieser Tat noch tiefer empfinden.

*

Es muß gewesen sein, nachdem ich aus diesen Sommerferien im Stryck nach Berlin zurückgekehrt war, als ich erfuhr, was Freymuth widerfahren war. Jener Onkel Arnold, der einst mit meinem Vater für die Gartenstadtbewegung gearbeitet hatte, der Scherze und Wanderungen geliebt und als hervorragender Richter alles daran gesetzt hatte, Gerechtigkeit für ungerecht Verurteilte zu erreichen – Freymuth war emigriert und nach Paris gegangen. Dort hatte er zusammen mit seiner Frau in einem Hotelzimmer Selbstmord begangen. In seinem Ab-

Dr. Arnold Freymuth und Ehefrau Margarethe, geb. Schneller 1880 – 1933 (Arnold Freymuth-Gesellschaft, Hamm)

schiedsbrief an seine Söhne Werner und Reinold schrieb er Worte, die in mein Gedächtnis eingraviert sind wie in einen Marmorblock: „. . . weil ich an der Möglichkeit einer Gerechtigkeit im heutigen Deutschland verzweifle."

15. Arbeit nicht auf Dauer

Mein Arzt, Dr. Hugo Feldstein, machte mich mit Leuten bekannt, die im Begriff waren, Deutschland zu verlassen. Diese Leute baten mich, eine Waldlandschaft oder einen der vielen schönen Seen bei Berlin zu malen, so daß sie das Bild zur Erinnerung mitnehmen konnten. Nach und nach bekam ich regelmäßig kleine Aufträge für Porträtzeichnungen oder Landschaftsaquarelle, und die Bezahlung war mir höchst willkommen. Es war außerdem erholsam, in den Parks oder den sandigen Kiefernwäldern zu sein.

Der Terror ging jedoch weiter. Man konnte noch den *Manchester Guardian Weekly* an einem Zeitungsstand Uhlandstraße/Ecke Kurfürstendamm kaufen. Wenn ich die Zeitung kaufte, vergewisserte ich mich zuerst, daß niemand in der Nähe war, und steckte die Zeitung mit ihrem gelben Umschlag schnell in meine Tasche. Welch ein Trost, eine vernünftige, intelligente Zeitung zu lesen zu einer Zeit, in der Kioske und Buchhandlungen übervoll waren mit der neuen Schundpresse wie *Der Stürmer.* Voll mit gemeinen pornographischen Karikaturen standen riesige Schlagzeilen auf der Titelseite, die immer nur das eine verkündeten: „Die Juden sind unser Unglück."

Wir wußten, daß geheime Kriegsvorbereitungen im Gange waren und daß die Haßkampagne, die das Volk psychologisch auf den Krieg vorbereiten sollte, nicht offen gegen die Alliierten gerichtet sein konnte – noch nicht. Die Arbeitslosigkeit wurde zu einem gewissen Grad durch den Bau neuer Straßen, der Autobahnen und die Errichtung neuer Siedlungen mit sehr kleinen Häusern und Gemüsegärten gelindert. Die Löhne waren ziemlich niedrig, aber es half den Arbeitslosen, von denen es sechs Millionen gab. Die vielen halbmilitaristischen Organisationen halfen ebenfalls, die Arbeitslosen zu beschäftigen und ihnen gewisse Ziele zu geben. Wie unheilvoll diese Ziele waren, verstanden sie damals wohl kaum.

Eines Tages wurden alle Studenten zu einer Versammlung gerufen, wo ihnen erklärt wurde, wie sie sich im Falle eines Gasangriffs verhalten sollten. Die paar jüdischen Studenten, die noch da waren, durften nicht teilnehmen. Für alle anderen war es eine Pflichtveranstaltung, und sie wurden mit Gasmasken ausgerüstet. Die jüdischen Studenten bekamen keine. Es war sogar von Gasmasken für Hunde und Katzen die Rede, aber nicht für Leute wie mich. Es würde niemanden kümmern, wenn wir an Gasvergiftung sterben würden. Da wurde mir nun endgültig klar, daß ich keine Heimat mehr hatte. Ich wurde ausgestoßen – nicht weil ich etwas getan hätte, nein, einfach nur so ausgestoßen.

Ich dachte an die Schulabschlußfeier bei Fräulein Tölle in Bonn, zu der alle Mädchen, die das Abitur bestanden hatten, eingeladen waren – außer den drei jüdischen Mädchen. Das war 1929 gewesen. Nun, Anfang 1935, sollte es Juden nicht erlaubt sein, im Falle eines Luftangriffes Luftschutzbunker aufzusuchen.

Einige Tage danach bekam ich Besuch von Agathe Dorstewitz, einer alten Freundin aus Bonn. Ich freute mich riesig! Unter den Mädchen in Fräulein Wredes Pension war Agathe meine beste Freundin gewesen, und einmal hatte sie die Ferien bei uns im Stryck verbracht. Sie war groß, hatte dunkelbraune Augen und dunkelbraunes Haar. Sie war hochintelligent und hatte Stil. Wir sprachen über alte Zeiten. „Was ist mit deinem Freund, dem Herrn von Dassel?“ fragte ich. Wir hatten zu dritt Ausflüge unternommen, und ich war von seiner Bildung und Kultur beeindruckt gewesen. „Oh, Dassel“, antwortete Agathe. „Wir verstehen uns nicht mehr. Er sagt, daß Hitler ein Unglück für Deutschland bedeute.“

„Und du, Agathe?“

„Mein Bruder ist ein hoher SS-Mann, und ich bin Frauenschafts-Führerin.“

„Du, Agathe?“

„Ja, ach, du meinst wegen der Juden. Ja, ich glaube, Hitler hat recht. Du bist natürlich anders.“ Sie fuhr bald wieder ab, und ich hörte nie wieder von ihr. Hitler selbst soll einmal gesagt haben: „Jeder kennt einen oder zwei anständige Juden“. Es gab ungefähr einhundert Deutsche auf einen Juden. Nicht alle Deutschen in den vielen Städten und Dörfern konnten ein und denselben Juden zum Freund gehabt haben. Also, wo waren all die schlechten Juden? Und warum brachte man sie nicht vor ein ordentliches Gericht?

*

Endlich, im Februar 1935, hatte ich mein Examen bestanden. Als ich am späten Nachmittag in mein Zimmer in der Uhlandstraße kam, seufzte meine Vermieterin Frau Levkoff tief auf. „Oh, was bin ich froh, daß Sie endlich zurück sind. Meine Hände tun so weh. Ich hab' gar kein Gefühl mehr in den Fingern."
„Warum denn, Frau Levkoff, was ist denn los mit Ihren Händen?"

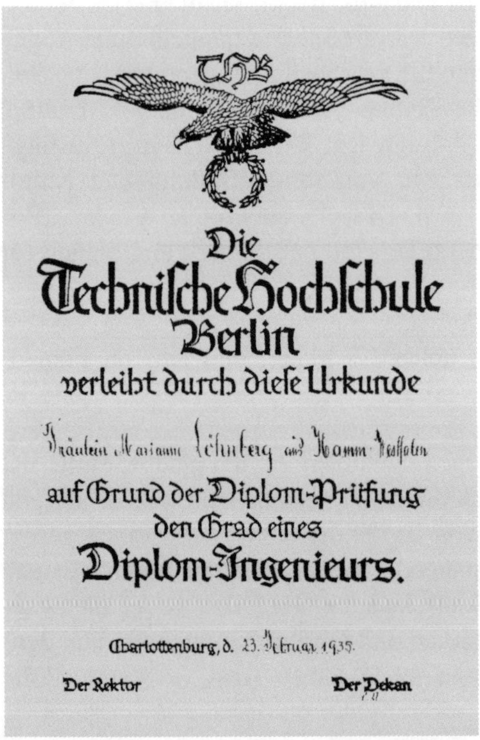
THB

Die Technische Hochschule Berlin
verleiht durch diese Urkunde
Fräulein Marianne Löhnberg aus Hamm Westfalen
auf Grund der Diplom-Prüfung
den Grad eines
Diplom-Ingenieurs.

Charlottenburg, d. 23. Februar 1935.

Der Rektor Der Dekan

Diplomzeugnis der TH Berlin 1935 (Marianne Walter)

„Naja, ich habe Ihnen die ganze Zeit die Daumen gedrückt, daß Sie Ihr Examen bestehen." Die liebe gute Seele hatte die Redensart ein wenig zu wörtlich genommen, und ihre Knöchel waren ganz weiß.
Wir waren von morgens bis nachmittags geprüft worden. Wir, das waren Liesel Oppenheimer und ich, denn alle anderen jüdischen Studenten in der Architekturabteilung hatte man zum Gehen gezwungen. Der für die mündliche Prüfung zuständige Professor Mäkelt gab sein bestes, um uns durchfallen zu lassen. Aber wir bestanden beide, ich erhielt sogar ein „gut". Die Prüfung war die Hölle gewesen, und ich war todmüde. Ich legte mich ins Bett und schlief vierundzwanzig Stunden.
Auf ein Inserat hin fand ich Arbeit bei Erich Kleemann, einem jungen Bauunternehmer, der Aufträge in der Industrie hatte und außerdem Häuser für den Verkauf bauen wollte. Er hatte soeben ein geeignetes Baugelände erworben. Er war sehr tatkräftig und voller Unternehmungsgeist. Nicht älter als ich, hatte er sein eigenes Haus, Frau und Kind und beschäftigte bereits mehrere Bauarbeiter.
„Ich kann nicht so gut zeichnen", sagte er. „Ich bin gelernter Maurer, und meine Frau versteht etwas von Buchführung. Können Sie Eisenbetonberechnungen für mich machen?"
„Ja, selbstverständlich, aber ich bin nicht so schnell wie ein Bauingenieur."
„Oh, das ist nicht so wichtig. Wir müssen Lagepläne für Straßen und die Pläne für Häuser vorlegen. Können Sie die Zeichnungen für die Baupolizei machen?" Voller Stolz zeigte er mir das Grundstück für die neuen Häuser. Ich war überrascht, daß ein so junger Mann, der offensichtlich aus dem Arbeitermilieu stammte, es sich leisten konnte, so gute Baugrundstücke zu kaufen und dann auch noch zu bebauen.
„Das kann nicht billig gewesen sein", bemerkte ich.
„Im Gegenteil, es war erstaunlich preiswert. Den normalen Preis hätte ich niemals aufbringen können. Es gehörte einem

Mann, der nach Amerika emigrieren wollte. Die Familie hatte lange auf die Einreisegenehmigung gewartet. Und als sie dann kam, verkauften sie alles so schnell wie möglich. Für mich bedeutete es, daß ich das Land wirklich billig kaufen konnte. Ich kaufte noch ein anderes Stück Land wie dieses und konnte es mit gutem Gewinn weiterverkaufen. Jetzt kann ich anfangen zu bauen, und wenn ich zwei oder drei Häuser verkaufe, dann verdiene ich genug, um weiterzubauen."

Er sagte nicht, daß das Land, das er wirklich billig erworben hatte, einem Juden gehört hatte. Meiner Meinung nach mußten es Juden gewesen sein, aber ich mochte ihn nicht danach fragen. Er schien ein redlicher Mensch zu sein, blond und blauäugig, vielleicht ein bißchen simpel und nicht von Zweifeln oder tieferen Gedanken geplagt. Er war kein Schwindler, er wollte sein Geld auf ehrliche Weise verdienen und war bereit, hart zu arbeiten. Er wäre sehr erstaunt gewesen, hätte man ihm gesagt, daß er von Menschen profitiere, die dasselbe Recht zu leben hatten wie er, aber denen das Recht zu arbeiten und zu leben nach und nach genommen wurde. Zu mir persönlich war er ausgesprochen nett, und er fand es erstaunlich, daß ein Mädchen eine Architektin sein konnte. Eines Morgens, ich arbeitete erst seit zwei Wochen für ihn, kam er ins Zeichenbüro und war offensichtlich verstört.

„Es tut mir schrecklich leid, ich kann Sie nicht behalten. Sehen Sie ...", er stammelte plötzlich, „es sind 'diese Dinger'." Im Baugewerbe sprach man damals einer Frau gegenüber nicht von 'Pissoirs' oder 'Urinbecken', man sagte 'diese Dinger', und jeder wußte, was gemeint war. „Man kann doch nicht von Ihnen verlangen, 'diese Dinger' zu zeichnen, oder? Außerdem", er stammelte noch mehr, „Sie können sie wohl kaum auf der Baustelle inspizieren, oder?"

„Sie meinen, weil ich eine Frau bin?"

„Ja, ja, und es wird auf der Baustelle keine Damentoiletten geben. Ich meine, die Männer würden sie nicht benutzen,

nicht?“ Er wurde tatsächlich rot. Offensichtlich wollte er mir nicht sagen, warum ich gehen sollte.
„Sind Sie nicht zufrieden mit meiner Arbeit?“
„Nein“, gab er zu, „nicht wirklich. Es ist nicht ganz das, was ich erwartet hatte.“
„Was hatten Sie denn erwartet? Bin ich zu langsam oder was?’
„Ja, ja, Sie sind zu langsam, die ganze Zeichnerei, die Sie da machen, und ich kann Sie doch nicht bitten, die Aufsicht auf der Baustelle zu übernehmen, nicht?“
„Sind es die Eisenbetonberechnungen? Ich weiß, daß ich das nicht so schnell kann wie ein Bauingenieur, Stahlberechnungen kann ich schneller.“
„Nein, es hat keinen Zweck, Fräulein Löhnberg, ich kann Sie nicht behalten.“ Ich ließ den Kopf hängen und schwieg.
„Es tut mir so leid, Fräulein Lö, ich hätte Sie wirklich gerne behalten, Fräulein Lö, aber sehen Sie, ich kann nicht.“
Ich hob den Kopf und sah ihn an, und er wurde wieder rot. „Es tut mir leid, Sie müssen einfach gehen. Ich kann Ihnen nicht sagen, warum, aber man hat mir gesagt, daß Sie hier nicht arbeiten dürfen.“ Er war sehr verlegen und fing an, an seinen Fingernägeln zu kauen. Er ging zum Fenster und sah hinaus. Dann drehte er sich um und deutete auf ein Abzeichen, das er trug. Es war mir vorher nicht aufgefallen. Vielleicht hatte er gerade erst angefangen, es zu tragen?
Es war das Hindusymbol des Segens: ein Hakenkreuz.

16. Eine schwere Entscheidung

Die Sommerferien 1935 verbrachte ich im Stryck, wo ich meine Mutter in sehr verstörtem Zustand antraf. Kurz vor meiner Ankunft hatte sie mit Freunden einen Ausflug nach Fritzlar unternommen. Die Stadt war an jenem Tage in großem Aufruhr. Eine laut gröhlende Menschenmenge scharte sich um eine Parade der nationalsozialistischen Sturmtruppen. Meine Mutter und ihre Freunde wollten sehen, was los war. An der Spitze des

Zuges wurde von SA-Männern ein großes Mädchen mit langen, blonden Haaren vorwärtsgestoßen. Sie trug ein Plakat mit der Aufschrift „Ich, ein blonder deutscher Engel, schlief mit diesem Judenbengel". Ein bleicher junger Mann ging hinter ihr. Er trug Handschellen. Dem Mädchen wurde eine Krone aus Stroh auf den Kopf gesetzt und von den SA-Männern in Brand gesteckt. Mutters erster Impuls war, dem Mädchen zu Hilfe zu eilen, aber ihre Freunde packten sie am Arm und rannten mit ihr die Pappelallee hinunter. Über die Trommeln und den Lärm dieser Prozession hinweg konnten sie die schrillen Schreie des blonden Mädchens hören. „Nie werde ich dieses Schreien vergessen", sagte meine Mutter. Sie warf sich in meine Arme und weinte. Sie hatte nichts über den jüdischen Jungen gesagt, und ich wagte nicht, sie danach zu fragen.

Ich war gerade nach Berlin zurückgekommen und stand noch unter dem Eindruck dieser Schilderung, als mich Friedel Letz einlud, mit ihr und ihren Eltern zu Mittag zu essen und anschließend durch die Wälder zu spazieren, die sie so gerne malte. Ich war nicht oft von der Familie eines Studenten eingeladen worden und freute mich darauf. Ich mochte die frisch aussehende, braunhaarige Friedel, die fröhlich und voller Eifer war bei allem, was sie tat. Ihre geschäftige kleine Mutter, noch in der Schürze, öffnete die Wohnungstür und begrüßte mich. Ihr Vater, ein Ostberliner Schneider, begrüßte mich ebenfalls sehr freundlich, jedoch ohne aufzustehen. Friedels Vater versuchte zu verbergen, daß er behindert war. Er war teilweise gelähmt und konnte nicht gut gehen. „Ich war Soldat im Krieg", sagte er, „und so bin ich nicht mehr ganz so beweglich wie früher."

„Ja, aber deine Finger sind die flinkesten in ganz Berlin", fiel seine Frau ihm ins Wort. Gleich nach dem freundlichen, einfachen Mahl begab er sich ins Nachbarzimmer, um seine Schneiderarbeit wieder aufzunehmen.

„Ihr beide macht euch besser beizeiten auf den Weg, ihr müßt ja noch ein ganzes Stück fahren. Nein, nein, ihr braucht mir nicht zu helfen, ihr nutzt besser den Sonnenschein aus", sagte Friedels Mutter und holte unsere Jacken.

„Wie wär's mit einer Tasse Kaffee und einem Stück Kuchen, wenn ihr zurückkommt?" Sie erklärte, daß Friedel gewöhnlich allein in den Wald ging, um die Seen zu malen. Friedels Landschaftsbilder waren in der Fakultät bekannt, und ich fühlte mich geehrt, sie begleiten zu dürfen. Von der Haltestelle wanderten wir durch den hochgewachsenen Buchenwald am Seeufer entlang, wo das Rohr sich im Wind wiegte. Wir folgten einem gewundenen Pfad, verließen das schimmernde Wasser und den Wald und wanderten einen Hügel hinauf, auf dem die Heide zwischen vereinzelten Gruppen dunkler Wacholderbüsche in voller Blüte stand. Wir hatten kaum ein Wort gesprochen. Wir beide hingen unseren eigenen Gedanken nach und waren gut genug miteinander befreundet, um uns nicht zu einem Gespräch verpflichtet zu fühlen. „Weißt du, daß Rudolf und ich uns lieben?" fragte Friedel plötzlich.

„Rudolf?"

„Ja, Rudolf Stern." Rudolf Stern, unser gemeinsamer Kommilitone, war Jude. Entsetzt blieb ich stehen. Ein eisiger Wind wehte über den Hügel und schien geradewegs durch mich hindurch zu wehen. Die Sonne glühte zinnoberrot, als sie langsam im violetten Dunst über der fernen Stadt unterging.

„Weiß sonst noch jemand davon?"

„Nein, natürlich habe ich niemandem davon erzählt. Aber ich mache mir große Sorgen. Rudolf möchte, daß wir heiraten. Aber das ist ja unmöglich, so wie die Dinge jetzt liegen. Was meinst du, was soll ich tun? Ich bin in großer Bedrängnis, Marianne."

Friedel war, was die Nazis „arisch" nannten. Liebesbeziehungen zwischen „Ariern" und Juden waren vor kurzem zu einem Verbrechen gegen das „deutsche Blut" oder die „deutsche Rasse" erklärt worden. Man nannte das „Rassenschande". Ich dachte an die Ereignisse in Fritzlar, deren Zeugin meine

Mutter vor kurzem gewesen war, und ich schauderte. Was sollte ich ihr nur sagen? Einerseits beneidete ich sie um ihre große Liebe. Aber ich war auch sehr erschrocken.

„Rudolf kam vor einer Woche und bat mich, einige seiner links gerichteten Bücher auf mein Boot zu schaffen. Wußtest du das?“ fragte ich nach einem kurzen Schweigen. „Ja, ich sagte ihm, er könne dir trauen, und du würdest ihn nicht verraten.“

„Es überraschte mich, denn ich kenne ihn ja kaum. Aber ich nahm die Bücher und versteckte sie im Bootshaus am Pichelsee. Inzwischen hat mein alter Lehrer, Dr. Krökel, mir angeboten, die Bücher so lange wie nötig zu verwahren.“

„Dr. Krökel? Ich wußte nicht, daß er Sozialist ist.“

„Er ist auch kein Sozialist! Er ist so erzkonservativ, wie man nur sein kann. Aber er hält es für falsch, daß die Nazis Bücher verbrennen, mit denen sie nicht einverstanden sind oder die sie unbequem oder zu kritisch finden. Krökel glaubt an Meinungsfreiheit und an die freie Meinungsäußerung in Wort und Schrift.“

„Er nimmt ein großes Risiko auf sich. Wenn sie seine Wohnung durchsuchen und Rudolfs Bücher finden, kann ihm alles mögliche passieren. Ist er sich darüber nicht im klaren?“

„Doch, Friedel, das weiß er genau. Aber er glaubt an die Freiheit, und obwohl er ganz und gar nicht mit Rudolfs Ansichten übereinstimmt, ist er bereit, dieses Risiko auf sich zu nehmen.“

Wir schwiegen eine Weile.

„Er ist der einzige, mit dem ich über diese Bücher reden konnte. Ich konnte sie nicht zu lange in dem Boothaus lassen, man hätte sie finden können. Mein Zimmer könnte durchsucht werden, es ist sowieso zu klein. Rudolf meinte, ich sollte sie nicht einmal eine einzige Nacht dort aufbewahren.“

„Du selbst hast auch eine Menge riskiert, Marianne. Und du kennst ihn doch kaum.“

„Er erzählte mir, daß ihm wahrscheinlich bald eine Hausdurchsuchung bevorsteht und daß er plant, nach Holland zu gehen. Was ist mit dir, Friedel?"

„Ja, er muß bald fort. Er hat Anfang des Jahres sein Examen gemacht, und er hat Verwandte in Rotterdam, die ihm eine Weile helfen wollen. Er möchte, daß auch ich Deutschland verlasse und nach Rotterdam gehe, um ihn dort zu heiraten. Ich weiß nicht, was ich tun soll. Was wird nur aus unserem Vaterland, dem 'Land der Dichter und Denker'?"

„Liebst du Rudolf sehr?'

„Von ganzem Herzen. Nie im Leben könnte ich einen anderen lieben!"

„Du machst bald dein Diplom. Dann könntest du doch fortgehen, nicht wahr?"

Wir standen auf einem sandigen Hügel. Die Heide war hier dunkelbraun, der Hügel fiel langsam ab gegen die große Stadt in der Ferne. Es war gerade noch möglich, die Umrisse der großen Gebäude im dunkel werdenden Dunst zu erkennen. Die untergehende Sonne hatte einen blaßgelben Schein am Himmel hinterlassen.

„Wenn ich Rudolf heirate, dann kann ich meine Eltern nie wiedersehen. Ich könnte nicht einmal zu Besuch kommen. Denk nur, was das bedeutet! Das würde ihnen das Herz brechen, ich bin doch ihr einziges Kind! Was meinst du, was ich tun soll?"

„Ich weiß es nicht, ich weiß es wirklich nicht. Vielleicht solltest du zuerst zusehen, daß du dein Diplom bekommst. Und wenn ihr beide in Holland Arbeit als Architekten findet, könntest du es dir eines Tages leisten, deine Eltern nachkommen zu lassen. Es ist unmenschlich, von dir zu verlangen, daß ihr einander aufgebt, nur weil Rudolf Jude ist. Die Christen sprechen immer von Liebe und Brüderlichkeit, und was tun sie? Eine Freundin meiner Mutter, Mia Katzenstein, wird seit einiger Zeit unter Druck gesetzt, damit sie sich von ihrem jüdischen Mann schei-

den läßt. Und sie haben einen Sohn! Das ist doch verrückt! Aber wenn sie sich nicht scheiden läßt, dann gilt sie selbst als ‚nicht-arisch' und wird eine Menge Ärger bekommen."
„Und was werden sie tun?"
„Mia wird bei ihrem Mann bleiben. Meine Mutter sagt, er ist nach Südamerika gegangen, und sie wird ihm folgen, sobald er in der Lage ist, die Familie dort zu ernähren."
Ich dachte an Mia, eine schlanke, jungenhafte Gestalt mit Pagenschnitt. Ihr Mann war hager, blaß und ein harter Arbeiter. Er schien neben seiner lebhaften Frau in den Hintergrund zu schwinden. Aber sie ließ ihn nicht im Stich. Im Laufe des zweiten Weltkrieges sollte sie sich als äußerst tapfer und tüchtig erweisen. Trotz der herrschenden Angst ließ sich eben doch nicht jeder deutsche „Arier" von den Nazis in die stumme Gleichförmigkeit zwingen.
Manche Tragödie hatte auch gelegentlich ihre spaßigen oder lächerlichen Seiten. Ich erzählte Friedel von einer Freundin meiner Mutter, Marianne Ritter, einer Witwe aus München, deren Mann Jude gewesen war. Sie schwor unter Eid, daß ihre Tochter, eine Schauspielerin in Berlin, das uneheliche Kind eines bayerischen Adligen sei. Seine Exellenz, der Gefallen an Frau Ritter gefunden hatte, bestätigte ihre Aussage. So konnte ihre Tochter ihre Karriere als Schauspielerin an der Berliner Bühne fortsetzen, denn ihr Blut galt nun als rein und unbefleckt. Es war unvermeidlich, daß der deutsche Adel in der letzten Zeit ziemlich viel unehelichen Nachwuchs bekam. Einige Adlige waren nicht besonders wohlhabend, und für diese Unehelichkeitsbescheinigungen wurde oft sehr gut gezahlt.
Wir versuchten, darüber zu lachen, aber es wollte uns nicht so recht gelingen. Es gab noch andere Auswirkungen der Nürnberger Gesetze. Brave Bürger wurden offiziell ermutigt, jede illegale Beziehung zwischen Christen oder „Ariern", wie man sie jetzt nennen mußte, und Juden anzuzeigen. Die Behörden zahlten tatsächlich fünfzig Reichsmark für jede Denunziation

einer solchen Liaison, die sich als wahr erwies. Das entsprach ungefähr dem Wochenlohn eines Bauarbeiters zu jener Zeit. Ich weiß nicht, ob sich viele Leute dieses „Blutgeld" verdienten. Die Folge waren jedoch wachsendes Mißtrauen und Verdacht, selbst unter Freunden. Jede Art von Verschrobenheit oder abweichender Meinung war nun verdächtig. Kinder in der „Hitlerjugend" wurden angewiesen, jede kritische Äußerung ihrer Eltern zu melden.
Frau Anna Kraut war die Mutter meines Kommilitonen Rudi und eine Nachfahrin von Bettina von Arnim, Goethes begabter Freundin. Sie war eine stattliche Dame mit einer Krone aus weißem Haar und einem wunderbaren Sinn für Humor. Sie erzählte mir von einer Begegnung mit einem sechzehnjährigen Hitlerjungen aus der Nachbarschaft in Berlin-Zehlendorf. Sein Vater war von der SS erschossen worden, weil er wohl Kritik an Hitler und der Nazibewegung geäußert hatte. Frau Kraut wollte dem Jungen, der gerade seinen Vater verloren hatte, ihr Beileid bekunden. Aber sie war wie vor den Kopf gestoßen, als er ihr sagte, daß er selbst über die Ansichten seines Vaters Bericht erstattet hatte und stolz darauf war. Frau Kraut spuckte ihm ins Gesicht.
Schweigend gingen Friedel und ich den langen Abhang hinunter und dachten darüber nach, was sich um uns herum in Deutschland ereignete und was mit unserem eigenen jungen Leben geschah. „Ich weiß von mehreren Paaren, die sich getrennt haben, weil der eine Partner Christ und der andere Jude ist", sagte Friedel schließlich. „Aber ich werde Deutschland verlassen und zu Rudolf gehen. Ich kann nicht einmal meinen Eltern sagen, daß wir heiraten wollen. Sie könnten sich verraten oder Freunden davon erzählen, und sie wüßten nicht, wem sie trauen können. Sie würden fürchterliche Unannehmlichkeiten bekommen, wenn die Partei glaubte, sie hätten mir erlaubt, zu emigrieren und einen Juden zu heiraten. Also werde ich nach

Rotterdam gehen und Rudolf heiraten. Meinen Eltern wird es das Herz brechen."

Ich hatte Friedel immer nur fröhlich und unbeschwert gekannt, aber nun weinte und weinte sie, und ich konnte sie nicht einmal trösten.

17. Der Verkauf

„Nun schau dir diesen Brief an", rief Mia Katzenstein, „sieh ihn dir an! Kein 'Sehr geehrte Frau', kein 'mit freundlichem Gruß'." Sie zeigte mir einen Brief, der vom „Forstmeister des Preußischen Forstamts Stryck" an meine Mutter gerichtet war und lautete: *„Ich habe leider wiederholt feststellen müssen, daß Gäste Ihres Hauses zum abendlichen Spaziergang nach 8 Uhr, sich das Hermecketal aussuchen und das Wild absichtlich verscheuchen. Dies wirkt sich störend für das Wild und dementsprechend für die Jagd aus. Außerdem ist es sehr gefährlich für die betreffenden Personen, da daselbst dauernd auf Wild ge-*

Wiese der Familie Löhnberg und Spazierweg im Hermecketal/Stryck 1934 (Marianne Walter)

schossen wird und eine verirrte Kugel leicht jemanden verletzen kann. Ich empfehle Ihnen deshalb, Ihre Gäste darauf aufmerksam zu machen und dieselben zu ersuchen, ihre abendlichen Spaziergänge nach einer anderen Richtung hin zu verlegen."

„Das ist doch eine Drohung", sagte Mia.

„Wo ist meine Mutter?"

„Sie geht gerade mit Ria spazieren. Sie ist in der letzten Zeit sehr ruhelos, sie kann sich auf nichts konzentrieren."

„Ob sie wohl etwas dagegen hat, daß ich den Brief lese?"

„Das glaube ich nicht", sagte Mia, aber ich war mir da nicht so sicher. Neuerdings schien mir meine Mutter nicht mehr alle ihre Sorgen anzuvertrauen oder mit mir zu besprechen, wie sie das früher getan hatte. Sie umarmte mich nur und sagte, wie sehr sie mich liebe. Die einzige Ausnahme war das schreckliche Erlebnis in Fritzlar. Das war zu viel für sie gewesen, als daß sie es für sich behalten konnte. Nach wie vor paßte es ihr nicht, daß ich so viel las, und oft sagte sie mir, ich sei zu zurückgezogen, ich solle mehr aus mir herausgehen. Ganz allgemein schien sie mich noch als Kind zu betrachten.

Gerade als Mia mir den Brief des Oberförsters zu lesen gab, kam Ria Dreyer herein. „Ist Selma bei dir?" fragte Mia. „Nein, sie ist noch ein bißchen weiter ins Hermecketal gegangen, um dort nach ihrer Wiese zu schauen", antwortete Ria, „aber sie muß bald zurück sein." Sie sah mich an. „Ah, du liest den Brief. Mach dir keine Sorgen um deine Mutter, sie wird schon bald wieder da sein."

Ich sah auf die Uhr. Es war noch nicht sieben, aber ich hatte ein seltsames, unbehagliches Gefühl im Magen. Der Brief des Oberförsters Spitz war eine unverhohlene Drohung gegen jeden, der nach acht Uhr im Hermecketal spazierenging. Im Hermecketal gab es ein Sommerhäuschen, das einem Nazi, dem Ingenieur Brewitt, gehörte. Seine Frau, ehemals Fräulein Steinrück aus Korbach, kannten wir seit vielen Jahren. Heutzutage grüßte sie weder meine Mutter noch mich. Die Wiese meiner Mutter lag etwas weiter im Tal. Ältere Leute, die Spaziergänge ohne Steigungen machen wollten, gingen immer durch dieses Tal, und ich konnte mich nicht daran erinnern, daß dort jemals gejagt worden wäre. Niemals!

„Deine Mutter muß in der letzten Zeit mit so vielem fertig werden", sagte Ria Dreyer, „du mußt versuchen, ihr Mut zu machen."

Aber wie konnte ich das tun, wenn sie mir nichts mehr anvertraute? Sowohl Mia Katzenstein als auch Ria Dreyer waren Freundinnen meiner Mutter. Beide waren arisch und hatten jüdische Ehemänner. Rias Mann war der geniale Filmregisseur Hans Dreyer. Er war drauf und dran, Ria zu verlassen, die nicht verstand, warum und deshalb sehr niedergeschlagen war. Mia hingegen hatte eine stärkere Persönlichkeit als ihr Mann, sie war entschlossen, bei ihm zu bleiben, obwohl, wie meine Mutter mir einmal erzählte, sie ihn nicht mehr so richtig liebte. Sie dachte, er habe schon genug zu leiden und wollte ihm nicht noch mehr Schmerzen bereiten.

Ich hörte die Haustür und ging, um meine Mutter zu begrüßen. Sie setzte sich auf die Bank am Eingang, zog ihre Stiefel aus und lächelte mich traurig an, sagte aber nichts. Fräulein Steiner, die Köchin, kam und verlangte Mutters Anwesenheit in der Küche.

Der Brief stellte nur eine von vielen Drohungen dar, und es gab jetzt mehr und mehr Bedrohungen im Stryck. Eines Tages, als nur ein Dienstmädchen im Haus war, erschien Willi Dietze, mit dem ich als Kind gespielt hatte, und behauptete, er habe den Auftrag, eine Werkzeugkiste auf dem Speicher zu deponieren für einen Handwerker, der Reparaturen machen solle. Am Tag darauf tauchten Polizisten auf und erklärten meiner Mutter, sie hätten eine Hausdurchsuchung durchzuführen und die Papiere sämtlicher Gäste und Angestellten zu kontrollieren. Glücklicherweise war der Rechtsanwalt Dr. Richard Rosenthal mit seiner Frau Marie wieder im Stryck. Er war zwar in der Regel nicht gerade der Mutigste, aber in dieser Situation stellte er sich vor meine Mutter, verlangte den Durchsuchungsbefehl zu sehen und zitierte den Beamten das Gesetz. Diese kannten meine Mutter, und es war ihnen ziemlich unangenehm. Sie schickten also den jüngsten Polizisten hinunter ins Dorf, um vom Bürgermeister den Durchsuchungsbefehl zu holen. Marie Rosenthal hatte inzwischen getreu ihrer Natur den wartenden Polizisten Kaffee und Obstkuchen angeboten. Die ließen sich beschämt nieder und verzehrten die Köstlichkeiten, die sie sich nicht entgehen lassen mochten. Meine Mutter stand schweigend dabei und zitterte. Als der junge Polizist schließlich mit dem Befehl zurückkam, begann sofort die Durchsuchung. Wie nicht anders zu erwarten, fanden sie eine Kiste voller Waffen, und zwar die, die Willi Dietze am Tag zuvor auf dem Speicher deponiert hatte. Meine Mutter, die von all dem natürlich nichts wußte, war äußerst aufgeregt und sah bleich und schuldbewußt aus. Die Polizisten drohten ihr und allen im Haus mit Arrest, aber ohne ihre Drohungen wahr zu machen, gingen sie, während sie sich noch die Kuchenkrümel von den Lippen leckten. Sie fühlten sich vielleicht nicht sehr wohl in ihrer Haut, doch Befehl war Befehl.

Frau Hellwig, Frau Volke, Frau Kesper und andere Frauen kamen aus dem Dorf herauf, um meine Mutter zu besuchen, und während sie von ihrem Leben erzählten, weinten sie. Das Leben im Dorf sei unerträglich geworden, erzählten sie ihr. Sie konnten selbst in Gegenwart ihrer eigenen Kinder nicht mehr offen reden. Alle Jungen mußten der „Hitlerjugend" beitreten, und alle Mädchen dem „Bund Deutscher Mädchen". Sie wurden durch die Partei kontrolliert und waren einer ständigen Propagandaflut ausgesetzt, die ihnen einbleute, daß Gehorsam und Treue gegenüber Hitler und der Partei wichtiger sei als Gehorsam gegenüber den Eltern. Sie wurden angewiesen, über „falsche" und „verräterische" Ansichten, die ihre Eltern vielleicht äußerten, Bericht zu erstatten. Es galt als „Verrat am Führer“, wenn nicht jede abweichende Meinung gemeldet wurde, ganz gleich, wer sie äußerte. Die Kinder wurden regelmäßig über die Ansichten ihrer Eltern befragt. Die Leiter aller Gruppen und Vereine wie der Männerchor, der Skiclub und die Wandervögel waren stets Fremde, die von außerhalb des Dorfes kamen. Alle diese neuen Leiter waren Parteimitglieder. Sie forderten von den Einheimischen, jede Form des Andersdenkens zu melden, und sei es auch nur, daß jemand der Partei etwas lau gegenüber stand oder wie ich „Grüß Gott“ anstatt „Heil Hitler“, sagte.

„Die Beziehungen in unseren Familien werden vergiftet.“

„Heute traut keiner mehr dem anderen.“

„Wir können unseren Freunden nicht mehr trauen, und nicht einmal unseren eigenen Kindern.“

„Wir sind gekommen, um Sie zu warnen“, sagten die Frauen, „die wollen Ihr Haus und Ihr ganzes Eigentum konfiszieren. Verkaufen Sie Ihr Haus so schnell wie möglich, und gehen Sie hier weg. Hier sind Sie nicht länger sicher. Der Metzger Volke hat schon Ärger gehabt, weil er Ihnen Fleisch verkauft hat. Eduard Fischer aus Korbach ist nicht Ihr Freund! Auch Brewitt, der Ingenieur im Hermecketal, ist nicht Ihr Freund!“ Das wußte meine Mutter natürlich schon, daß Brewitt ein Nazi war, aber daß Fischer ein Nazi geworden war, war neu.

Fischer wohnte früher etwa einen Kilometer weit vom Stryck entfernt. Er hatte Mariechen Träger mit den braunen Augen und den schönen langen Zöpfen geheiratet. Wir hatten sie immer als unsere Freundin betrachtet, immerhin war sie viele Jahre lang unser Mädchen gewesen. Immer, wenn ich in dem Landstädtchen Korbach war, hatte ich sie besucht und etwas für ihr hübsches, blondlockiges Söhnchen mitgebracht.

Die Polizei erschien wieder und belästigte meine Mutter und die Angestellten. Willi Dietze und andere junge Männer lungerten abends in der Nähe des Hauses herum und erschreckten

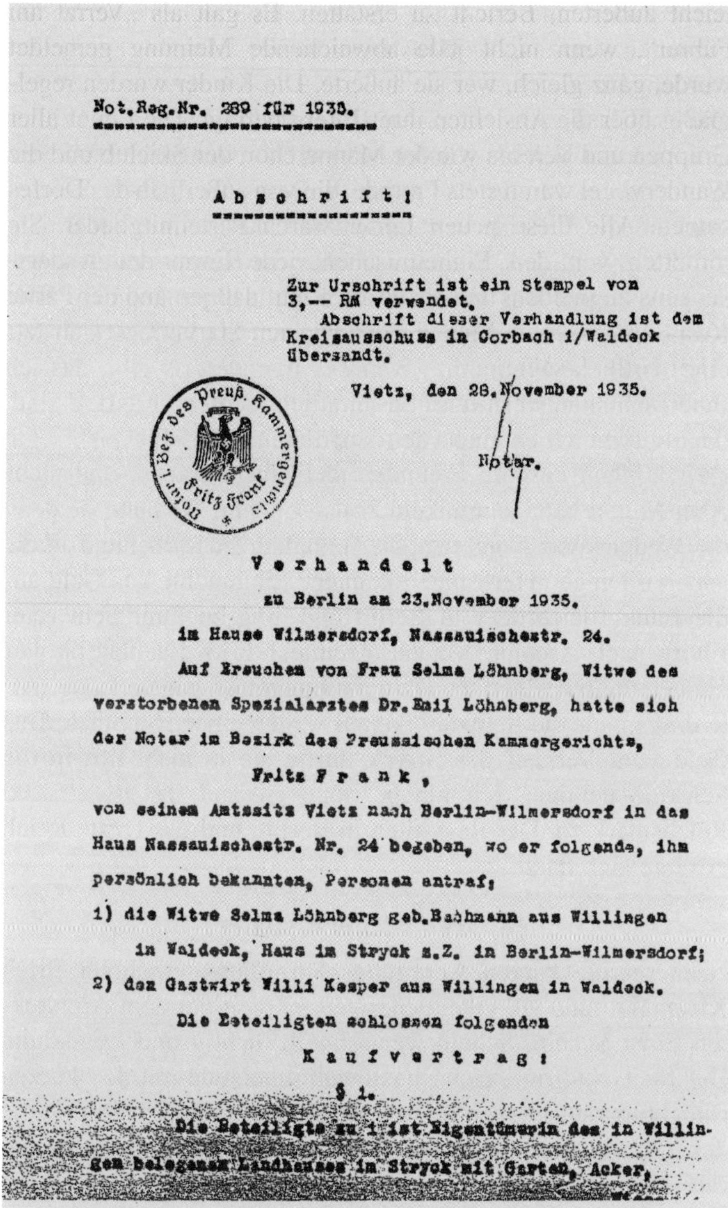

Not.Reg.Nr. 289 für 1935.

Abschrift!

Zur Urschrift ist ein Stempel von 3,-- RM verwendet.
Abschrift dieser Verhandlung ist dem Kreisausschuss in Corbach i/Waldeck übersandt.

Vietz, den 28.November 1935.

Notar i. Bez. des Preuß. Kammergerichts Fritz Frank

Notar.

Verhandelt

zu Berlin am 23.November 1935.

im Hause Wilmersdorf, Nassauischestr. 24.

Auf Ersuchen von Frau Selma Löhnberg, Witwe des verstorbenen Spezialarztes Dr.Emil Löhnberg, hatte sich der Notar im Bezirk des Preussischen Kammergerichts,

Fritz Frank,

von seinem Amtssitz Vietz nach Berlin-Wilmersdorf in das Haus Nassauischestr. Nr. 24 begeben, wo er folgende, ihm persönlich bekannten, Personen antraf;

1) die Witwe Selma Löhnberg geb.Bachmann aus Willingen in Waldeck, Haus im Stryck z.Z. in Berlin-Wilmersdorf;
2) den Gastwirt Willi Kesper aus Willingen in Waldeck.

Die Beteiligten schlossen folgenden

Kaufvertrag:

§ 1.

Die Beteiligte zu 1 ist Eigentümerin des in Willingen belegenen Landhauses im Stryck mit Garten, Acker,

Kaufvertrag Haus im Stryck 1935 (Marianne Walter)

das Personal und die Gäste. So entschloß sich meine Mutter schweren Herzens, das Haus zu verkaufen, bevor es konfisziert werden würde.

Die Familie Kesper besaß das Hotel *Waldecker Hof* in Willingen, und bot sich als Käufer an. Am 28. November 1935 verkaufte meine Mutter das ganze Anwesen für 30.000 Reichsmark an sie. [38] Beide Parteien wußten, daß das nur ein Bruchteil des eigentlichen Wertes war, aber die Kespers zahlten, wie sie uns sagten, was sie zu der Zeit aufbringen konnten. Frau Kesper half meiner Mutter beim Packen. Sie verhielt sich wie eine wirkliche Freundin. „Wenn es irgendetwas gibt, das ich Ihnen schicken soll, wenn Sie in Berlin oder im Ausland sind, dann werde ich es einpacken und Ihnen nachschicken", sagte sie.

Aber Mutter hatte ja nun kein Zuhause mehr. Wo hätte sie denn das Wedgewood- Porzellan, die Gemälde, die Möbel und all die anderen Dinge unterbringen können? Sie brachte das Geld auf die Bank Bleichröder in Berlin und ging zu ihrer Schwester Elvire nach Ascona, wo der Architekt Fritz Baehler ihr vor einigen Jahren einen Zweizimmerbungalow gebaut hatte. Allerdings hatte sie Schwierigkeiten wegen einer Hypothek. Das Geld vom Verkauf des Stryck durfte sie ja nicht mit in die Schweiz nehmen. Ich glaube, man gestand ihr etwa 5.000 Reichsmark zu. Der Rest blieb in Berlin, und das Dritte Reich erfreute sich daran.

18. Wer ist noch sicher?

Nach meiner kurzen Arbeit bei dem Bauunternehmer Erich Kleemann fand ich glücklicherweise Arbeit bei dem Architekten Ernst Schein. Schein war schnell, tüchtig und freundlich. Der breitschultrige, tschechoslowakische Jude mit den kurzen rötlichblonden Locken bewältigte eine enorme Arbeit, ohne je den Überblick zu verlieren. Wenn er am Abend einen Termin mit einem Klienten hatte, dann fand man schon am nächsten

Morgen gut vorbereitete Skizzen und vollständige Informationen auf dem Schreibtisch. Er war der Architekt für die *Bata*-Schuhgeschäfte und für verschiedene andere Läden. Wenn er auf einer seiner zahlreichen Geschäftsreisen war, dann überließ er mir die Verantwortung für sein kleines Büro. Er beschäftigte noch einen anderen Architekten und eine dralle, mütterliche, christliche Sekretärin, die schon seit vielen Jahren für Schein arbeitete. Das Büro bestand aus dem sonnigen Zeichenraum, dem Zimmer für die Sekretärin und einem Empfangsraum für Kunden. Wir arbeiteten von acht bis vier mit einer halben Stunde Mittagspause. Glücklicherweise gab es ganz in der Nähe einen kleinen Laden, der frische Brötchen, Joghurt, Käse und Milch verkaufte. Dieser Inhaber weigerte sich nicht, Juden zu bedienen!

An Samstagen arbeiteten wir bis zwei Uhr, was mir nicht so gefiel. Ich wäre lieber ein oder zwei Stunden eher zu meinem Boot hinausgeradelt, aber ich wagte nicht, darum zu bitten, obwohl ich gern bereit gewesen wäre, die Stunden in der Woche abzuarbeiten. Ich hatte auch nichts dagegen, mitten in der Nacht auf eine Baustelle zu gehen. Die Arbeit an dem großen Kaufhaus auf dem eleganten Kurfürstendamm wurde nachts erledigt, tagsüber mußte das Geschäft geöffnet sein. Dieses Geschäft, *Rosenhain – das Haus der Geschenke,* hatte jüdische Eigentümer, und ich hielt es für völlig verrückt, im Jahre 1935 ein jüdisches Geschäft zu modernisieren. Aber ich ging mehrmals nachts auf diese Baustelle und nahm dankbar die Sardinenbrote oder den Kaffee an, den mir die Arbeiter in der Pause anboten. Wir saßen zusammen und unterhielten uns wie alte Freunde. Sogar über Politik sprachen wir, und da die Arbeiter wußten, daß ich Jüdin war, waren sie besonders freundlich zu mir.

Sie erzählten mir, wie sich einmal eine große Menge Berliner Arbeiter auf der sogenannten *Hasenheide* außerhalb Ostberlins versammelt hatte und wie sie zusammen „Freiheit, die ich

meine, die mein Herz erfüllt. . ." sangen und daß sie die Versammlung mit dem Chor aus Beethovens Neunter Symphonie beendet hatten, aber mit Schillers Originaltext: „Freiheit, schöner Götterfunken. . .". Doch noch bevor sie ihren Gesang beenden konnten, waren sie von der Gestapo umstellt, die mit Gummiknüppeln auf sei einschlug. Viele der Arbeiter waren verhaftet und in Lastwagen abtransportiert worden.
„Die Juden sind doch nur Sündenböcke", sagte einer von ihnen. „Juden sind doch auch nur ganz normale Menschen. Sie benutzen die Juden doch nur als Entschuldigung für alles, was schief läuft, als Rechtfertigung für alles, was sie so vorhaben." Ein anderer sagte zu mir: „Trinken Sie noch einen Kaffee, und dann gehen Sie nach Hause, sonst sind Sie morgenfrüh zu müde zum Arbeiten." Es waren Arbeiter, die mit einer Architektin sprachen. Es waren anständige Menschen und tüchtige Arbeiter im Jahre 1935 in Berlin. Ich ging zurück in die Uhlandstraße, wo ich noch immer bei Frau Levkoff wohnte.
Mein Chef Ernst Schein war unterwegs und hatte mir die Bauleitung eines großen Garagenbaus in der Kantstraße übertragen. Er war als Doppelspirale geplant, eine Spirale für die Auffahrt, die andere für die Abfahrt. Die achte oder neunte Etage war schon gebaut, als eines Nachts ein wütender Sturm losbrach. Die Nacht war erfüllt vom Getöse scheppernder Dachziegel und dem Ächzen von Laternenpfählen. Der Sturm zerrte an Plakaten, riß sie halb herunter, pfiff durch die Straßen und trieb alle möglichen Materialien vor sich her. Ich hatte die Vision einer nicht ausreichend befestigten Mauer, die vom obersten Stockwerk auf die Straße stürzt. Ich stand auf und versuchte, den Bauunternehmer anzurufen, aber vergeblich. Ich machte mich auf den Weg zur Garage, nur mit einer Taschenlampe bewaffnet. Unterwegs mußte ich mich hin und wieder an einem Laternenpfahl festhalten, um dem wilden Sturm standzuhalten. Zu meiner großen Erleichterung traf ich auf der Baustelle mehrere Arbeiter an, die bereits dabei waren, die Wand mit Kram-

pen, leichten Trägern und Drahtseilen zu sichern. Der Orkan hatte eine Menge Schaden angerichtet. Aber der Garagenbau war sicher.

Am Tag nach dem Sturm erschien Scheins Sekretärin, Frau Kopischke, nicht im Büro. Wir hatten nichts von ihr gehört, denn sie wohnte ziemlich weit entfernt im Osten Berlins und hatte kein Telefon. Nach dem Wochenende erschien sie wieder, ihr Gesicht war verquollen vom Weinen. Sofort brachte Frau Schein dampfend heißen Kaffee. Ihre „arische" Hilfe hatte man zur Kündigung gezwungen, und nun mußte sich Frau Schein, der es gesundheitlich nicht besonders gut ging, selbst um die Reinigung des Büros und der Wohnung kümmern. Und natürlich befürchtete sie, daß auch Frau Kopischke gezwungen werden könnte, ihre Stelle aufzugeben. Frau Kopischke hatte jedoch eine ganz andere Geschichte zu erzählen. Ihr Schwager Hans Müller, der wie sie Christ war, arbeitete in einer Fabrik im Osten Berlins. Er und seine Frau, Frau Kopischkes einzige Schwester, lebten in deren Nachbarschaft. In der Nacht des Sturmes hatte er kein Auge zugemacht. Am Morgen war er müde und spät dran gewesen und hatte in seiner Eile vergessen, das Essen mitzunehmen, das seine Frau für ihn gemacht hatte. Obwohl die Fabrik, in der er arbeitete, sehr groß war, gab es keine Kantine. So machte sich seine Frau am späten Vormittag auf den Weg zur Fabrik, um ihm sein Mittagessen zu bringen. Als sie vor dem Tor des großen, mit Stacheldraht umzäunten Geländes ankam, gingen zwei bewaffnete Wachen auf sie zu und fragten, was sie wolle. Sie erklärte, daß ihr Mann Hans Müller sein Mittagessen zu Hause vergessen habe und sie es ihm nun bringe. „Nun", sagte einer der Wachen, „da müssen Sie uns aber sagen, wo genau er arbeitet und was er tut. Es gibt hier mehr als einen Hans Müller, und wir können Ihren Mann sonst nicht finden."

Frau Kopischke brach wieder in Schluchzen aus und konnte eine Weile lang nicht weitererzählen. „Sie haben meiner

Schwester gesagt: 'Wenn Sie uns sagen, was er macht, dann werden wir Ihrem Mann das Essen bringen'. Also sagte sie ihnen genau, in welcher Werkstatt er arbeitete und daß seine Arbeit darin bestand, die Innenseite von Maschinengewehrläufen zu polieren. Und sie fragten noch nach mehr Einzelheiten, und meine Schwester sagte ihnen dann noch, welche Art von Maschinengewehren es sei, die er polierte."

„Am Abend kam Hans nicht nach Hause. In der Nacht kam meine Schwester völlig aufgelöst zu mir in die Wohnung und am nächsten Morgen gingen wir zusammen zur Fabrik. Wir erzählten den Wachen, was geschehen war, und sie ließen uns am Tor warten. Sie gingen fort und kamen nach einer Weile mit einem Verwaltungsbeamten zurück. Der Beamte sagte, es tue ihm schrecklich leid, aber er könne meiner Schwester nicht helfen. 'Es muß sich um einen Irrtum handeln, Frau Müller', sagte er, 'hier in dieser Fabrik werden keinerlei Waffen hergestellt, wir bauen ausschließlich landwirtschaftliche Maschinen. Wenn Ihr Mann Gewehrläufe poliert hat, kann er hier nicht gearbeitet haben. Wir stellen keine Waffen her. Außerdem ist sein Name nicht in unseren Büchern zu finden.' Er schlug die Hacken zusammen, sagte 'Heil Hitler' und ging fort."

Hans Müller kam nie zurück. Seine Frau versuchte alles, aber sie hat nie herausgefunden, was ihrem Mann zugestoßen war. Niemand hat je wieder von ihm gehört, weder seine Freunde, seine Familie, noch seine eigene Frau. Es war eine Rüstungsfabrik, und die Arbeiter hatten strikte Schweigepflicht. Hitler wollte, daß die Welt an seine friedlichen Absichten glaubte.

*

Im März 1936 wurde ich von meinem Arzt Hugo Feldstein und seiner Frau Helene eingeladen, einen Abend bei ihnen im „Alten Westen" von Berlin zu verbringen. Es war in der Nähe der Brücke über den Landwehrkanal, an der Ruth Stein, die für die Kunststudenten Modell gestanden hatte, drei Jahre vorher umgebracht worden war. An diesem Abend sollte eine wichtige

Mitteilung im Radio zu hören sein, und ich besaß kein eigenes Radio. Dr. Feldstein war in Prag geboren. Sein Bruder war mit seiner Frau zu Besuch da. Die beiden Brüder mit ihren Frauen und ich saßen zusammen in einem Raum, der mit wunderschön matt polierten Mahagoni- und Kirschholzmöbeln im Biedermeierstil des frühen 19. Jahrhunderts eingerichtet war. Die Sessel und das Sofa waren mit grünem Crêpe überzogen. Wir saßen um einen runden Tisch, was die Unterhaltung erleichterte, während die Gastgeberin uns mit Kaffee und Kuchen versorgte.

Ich hatte die Geschichte von Frau Kopischke und ihrem Schwager erzählt. Für die Feldsteins war das ein Zeichen der Zeit. Das Rheinland, das aufgrund des Friedensvertrags entmilitarisiert worden war, wurde nun von der deutschen Armee wieder besetzt. Es war unwahrscheinlich, daß die Engländer und Franzosen das dulden würden. „Wenn die Franzosen nun Truppen ins Rheinland schicken, um das deutsche Heer zu stoppen, dann würde das Krieg bedeuten, nicht wahr?“ fragte ich.

Dr. Hugo Feldstein hatte viele Patienten. Darunter auch eine junge Putzfrau – nicht „einhundert Prozent arisch“ – die für den Reichskriegsminister Werner von Blomberg arbeitete und mit einem seiner Sekretäre befreundet war. „Nein, zu einem Krieg würde es nicht kommen“, erklärte Dr. Feldstein. „Diese Frau hat mir erzählt, daß die deutschen Truppen einfach zurückgezogen werden, falls sich die Franzosen militärisch einmischen. Die Deutschen sind noch nicht zum Kampf bereit. Noch nicht.“

„Dieses Gerücht könnte aber doch falsch sein“, gab seine Frau zu bedenken. „Der General wird seinen Untergebenen wohl kaum seine Pläne mitteilen.“

„Der Sekretär des Generals weiß doch sicher etwas. Und wir alle wissen, daß heutzutage niemand mehr glaubt, was in den Zeitungen steht. Dieses ’Gerücht‘, wie du es nennst, hat sich oft als Wahrheit herausgestellt.“

„Laßt uns zuhören!" unterbrach Benno Feldstein und stellte das Radio lauter. Wie gebannt hörten wir Hitler höchstpersönlich reden. „Das Rheinland ist seit dem frühen Morgen wieder von deutschen Truppen besetzt", verkündete er. Dann bot er den Franzosen den „Frieden" an.
„Natürlich ist es ihm nur allzu recht, wenn die Franzosen friedlich bleiben und diesen Vertragsbruch übersehen", sagte der Doktor. Alle fünf hofften wir eigentlich auf das Eingreifen der Alliierten. Hitler unterstützte inzwischen General Francisco Franco im Spanischen Bürgerkrieg, und zu dem italienischen Staatschef Benito Mussolini hatte er freundschaftliche Beziehungen aufgebaut, indem er ihm versprach, daß Deutschland keinerlei Ambitionen in Österreich habe. „Die Franzosen wissen doch sicher, daß sie nach und nach eingekreist werden!" rief Benno Feldstein aus. „Jetzt werden die Franzosen doch bestimmt etwas unternehmen. Ganz bestimmt!"
Die Franzosen aber wollten den „Frieden" und leisteten der Bedrohung keinen Widerstand. Die Westmächte blieben tatenlos, und Hitlers Ansehen in Deutschland erreichte seinen Höhepunkt.

19. Arbeit in Ungarn

Der andere Architekt, der auch in Scheins Büro arbeitete, kam eines Tages zu mir und sagte: „Hätten Sie Interesse an einer Arbeit in Ungarn? Es ist nur ein vorübergehender Posten, aber Fred Forbat, ein hervorragender Architekt und Städtebauer und früher ein Partner von Gropius, sucht einen qualifizierten Architekten, der ihm aushelfen kann."
„Ungarn? Wo und für wie lange? Würde ich denn dort eine offizielle Arbeitserlaubnis bekommen?" Natürlich war ich über Walter Gropius und das Bauhaus im Bilde, und auch der Name Forbat war mir ein Begriff.
„Es ist nur für ein paar Monate, und Sie müßten bei den Forbats wohnen, denn eine offizielle Arbeitserlaubnis können Sie nicht

bekommen. Deswegen kann es auch nur eine befristete Sache sein."

„Warum gehen Sie nicht selbst?"

„Ich gehe bald zurück nach Hause, nach Südafrika. Bis dahin habe ich unserem Chef Schein versprochen, bei ihm zu bleiben. Ein Bekannter von Forbat ist an mich herangetreten. Wir haben über Sie gesprochen, und ich wurde gebeten, Sie zu fragen, ob Sie Interesse hätten. Forbat ist wirklich gut, und er würde gerne jemanden nehmen, der wie Sie bei Professor Poelzig studiert hat."

„Ich werde darüber nachdenken. Morgen sage ich Ihnen Bescheid." Natürlich nahm ich diese einmalige Gelegenheit wahr, mit einem international bekannten Architekten zu arbeiten und ins Ausland zu gehen, wenn es auch nur für ein paar Monate war. Schein war wirklich nett und verständisvoll, als ich ihm nach seiner Rückkehr erzählte, was ich vorhatte.

„Wenn ich hier Arbeit habe, dann können Sie jederzeit zu mir zurückkommen. 'Wenn', das ist gerade jetzt ein großes 'Wenn'. Zur Zeit habe ich überhaupt keine neuen Aufträge von jüdischen Firmen und von 'arischen' erst recht nicht, nur von ausländischen Firmen wie *Bata* und dem Rumänen, für den wir die Garage bauen."

Im Frühjahr 1936 brach ich nach Ungarn auf. Der Zug hielt nicht in Prag, aber auf dem Weg nach Pécs, wo Forbat wohnte, hatte ich mehrere Stunden Aufenthalt in Budapest. Ich ging die breiten Straßen an der Donau entlang und folgte einigen Gestalten in hohen Stiefeln und warmen Schaffellmänteln zu einem Platz, anscheinend einem Marktplatz, nicht sehr weit vom Bahnhof entfernt. Unterwegs kam ich an ein paar unwahrscheinlich verschrumpelten alten Männern vorbei, deren Mäntel abgewetzt waren und die in halbverwitterten Mülleimern nach etwas Eßbarem stöberten. Ich hatte ein Butterbrot bei mir und gab es einem der alten Männer. Ein wahrer Wortschwall ergoß sich aus seinem zahnlosen Mund, und als ich ihm durch

Zeichen zu verstehen gab, daß ich kein Ungarisch verstand, legte er mir seine Hand auf den Kopf und schien mich zu segnen. Sein Gesicht war von Dreck verkrustet, die Kleider für seine magere Gestalt viel zu groß, und doch lag in seinem Benehmen eine Würde, die seiner Geste noch mehr Ausdruck verlieh. Auf Französisch fügte er hinzu: „Merci, mille fois merci, Mademoiselle, vous êtes trés gentil.“ In diesem Moment galoppierten Soldaten in weißen Uniformen zu Pferde an uns vorbei, und einer von ihnen hob die Peitsche gegen den alten Mann, aber der war zu flink und schon verschwunden. Die Soldaten trugen offensichtlich Korsetts, die so eng geschnürt waren, daß sie wie Operettendarsteller aussahen. Es hätte mich nicht gewundert, wenn sie zu singen angefangen hätten. Aber schnell verschwanden sie wieder auf ihren gut trainierten, wohlgenährten Pferden.

Ich ging weiter und kam zu einem offenen Marktplatz. Aber es waren nicht Waren, die dort verkauft wurden. Da standen Dutzende von primitiven Zelten, gerade groß genug, um darin zu schlafen. Vor den Zelten brannten offene Feuer, Spaten, Forken und andere einfache Werkzeuge lagen herum. Es war kalt, nicht viel über dem Gefrierpunkt. Männer und ein paar Frauen und Mädchen, die sich eng in ihre Schals gewickelt hatten, standen herum. Sie schienen mit diesen in warme Schaffellmäntel gekleideten Männern, denen ich schon vorher ein Stück gefolgt war, zu verhandeln. Diese gut gekleideten Männer befühlten die Arm- und Wadenmuskeln der ärmeren Männer und Frauen. Einige Frauen hoben ihre langen schwarzen Röcke, damit auch ihre Beinmuskeln gemustert werden konnten. Einige Leute begannen, ihre einfachen Zelte und Werkzeuge zu packen und folgten dann einem der wohlhabenden Männer. Ich begriff, daß ich hier Zeugin war, wenn auch nicht eines regelrechten Sklavenhandels, so doch eines Handels mit Menschen. Der Gestank der Armut war ganz entsetzlich, sogar auf dem windigen Marktplatz.

Ich sah auf meine Uhr: Es war Zeit, zum Bahnhof zurückzugehen. Ich traf auf noch mehr verschrumpelte alte Leute, ob Mann oder Frau konnte ich kaum unterscheiden, die versuchten, Essensreste aus den Mülleimern oder Zigarettenstummel aus den verschlammten Rinnsteinen zu fischen. Dies war mein erster Einblick in das Ungarn des Staatsoberhauptes General Miklós Horthy.

Der Zug dampfte durch das flache, offene Land. An den kleinen einstöckigen Bahnhöfen auf der Strecke gab es hübsche Gärten voller Blumen. Wir fuhren weiter nach Süden, vorbei an bewaldeten und kahleren Hügeln, die von Löchern wie durchsiebt waren. In diesen Löchern lebten Menschen! „Das sind ja nur Zigeuner“, klärten mich deutsch sprechende Passagiere auf. Offensichtlich erschien es ihnen durchaus in Ordnung, daß Zigeuner in Höhlen oder Erdlöchern lebten.

Als wir in Pécs einfuhren, erkannte ich Herrn und Frau Forbat sofort. Sie standen nebeneinander und warteten auf mich. Er, ein kleiner, dunkelhaariger ungarischer Jude mit großen Augen und sie, eine große, blonde deutsche Frau adliger Herkunft. Es war Freundschaft auf den ersten Blick. Sie brachten mich zu ihrem Haus außerhalb von Pécs, einem alten, soliden Haus mit geräumigen Zimmern. Die Forbats bewohnten nicht das ganze Haus. Der abschüssige Garten war teilweise verwildert, aber es gab einen gepflegten Küchengarten, einen Blumengarten und vielerlei Obstbäume. Oberhalb des Hauses, am Fuße des Berges *Mecsek* gab es Weinberge, und weit unten lag die aus gelbem Gestein gebaute Stadt Pécs, auf deutsch „Fünfkirchen“. In der dunstigen Ferne konnte man die Berge Jugoslawiens sehen.

Die Arbeit und das Leben mit diesem Paar waren ganz nach meinem Geschmack. Werktags verbrachte ich oft zwölf Stunden am Zeichenbrett und war glücklich dabei. Abends hörten wir Schallplatten von Wolfgang Amadeus Mozart, und die Forbats erzählten von ihren Erlebnissen in der Sowjetunion, wo Fred mehrere Jahre an Bauplänen für neue Städte in Sibirien

Fred Forbat in Pécs/Ungarn 1936 (Marianne Walter)

gearbeitet hatte. Seine Frau Pussy konnte die Unbilden des Lebens dort nicht ertragen. Im Winter mußten sie oft tagelang mit mehreren Leuten zusammen in einem Bett bleiben, um die extreme Kälte überstehen zu können. Die Toiletten waren im Freien, und Pussy zog sich einen chronischen Blasenkatarrh zu, so daß sie schließlich fortgingen. Ihre Bezahlung bestand aus

Pussy Forbat in Pécs/Ungarn 1936 (Marianne Walter)

Pelzen und Halbedelsteinen, da sie kein Geld mitnehmen durften. Danach versuchten sie es in Palästina. Dort wurde zwar Fred akzeptiert, aber Pussys Aussehen war zu deutsch: groß, breitschultrig, mit langen blonden Haaren und hellblauen Augen. Die Juden fühlten sich unbehaglich in ihrer Gegenwart, und sie fanden keine Freunde. So gingen sie schließlich nach Pécs, Freds Geburtsstadt, zurück. Dort hatte er nun Aufträge für den Entwurf und Bau eines neuen Gerichtsgebäudes, einiger Mietshäuser und mehrerer Privathäuser, an denen ich arbeitete. Während ich in Pécs war, wurde in Ungarn ein Gesetz erlassen, das Juden verbot, Land zu besitzen, es sei denn, das es mindestens ein Jahrhundert im Besitz der Familie gewesen war. Oft saßen Mitglieder der kommunistischen Partei im Gefängnis und warteten vergeblich auf ein Gerichtsverfahren, das es nie geben würde, und manchmal wurden sie gefoltert. Der Unterschied zwischen arm und reich war größer, als ich es je gesehen hatte. Die Bezahlung der Saisonarbeiter, die sich auf Märkten, wie auf dem Markt in Budapest verdingten, war äußerst niedrig. Sie schufteten auf den riesigen Anwesen der Landbesitzer und konnten sich vielleicht einmal im Monat eine Fleischmahlzeit leisten. Sie alle trugen Schaffellmäntel, manchmal seit Generationen weitervererbt, und der Gestank davon lag über den Marktplätzen in und um Pécs herum, trotz des Windes. Die landlosen Armen verkauften ihre Arbeitskraft und die ihrer Kinder. Aber die Kathedrale von Pécs war sehr groß, sehr eindrucksvoll und absolut nicht arm. An mehreren Abenden sah ich wunderbare Freilichtaufführungen von Mysterienspielen mit Prozessionen und dem Gesang von Mönchen und Chorknaben.

Die ziemlich wohlhabenden Eltern von Fred Forbat wohnten in einem großen alten Steinhaus in der Stadt. Ihr Dienstmädchen schlief in einer Art Verschlag hinter der Küche. Sie mußte ihre beleibte Herrin zum Markt begleiten und die Einkäufe in zwei großen Körben nach Hause tragen. Ihre Hausherrin trug Schuhe mit 5 cm hohen, dünnen Absätzen, obwohl Pécs' Straßen mit groben Kopfsteinen gepflastert und die Bürgersteige genauso uneben waren. Nur um der Mode willen konnte sie kaum laufen, sie watschelte eher, und natürlich war sie außerstande, irgendetwas, geschweige denn schwere Körbe voller Fleisch und Gemüse zu tragen. Auf jeden Fall „tat man das nicht", und alle Mädchen, oft nicht älter als vierzehn oder fünfzehn Jahre, mußten ihren Herrinnen wie kleine Packesel um sieben Uhr früh auf den Markt folgen.

Auf diesen Märkten gab es wunderschöne, handgewebte und bestickte Kleider zu kaufen oder handgemachte silberne Schnallen für Gürtel und Schuhe, wie sie die Einheimischen zum Tanzen trugen. Es gab gediegene, handgemachte Möbel, aber die Leute zogen Fabrikmöbel und geschmacklos glasierte Keramiken von Woolworth vor, wenn sie es sich leisten konnten. Sie stellten kleine widerliche Keramikzwerge in ihre Gärten und tauschten ihre schönen, traditionellen Möbel gegen schlecht verarbeiteten Kitsch.

Zuerst arbeitete ich an einem Wochenendbungalow am Hang des *Mecsek* hinter Forbats Haus. Der Bau ging schnell voran, und die Bauleitung machte mir großen Spaß. Die Arbeiter grüßten mich auf ungarisch mit „Küß die Hand" und amüsierten sich, wenn ich ihnen „Küß die Hand" antwortete, indem ich die Laute nachahmte.

Ab und zu kamen drei Mönche an der Baustelle vorbei, sie gingen schweigend nebeneinander her, die Hände tief in den Ärmeln ihrer braunen Kutten, die mit einer Kordel gebunden waren. Sie durften nicht allein oder zu zweit ausgehen, nur zu dritt. Konnte man ihnen sonst nicht trauen? Sie durften auch nicht sprechen, dafür mußten sie die besondere Erlaubnis des Priors haben. Warum gab Gott den Menschen die Sprache, wenn das Schweigen größere Heiligkeit verhieß? Mir taten diese Männer leid, die sich nicht an Gottes wunderbarer Erde ergötzen und nicht die Freude eines Gesprächs oder einer

Freundschaft kennenlernen durften, geschweige denn die Liebe.
Ein Mann, der all das offensichtlich genoß, war der Maler Gzelle Stefan. Er hatte unzählige Kinder und eine entzückende junge Frau. Er malte wunderbare Bilder, von Engeln, Blumen, seiner Frau, seinen Kindern, den Bergen, die gerade voll blühender Bäume waren. Ich hielt seine Bilder für ganz außergewöhnlich, und die Kirche hatte offensichtlich dieselbe hohe Meinung von seiner Kunst. Er hatte so viele Kirchenaufträge, daß er keine private Arbeit mehr annehmen konnte. Aber die Kirche zahlte nicht, oder doch erst nach vielen Ermahnungen und langem Hinauszögern. Er war also faktisch arm, obwohl man ihm Geld für Dutzende Bilder, Wandgemälde, Entwürfe von Fenstern und so weiter schuldete. Seine hübsche Frau besaß nur zwei oder drei Kleider, die sie selbst genäht hatte. Trauben, Kastanien, Brot und Wein waren billig, und sie hatten eine Ziege, so mußten sie wenigstens nicht hungern.
Eines Tages bekamen die Forbats Besuch von einem befreundeten ungarischen Arzt, der einen jugoslawischen Kollegen mitbrachte. Wie gewöhnlich lud Pussy mich dazu ein, weil sie deutsch sprachen. Der Jugoslawe hatte ein medizinisches Lehrbuch mitgebracht, um es uns zu zeigen. Es war ein großes, schweres Buch, auf Glanzpapier gedruckt, mit Hunderten von Abbildungen, und viele davon waren farbig. „Oh, so eins haben wir auch“, rief der Ungar.
„Mußten Sie dafür bezahlen?“
„Bezahlen? Selbstverständlich nicht, denken Sie nur, was so ein Werk im Buchhandel kosten würde!“ Forbat wurde neugierig: „Was ist so besonders an diesem Buch? Natürlich kann ich sehen, daß es eine sehr aufwendige und teure Produktion ist.“
„Oh ja, das ist es, ausgezeichnet und sehr, sehr teuer!“ gluckste der riesige Jugoslawe.
„Sie sagten, Sie hätten dafür nicht bezahlt? Von wem haben Sie es denn? Von einem Patienten?“

„Von einem Patienten? Gott bewahre! Dieses Ding wird frei an alle Ärzte Jugoslawiens und anscheinend auch Ungarns verteilt, nicht wahr?“ Der ungarische Arzt nickte zustimmend. „Sie schicken es in deutscher Sprache, aber man kann es auch in serbokroatisch, vermutlich auch in ungarisch bekommen.“ Er sah seinen ungarischen Kollegen an, der wieder nickte. „Vielleicht bekommt man es auch in der Tschechoslowakei.“
„Aber wer verteilt es denn?“ fragte Forbat.
„Die deutsche Regierung. Und wenn Sie mich nach dem Grund fragen, ich halte das für Propaganda. Sie tun alles, um sich bei den Deutschen, die in Jugoslawien, Ungarn oder auch der Tschechoslowakei leben, beliebt zu machen, das wissen Sie doch. Und so wollen sie sich in den Ländern, die sie als ihren rechtsgültigen 'Lebensraum‘ betrachten, bei allen höheren Berufsklassen einschmeicheln.“ Forbat stieß einen tiefen Seufzer aus:„Sie meinen, wenn eines Tages ihre Truppen einmarschieren, dann hoffen sie, die führenden Kräfte des überfallenen Landes auf ihrer Seite zu haben?“
„Ein verdammt gut ausgetüftelter Plan. . .“ Darin waren wir uns einig.
Aber jetzt war Frühling. Die Berghänge waren übersät mit Apfel- und Mandelblüten. Pussy bot uns köstliches Gebäck an, wir unterhielten uns, wir sprachen miteinander, wie man das unter Freunden tut, und obgleich das Gehirn die logischen Folgerungen registrierte, dachte keiner von uns ernsthaft an die Möglichkeit eines Krieges.
Nach einer Tour durch die Berge mit den Forbats bereitete ich mich auf meine Abreise vor. Ich wollte mich gerade bei Forbats gastfreundlichen Eltern verabschieden, als die Nachricht kam, daß die Gestapo nach mir gefragt hatte.
War es sicher, nach Deutschland zurückzukehren? Für ein anderes Land hatte ich ja kein Visum. Um herauszufinden, ob ich in Gefahr war, mußte ich die örtliche Polizei bestechen. Und die Bestechungssumme war nicht gerade klein. Es war riskant,

zu wenig anzubieten. Von der Arbeit mehrerer Monate blieb mir nicht viel mehr als die Kosten für die Zugfahrt nach Berlin. Jedenfalls erfuhren wir von der Polizei, daß die Gestapo mich für harmlos hielt, so daß ich in Berlin keine Verhaftung zu befürchten hätte. Ich verabschiedete mich von den Forbats und machte mich auf den Weg – zurück in das Land, das nicht mehr meine Heimat war.

Auf meiner Rückreise besichtigte ich noch die eleganten Viertel von Budapest, die Kunstgalerie mit ihren El Grecos und Goyas und machte dann Halt in Prag. Prag war eine wundervolle Barockstadt. Die Menschen auf den Straßen scherzten und lachten. Plötzlich wurde mir bewußt, daß in Berlin die Menschen auf den Straßen nicht mehr lachten. Es fiel mir wie Schuppen von den Augen, denn als ich 1932 in Berlin ankam, war ich von dem Humor und der Lebensfreude der Berliner so beeindruckt gewesen. Aber 1936 lachte und scherzte niemand mehr.

Forbat hatte mir Empfehlungen für zwei Prager Architekten mitgegeben. Havlicek hatte ein bekanntes Bürogebäude entworfen, die sogenannte „*Pensionsanstalt*“ war damals das größte und erste klimatisierte Gebäude in Prag. Trotz seiner Größe fügte es sich gut in die Umgebung. Havlicek führte mich durch diese schöne Stadt. Jede Straße verkündete die Waren ihrer Händler, der Pelzhändler, der Schuster, der Bäcker durch ihren besonderen Geruch. Am Abend hoch über der Stadt nahe der Burg alleine zu sitzen und zu speisen, während die Lichter die Silhouette der Stadt hervorhoben, blieb mir ein unvergessenes Erlebnis.

Am nächsten Tag traf ich den Architekten Libra, Sozius einer großen Architektenfirma, die sich auf den Bau von Krankenhäusern spezialisiert hatte. Ja, sie könnten mich schon gebrauchen, sagte er, ich könnte an einem neuen Krankenhaus in der Tatra arbeiten, aber ich würde eine Arbeitserlaubnis von der Regierung brauchen, um in der Tschechoslowakei arbeiten zu

dürfen. Dann könnte ich die Bauleitung am bereits begonnenen Bau übernehmen, die Zeichnungen ergänzen und mit den deutschsprechenden Bauunternehmern verhandeln. Es klang wunderbar. Ich verließ Prag voller Hoffnung. Libra schickte mir die nötigen Unterlagen nach Berlin und stellte einen Antrag für mich. Aber die Arbeitserlaubnis für die Tschechoslowakei wurde mir verweigert. Ich war maßlos enttäuscht!
Rückblickend hat mich vielleicht der alte Mann, dem ich in Budapest ein Butterbrot gegeben hatte, mit seinem Segen beschützt, wer weiß?

20. Heimatlos

1936 liefen die Berliner mit verschlossenen, grimmigen Gesichtern durch die Straßen. Alles war schrecklich gut organisiert. Wenn jemand es wagte, eine Straße zu überqueren, ohne auf das grüne Licht zu warten, weil keine Autos in Sicht waren, mußte er auf der Stelle eine Reichsmark Strafe bezahlen. Niemand hätte gewagt, eine leere Zigarettenschachtel oder Papier auf die Straße fallen zu lassen. Die Menschen eilten auf sauberen Straßen aneinander vorbei und vermieden es, anderen ins Gesicht zu schauen.
Vor dem Bahnhof Zoo stand ein SA-Mann, rasselte mit seiner Sammelbüchse grimmig lachend und verkündete mit lauter Stimme, er sammle „für die bösen Nazis“. Er hielt das für einen Witz, aber der ging daneben. Die Leute steckten gehorsam ihre Pfennige in die Büchse, aber lächeln, nein, das taten sie nicht.
Mein Chef Ernst Schein hatte nicht mehr viel zu tun, aber wie immer bezahlte er mich großzügig für alles, was ich für ihn erledigte. Ich wechselte zwischen der Arbeit für ihn und Arbeit für den Architekten Regierungsbaumeister James Wolfsohn, für den ich in der Vergangenheit hin und wieder gearbeitet hatte. Er war ein kleiner, schlanker, breitschultriger Mann, der einen unglaublichen Charme besaß und einen Kneifer trug. Seine Frau war Augenärztin und fühlte sich ihrem Ehemann ziemlich

überlegen. Wolfsohn arbeitete an einer riesigen Anlage von Mietwohnungen in Palästina, die von einem reichen Niederländer finanziert wurde. Palästina war damals ein rückständiges, ödes Land, und Dinge wie Badewannen, Duschen, Waschbekken, Lampen, elektrische Schalter, Kabel, Eisengeländer für die Balkone, alles bis zu speziellen Bolzen und Schrauben mußte in Deutschland hergestellt werden. Im ehemals türkischen Palästina gab es weder die nötigen Fabriken noch die Sachkenntnis, so etwas herzustellen.

Das Dritte Reich war höchst erfreut, für WCs und Armierungseisen, die nach Palästina exportiert werden sollten, holländische Gulden zu erhalten. Außerdem brauchte man deutsche Vorarbeiter, die die Montage all dieser komplizierten Dinge wie Duschen und Spülbecken überwachten. Die arabischen Handwerker waren sehr gut und ausgezeichnet in ihren traditionellen Gewerben, aber mit moderner Bauweise waren sie noch nicht vertraut.

Außer der Fertigstellung einiger Entwürfe für die Wohnungen mußte ich schon vorliegende Zeichnungen überprüfen und koordinieren. Es mußten Massenberechnungen aufgestellt werden, und für alles, was von deutschen Firmen hergestellt werden sollte, mußten Beschreibungen und Listen gemacht werden. Das gleiche galt für die zeitliche Abfolge der Exportartikel. Hinter dieser Arbeit steckte die Idee, daß die Juden, die gezwungenermaßen Deutschland verlassen mußten, sonst kein Land hatten, wo sie hingehen konnten. Viele fromme Juden sehnten sich danach, in das Land ihres Ursprungs zurückzukehren. In allen gläubigen Familien wurde seit zweitausend Jahren ein Gebet gesprochen, das mit den Worten endet: „Nächstes Jahr in Jerusalem". Die Verfolgungen, unter denen das jüdische Volk seit fast zweitausend Jahren zu leiden gehabt hatte, gaben dieser Sehnsucht nach „Heimkehr" eine enorme Kraft. In Palästina kursierte zu dieser Zeit ein Witz: „Kommst du aus Überzeugung oder kommst du aus Deutschland?" Ein

bitterer Witz vielleicht, aber die Juden haben schon immer gerne über sich selbst gelacht.
Es wurde immer deutlicher, daß ich, wenn ich am Leben bleiben wollte, Deutschland verlassen mußte, und zwar bald. Aber wohin konnte ich gehen? Die Schweiz, wo Onkel und Tante lebten, würde mir niemals eine Arbeitserlaubnis erteilen, die Tschechoslowakei hatte sie mir auch verweigert, und ich hatte keinerlei Kontakte in anderen westlichen Ländern. In den Straßen Berlins sprachen die pompösen Auftritte der Nazitruppen für sich. Sie marschierten im Stechschritt durch die Straßen, in hohen, polierten, schwarzen Stiefeln und mit großen schwarzweiß-roten Hakenkreuzfahnen. Die Inszenierung dieses Theaters war hervorragend. Sie sangen: „Wenn's Judenblut vom Messer spritzt, dann geht's nochmal so gut."
Immer häufiger hörte man den Ruf im Sprechchor: „Juda verrecke!" Immer fand sich eine bewundernde Zuschauerschar in den Straßen, durch die sie marschierten. Es konnte niemanden geben, der nicht wußte, was sie im Schilde führten.

*

Seit meinem Examen hatte ich ein bißchen Geld von meinem Verdienst sparen können. Zusätzlich zu meiner Arbeit bei Ernst Schein und James Wolfsohn arbeitete ich einige Abende für den Architekten Fritz Ruhemann, der mit Plänen für eine Flugzeughalle in Portugal beschäftigt war. Außerdem zeichnete ich Porträtskizzen und Landschaften. Ich gab das Rauchen auf, brachte mein Boot in einem billigeren Bootshaus unter und sparte, wo ich nur konnte. Inzwischen hatte ich genug beisammen, um eine Zeitlang im Ausland leben zu können.
Ich gab das Zimmer in der Uhlandstraße auf und mietete einen winzigen Raum, der gerade groß genug war für mein Bett und einen Sarg. Meine Vermieterin war eine korpulente, erfolgreiche Schriftstellerin. Sie schrieb völlig fantastische, sentimentale Romane, die immer ein Happy-End hatten, und sie verdiente ziemlich viel Geld damit. Abgesehen von ihrem Inter-

esse an Schokoladenkuchen schien Reinlichkeit ihre hauptsächliche Sorge im Leben zu sein. Wenn ich mal aus Versehen ein paar Tropfen Wasser in der Badewanne oder im Waschbecken zurückließ, konnte man sie vor sich hin murren hören, noch lange, nachdem sie jeden Tropfen einzeln weggewischt hatte. Hin und wieder lud sie mich zu Kaffee und Schokoladenkuchen auf ihren sonnigen Balkon ein, der von blühenden Kletterpflanzen zugewachsen war. Sie hatte gerade ein neues Buch veröffentlicht und lächelte glücklich, als sie mir davon erzählte. Sie schrieb sentimentalen Schund, aber bei all ihrer Beschränktheit war sie eine warmherzige, liebe Frau, die Romanzen zu Papier brachte, die sie in ihrem eigenen Leben vielleicht vermißt hatte. Sie war echt, während ich in einer schwarzen Höhle der Verzweiflung versank.
Da waren die stetigen und unveränderten Schlagzeilen im *Stürmer*: „Die Juden sind unser Unglück!". Da waren die Razzien, bei denen Menschen aus ihren Wohnungen und Häusern gezerrt und auf wartende Lastwagen geworfen wurden. Da waren die Anschläge auf jüdische Schaufenster, die beschmiert oder zerschlagen wurden. Mir aber geschah nichts. Es war, als sei ich unsichtbar, und ich schien für mich selbst unsichtbar geworden zu sein. Ich haßte es, in den Spiegel zu schauen und vermied soweit wie möglich jeden noch so kurzen Blick beim Haarekämmen. Das Gesicht, das mich aus dem Spiegel ansah, war schließlich das Gesicht, das Menschen veranlaßte, sich von mir abzuwenden.
Eines Tages besuchte ich meine alte Hauswirtin Frau Levkoff in der Uhlandstraße. Sie öffnete die Tür, und als sie mich sah, fing sie an zu schluchzen und wischte sich die Tränen mit ihrer Schürze vom Gesicht ab.
„Oh, Fräulein Löhnberg, mein Sohn, mein Sohn!" Sie hatte einen erwachsenen Sohn, mit dem sie sich ständig stritt. Er schien ein unangenehmer Mensch zu sein und war oft gemein

zu seiner alten Mutter. Jetzt aber war sie außer sich vor Angst um ihn.
„Was ist mit Ihrem Sohn, Frau Levkoff?“
„Ach, Fräulein Löhnberg, mein Sohn wurde verhaftet.“
„Wann? Warum?“
„Er war in ein arisches Mädchen verliebt“, erzählte sie, schniefte und suchte nach einem Taschentuch.
„Ja, ich erinnere mich, daß er einmal von einer Friseuse sprach“, sagte ich, um die Pause zu füllen.
„Kommen Sie herein und setzen Sie sich, meine Liebe.“ Endlich hatte sie ihr Taschentuch gefunden. „Einer von diesen SA-Männern war auch in dieses Mädchen verliebt. Und eines Tages kam er in den Friseurladen und sah meinen Sohn und das Mädchen zusammen flüstern und lachen. Und was glauben Sie, was dieser Mann da tat? Er ging geradewegs auf das Mädchen zu und machte ihr vor allen Leuten eine Szene. Oh, Fräulein Löhnberg, das Mädchen antwortete frech und war nicht gerade mundfaul! Sie sagte ihm, er solle sich um seine eigenen Angelegenheiten kümmern. Der Mann wurde dunkelrot vor Wut. Er verließ den Laden und schwor: 'Dafür wirst du bezahlen, du wirst schon sehen.‘ Mein Sohn verließ den Laden kurze Zeit später, und der SA-Mann fing ihn an einer Ecke ab. Er hatte ein paar Kumpel bei sich, die stürzten sich auf meinen Sohn und nahmen ihn einfach mit.“ Sie weinte wieder. „Wissen Sie, die haben Gummiknüppel und Pistolen, und es sind immer mehrere gegen einen.“ Jetzt weinte sie bitterlich.
„Woher wissen Sie das alles?“
„Zuerst habe ich gar nichts gewußt, und dann kam eines Abends das Mädchen und erzählte es mir. Sie blieb nur ein paar Minuten. Sie war wie von Sinnen vor Angst. Sie sagte, daß sie mit dem SA-Mann schlafen soll, er hat ihr mit KZ gedroht, wenn sie's nicht tut. Sie war ganz aus der Fassung und durcheinander. Sie ist doch gar nicht so eine. Oh, sie hat schreckliche Angst!“

„Was ist mit Ihrem Sohn? Wurde er wegen irgend etwas angeklagt? War es ernst zwischen ihm und dem Mädchen?'
„Nein, da war nichts Ernstes. Sie ist ein nettes Mädchen. Sie hat mir alles erzählt, was sie wußte und ging sofort wieder. Sie sagte noch, sie würde es mich wissen lassen, wenn sie mehr erfährt."
„Haben Sie etwas von Ihrem Sohn gehört?"
„Ja, eines Tages kommt dieses Päckchen hier an. Ich öffne es. Da ist das Hemd von meinem Sohn! Blutverschmiert! Oh mein Gott, was haben sie mit ihm gemacht?"
„Wo ist Ihr Sohn jetzt? Hat man ihn wegen irgend etwas angeklagt? Waren Sie bei einem Anwalt? Kennen Sie Namen und Adresse von diesem SA-Mann?"
„Nein, ich war bei keinem Anwalt. Ich würde es nicht wagen, etwas gegen einen SA-Mann vorzubringen. Dann würde alles bloß noch schlimmer. Aber der Blockwart sagte mir, daß mein Sohn bald nach Hause geschickt wird."
„Wann wird er entlassen?"
„Oh, ich habe den Blockwart gefragt. Er wußte's nicht. Er sagte ‚bald', mehr hat er nicht gesagt."
Jeder Häuserblock hatte neuerdings einen Blockwart, der die Mieter ausspionieren und der Partei Bericht erstatten mußte. Ich schauderte bei dem, was Frau Levkoff da erzählt hatte. Der Onkel meiner Kommilitonin Liesel Oppenheimer war ein jüdischer Anwalt in Nürnberg gewesen. Er war verhaftet und in ein KZ gebracht worden. Eines Tages wurde seiner Frau ein braunes Päckchen zugestellt. Es enthielt, dem beigelegten Zettel zufolge, die Asche ihres Mannes. Liesel Oppenheimer hatte mir das selbst erzählt. Ich hoffte sehr, daß Frau Levkoff ihren Sohn bald lebend und gesund zu Hause haben würde, und ich versuchte, ihr Mut zuzusprechen. Bevor ich ging, versprach ich, mich bald wieder zu melden, aber ich fühlte mich nutzlos und niedergeschlagen, als ich über den Kurfürstendamm nach Hause ging. „Was habe ich hier zu suchen?" dachte ich. „Wofür

lebe ich? Wofür arbeite ich? Meine Schritte sind nur wie Spuren im Schnee."

*

Im Sommer wurden auf einmal die Schilder gegen Juden von den Geschäften, den Restaurants oder Büros heruntergenommen. Butter und Eier, die außerordentlich knapp gewesen waren, gab es plötzlich in Hülle und Fülle. Göring hörte auf zu sagen: „Wir brauchen Kanonen statt Butter". Die Olympischen Spiele sollten bald beginnen.
Wie einfach war es, vor ausländischen Gästen die wahren Vorgänge in diesem Land zu verbergen! Ohnehin kümmert es nur wenige, was in einem anderen Land passiert. Die meisten Leute meinen, daß ihr eigenes Leben davon nicht berührt wird. Das Radio war kaum zehn Jahre alt. Sämtliche Radiostationen in Deutschland schmetterten dieselben Nachrichten, dieselbe Botschaft, dieselben Kommentare. Alles war darauf abgestellt, ausländische Besucher zu beeindrucken, und alles, was eventuell mißfallen könnte, verschwand für eine Weile von der Bildfläche.
Herausragender Athlet der Olympischen Spiele 1936 war Jesse Owens, der vier olympische Goldmedaillen gewann. Hitler und alle ranghohen Parteiführer waren dabei und sahen die großartige Leistung mit eigenen Augen. Die begabte Filmregisseurin Leni Riefenstahl, die beauftragt war, die Olympiade zu filmen, war auch zugegen und hielt alles filmisch fest. Alle Wettkampfsieger wurden dem „Führer" präsentiert, um von ihm persönlich ihre Medaillen zu erhalten. Das heißt alle außer einem. „Der Führer" wollte Jesse Owens nicht empfangen, geschweige denn, ihm gratulieren. In Hitlers Augen war er ein Untermensch, denn Jesse Owens war schwarz. Seine hervorragende Leistung zählte nicht.
Eines Abends wurde ich von Freunden des Anarchisten, Philosophen und Schriftstellers Gustav Landauer eingeladen. Mehr als zehn Jahre vor Hitlers Machtübernahme war Landauer we-

gen seiner Ansichten erschlagen worden.[39] Das war in München geschehen und seine Mörder wurden zu lächerlichen fünf Wochen Festungshaft verurteilt. Die Haft wurde nicht in einem Gefängnis vollzogen, sondern in einer Festung oder einem Schloß. Ich hatte lange nach seinem Tod von den genauen Umständen erfahren, aber ich konnte die grausamen Einzelheiten, die mir Augenzeugen geschildert hatten, nicht vergessen. Und dabei war das in der damaligen Zeit nur eine Ungerechtigkeit unter vielen, nur ein Mord unter vielen. Es war eigentlich undenkbar, daß es auch nur einen einzigen normalen, intelligenten erwachsenen Deutschen geben sollte, dem in seinem Leben nicht Verleumdung, Unrecht oder Terror begegnet waren.

Auf dem Weg zu dieser Einladung bei dem bekannten Wasserbauingenieur Professor Kelen und seiner Frau sah ich ein paar Kinder, die auf dem Bürgersteig ein neues Spiel spielten. Ich blieb stehen, um zu sehen, was sie da spielten. Sie spielten KZ. Sogar die Kinder wußten davon! Sogar Kinder! Ich spürte die bekannten Zeichen der Depression in mir aufsteigen, während ich weiterging.

Mein Gastgeber hatte in vielen Ländern Staudämme und Wasserkraftwerke konstruiert. Das größte und berühmteste davon war das Wasserkraftwerk bei Dnjeprostroy in der Sowjetunion. Ich hatte von diesem riesigen Reservoir am Dnjepr gehört und war recht eingeschüchtert von dem großgewachsenen, breitschultrigen Professor. Er und seine Frau kamen in die Eingangshalle, um mich willkommen zu heißen. Seine tiefliegenden Augen unter der breiten offenen Stirn schienen zu lächeln, aber er sprach wenig. Frau Kelen, rosig und hübsch, streckte ihre Arme zur Begrüßung aus und tat ihr Bestes, um es mir so angenehm wie möglich zu machen.

Sie stellten mir ihren Freund, Professor Wolff Bronner aus Moskau vor, der bei der russischen Botschaft arbeitete und bei ihnen wohnte. Während des Essens brachte Frau Kelen ihren

Mann dazu, uns etwas darüber zu erzählen, daß es am Dnjepr meistens die Frauen waren, die Erde und Steine schleppten und ihre Tröge oft nur mit bloßen Händen füllen mußten. „Die Sowjetunion versucht, vom Steinzeitalter direkt zur Wirtschaft eines modernen Industriestaates überzugehen", sagte Kelen, und seine Erklärung erinnerte mich an Heinrich Vogeler, der fast dieselben Worte gebraucht hatte, als er von Rußland erzählte.

Als Frau Kelen in der Küche verschwand, wandte sich Professor Bronner an mich. Er war ein freundlicher Mann mit hohen Backenknochen und kurzgeschorenem, grau meliertem Haar. Er sah unverkennbar russisch aus und sprach voller Begeisterung von seinem Heimatland. Er versuchte, mich zu überreden, nach Rußland zu kommen. Ich würde viele Möglichkeiten in meiner Karriere haben, sagte er. Seine beiden Töchter waren Diplomingenieure und kamen beruflich sehr gut voran, betonte er. „In der Sowjetunion haben Frauen genau dieselben Chancen wie Männer", sagte er. „Sie werden niemals benachteiligt." Er stand kurz vor der Abreise, denn seine Frau war nicht bei ihm, und er sehnte sich danach, wieder nach Hause zu kommen. Er hatte einen ganzen Koffer voll mit Geschenken besorgt von *Rosenhain – Haus der Geschenke* am Kurfürstendamm, der schon im Flur stand. Er wollte mir Fotografien von seiner Frau und den Töchtern zeigen und ging auf sein Zimmer, um sie zu holen. Wir hörten ein Geräusch im Flur und schauten nach, was los war. Bronner muß gegen den übervollen Koffer gestoßen sein. Der war aufgeplatzt, und die Geschenke lagen über den ganzen Teppich verstreut. Da lagen Stopfgarn, Nähgarn, Stopf- und Nähnadeln, Sicherheitsnadeln, Knöpfe jeder Größe, Gummiband und vieles mehr. „Damit könnte ich mein ganzes Leben lang meine Kleider flicken", dachte ich. Der Professor kniete auf dem Boden und versuchte, diese verräterische Geschenksammlung schnell zu verstecken. Sein Gesicht war dunkelrot, weil er sich doch bücken mußte. Wir lachten nicht und sagten auch nichts, um ihn nicht noch mehr in Verlegenheit zu bringen. Das alles bestätigte mir, was Fred und Pussy Forbat vom Leben in der Sowjetunion erzählt hatten. Wolff Bronner war ein berühmter Mediziner, und Jahre später hörte ich, daß eine Straße in Moskau nach ihm benannt wurde. Dieser loyale Mann hat das bestimmt verdient!

*

Ich war hoch erfreut, als ich eine Einladung von Tante Elvire und Onkel Paul Bachrach bekam, einige Wochen bei ihnen im Castello San Materno in Ascona zu verbringen.
Auf dem Weg nach Ascona blieb ich für kurze Zeit in Zürich bei meiner Cousine Vera und ihrem Mann Ernst Mayer, dem musikalischen Sohn von Bernhard Mayer, einem erfolgreichen und sehr reichen Schweizer Geschäftsmann, der Zeit seines Lebens Schriftsteller und Künstler unterstützt hatte.
Bei Vera teilte ich mir ein Zimmer mit Ilse, die sieben Jahre jünger war als ich. Sie war die Tochter von Paul und Hilde Lehmann, die in Duisburg gelebt hatten. Ilses Mutter Hilde war auch eine Cousine von mir und ihr Vater Paul hatte meinem Vater in den frühen zwanziger Jahren finanziell geholfen, seine Praxis in Hamm nach der Inflation wieder aufzubauen. Mein Vater konnte Paul das Geld bald zurückgeben. Paul war Chemiker und hatte ein Patent für Hühner- und Gänsefutter, das aus Fischgräten hergestellt wurde, aber den Geschmack des Geflügels nicht beeinträchtigte. Eines Tages, es muß 1934 gewesen sein, brach in Pauls Fabrik in Duisburg ein Feuer aus. Die Feuerwehr ließ sich mit dem Löschen viel Zeit, das Feuer breitete sich rasend schnell aus, und die Fabrik war nur noch eine Ruine. Die Versicherungsgesellschaft behauptete, das Feuer sei von der SA gelegt worden. Paul wandte sich an seinen Rechtsanwalt, und es wurden Zeugen vernommen, die bestätigten, daß die Fabrik von der SA in Brand gesetzt worden war. Der Versicherungsvertrag deckte Brandstiftung aber nicht ab. Paul wurde gezwungen, seine Arbeiter weiter zu bezahlen, ob-

wohl er jetzt keine Einkünfte mehr aus der Fabrik hatte. Er verkaufte sein Haus und kaufte landwirtschaftliche Maschinen. Die Möbel und die landwirtschaftlichen Maschinen wurden in zwei großen Containern im Hamburger Freihafen gelagert. Bernhard Mayer hatte für Paul den halben Anteil an einem Weingut namens *Claribes* in der Nähe von St. Foy La Grande in der Gironde gekauft. Paul und Hilde hofften, daß sie davon würden leben können, und warteten auf ein Visum, um nach Frankreich ziehen zu können.
Als ich 1936 in Zürich bei Vera Mayer war, wohnten Paul und Hilde Lehmann inzwischen bei Freunden in Düsseldorf und warteten schon seit einem Jahr auf die lebensrettenden Visa. Ihr Sohn Alfred hatte bereits ein Visum erhalten und war in Frankreich. Die neunzehnjährige Ilse, deren Aufenthaltserlaubnis für die Schweiz nur wenige Wochen galt, wohnte in dieser Zeit bei Vera. Wie ihre Eltern in Düsseldorf lebte sie im Niemandsland, denn sie hatten keine Aufenthaltsgenehmigung, für nirgendwo.

*

Ich setzte meine Reise nach Ascona fort. Zu der Zeit hatte meine Mutter dort noch ihren attraktiven Zweizimmerbungalow und hoffte, ihn vermieten zu können. Inzwischen wohnte sie bei ihrer Schwester Elvire im Castello San Materno. Onkel Paul war oft fort, um in seiner Seidenfabrik in Mailand zu arbeiten, und aus Vorkriegszeiten hatte er noch ein Geschäft in Brüssel.
Eine weitere Besucherin im Castello San Materno war Elvires Cousine, die Ehefrau des Komponisten d'Albert, Hilde d'Albert, geborene Fels. Sie muß in ihrer Jugend sehr hübsch gewesen sein, immer noch hatte sie ein Stupsnäschen, wunderschöne, himmelblaue Augen und eine sanfte, einschmeichelnde Stimme. Ich hörte ihrem Klavierspiel gern zu, das gelegentlich von einem Schluck Sherry oder auch Härterem unterbrochen wurde. Sie war als sechste Frau des Komponisten Eugène d'Albert *Die Pastorale* genannt worden. Jetzt nannte man sie in

Ascona *die Neunte*, in Anlehnung an die letzte Symphonie Beethovens, denn sie war die letzte Frau des Komponisten. Meine Cousine Vera hatte mir erzählte, wie es zu dieser Titeländerung gekommen war. D'Albert wollte sich scheiden lassen, aber Hilde wollte nicht einwilligen und hatte ihm auch keinen Scheidungsgrund geliefert. Er war es, der sie schlecht behandelt hatte. Er hatte sie eines Tages aus dem Auto aussteigen lassen, war einfach davongefahren und ließ sie mutterseelenallein auf einem Alpenpaß zurück. Sie schwor, nie in eine Scheidung einzuwilligen. Dann hörte d'Albert davon, daß man sich in Riga in Abwesenheit seiner eigenen Frau scheiden lassen könne. Sofort packte er seine Siebensachen und fuhr gen Norden, um die Scheidung in Gang zu bringen.

„Aber", sagte Vera, „Hilde war in Ascona, und in Ascona weiß jeder alles."

„Das ist wahr!" warf ich ein.

„Sobald Hilde d'Albert von dem Plan ihres Mannes erfahren hatte, stieg sie in den nächsten Zug von Locarno nach Norden. Sie wollte sich nicht kampflos geschlagen geben."

„Das kann man ihr wirklich nicht übelnehmen!"

„In Riga fand Hilde heraus, wann und wo das Scheidungsverfahren stattfinden sollte, und als Eugène d'Albert die Stufen zum Gericht heraufkam, sah er sich seiner Frau gegenüber, Auge in Auge. Eugène war sich so sicher gewesen, daß er sie nun los werden würde. Vielleicht hatte er auch schon Nummer sieben im Kopf. Seine Frau völlig unerwartet in Riga anzutreffen, war für ihn ein entsetzlicher Schock; so heftig war der Schock, daß er auf der Stelle eine Herzattacke erlitt und starb."

Vera lächelte mich traurig an und schüttelte den Kopf:

„Tja, das war im April 1932. Das Ergebnis war genau das, was er hatte verhindern wollen: Hilde erbte sein gesamtes Vermögen, seine Musik, seine Tantiemen, einfach alles."

„Was für eine Geschichte, Vera! Wie alt war d'Albert?"

„Er war achtundsechzig. Selbstverständlich erhoben alle seine fünf geschiedenen Frauen Ansprüche, und Hilde mußte halt einen kleinen Teil ihres unverhofften Reichtums abgeben.“
„Würdest Du das ein Happy-End nennen, Vera?“

*

Auf der Rückfahrt machte ich einen kleinen Umweg nach Arosa. Hierhin hatte mich mein Wohltäter Felix Oppenheim eingeladen, um eine Weile bei ihm, seiner neuen Frau und ihren Kindern zu bleiben. In Arosa lag Schnee, und zum ersten Mal, seitdem unser Haus im Stryck verkauft war, konnte ich Ski laufen. Das Hotel war sehr luxuriös und warm. In dem großen Wohnzimmer war eine lange Blumenbank vor einem großen Spiegelglasfenster. Vor dem Fenster lag eine bewaldete Böschung, und große weiße Schneeflocken wehten über den dunklen Nadelwald hinweg. Nach ein paar Tagen mußte ich von der freundlichen Familie Abschied nehmen und meine Reise nach Norden fortsetzen.
In Berlin angekommen lud mich Dr. Fritz Krökel, mein Hauslehrer aus Kindertagen, in seine geräumige Dachgeschoßwohnung in Berlin-Charlottenburg ein. Auf dem Weg dahin mußte ich den Tiergarten durchqueren. Es war ein feuchter, milder Abend. Die naßglänzenden Bäume standen reglos in dem winterlichen Park. Sie schienen ihre schwarzen Arme in die weißlichen Nebel hinaufzustrecken, als flehten sie um Hilfe.
Ich stieg die Treppe zu Krökels Wohnung hinauf, deren Wände mit Bücherregalen zugestellt waren und in der es viele Zimmerpflanzen gab. Er kam zur Tür, dieser hochgewachsene, kahle, bebrillte Ex-Offizier, und ich schüttelte seine verkrüppelte Hand, ein Andenken aus dem Ersten Weltkrieg. Wir plauderten über die alten Tage im Stryck, meine Mutter und Ascona, das er gut kannte. Tüchtig in allem, was er tat, hatte er einen köstlichen Salat vorbereitet.

„Versuch, Deutschland so bald wie nur möglich zu verlassen“, sagte er zu mir. „Als Architektin kannst du überall auf der Welt arbeiten, und du bist jung genug, um dich einem anderen Land anzupassen.“

„Ja, ich weiß, daß ich fortgehen muß, aber ich weiß nicht, wohin ich gehen kann. Eine Freundin meiner Mutter kennt jedoch eine englische Familie, die eine Tochter hat, die vielleicht etwas jünger ist als ich. Sie will diese Familie bitten, mich für zwei Wochen einzuladen, so daß ich in England nach Arbeit suchen kann. Sie möchten auch, daß die Tochter ein bißchen Deutsch lernt. Ihr Vater ist im Exportgeschäft, ich glaube Regenmäntel.“

„Geh, so bald du nur kannst. Es ist gefährlich für dich, hier zu bleiben.“

„Ich weiß, Kro“, seufzte ich, „und es gibt hier bald sowieso keine Arbeit mehr für mich. Ich gehöre nicht mehr hierher.“

„Was machen deine Studentenfreunde?“ Ich erzählte ihm von Friedel Letz und von Rudi Kraut, den er ja kennengelernt hatte, und von verschiedenen anderen Menschen, von denen ich wußte, daß sie im Spanischen Bürgerkrieg kämpften. Ich erzählte ihm auch, daß ich zu keinem Menschen in der Architektur-Abteilung mehr Kontakt hatte.

„Da mußt du ziemlich isoliert sein, nicht?“

„Ja, das bin ich.“ Ich wollte noch hinzufügen: „Alle Juden, die ich kenne, haben Unannehmlichkeiten und große Schwierigkeiten“, aber ich hielt mich zurück. Er war Christ und „Arier“, und es waren „seine“ Leute, die uns verfolgten. Krökel war ein feiner Mensch, und mir war nicht danach zumute, seine Gefühle zu verletzen.

„Geh bald“, wiederholte er, und als wir uns später verabschiedeten: „Laß dir niemals vorschreiben, was du zu denken hast. Halte deine Augen offen und bleibe bei wachem Verstand.“

„Ja, Kro, ich habe mir schon vorgenommen, daß ich das mein ganzes Leben lang tun will.“ Wir verabschiedeten uns, und er

umarmte mich steif. Wir hatten immer ein Lehrer-Schüler-Verhältnis gehabt und es war Krökel nicht gegeben, seine Gefühle zu zeigen. Aber wir wußten beide, daß es ein Abschied für immer sein konnte.
Ich ging wieder durch den Tiergarten und die dunklen Straßen, die still und menschenleer waren. Der einzige Laut kam von meinen eigenen Schritten, die leise von den hohen grauen Mauern der Mietshäuser widerhallten. Plötzlich hörte ich ein Geräusch in hoher Tonlage. Mir wurde bewußt, daß es schon eine Weile zu hören gewesen war, aber ich konnte nicht erkennen, was es war. Es hörte sich fast an wie eine Maschine, und doch war es keine Maschine. Die Steinhäuser glänzten matt in der feuchten Dunkelheit. Als ich um eine Straßenecke bog, brach das Geräusch jäh ab. Dann fing es plötzlich wieder an, laut und in der Nähe. Es war ein Schrei, ein schriller, fast körperloser menschlicher Schrei. Der Schrei wurde lauter und lauter und brach dann plötzlich ab. Es folgte absolute Stille.
Es fing zu schneien an. Kleine Schneeflocken vermischt mit Hagel ließen den Wohnblock, in dem mein kleines Zimmer war, beinah verschwinden. Meine Hand zitterte, und ich konnte kaum den Schlüssel in das Schloß stecken, um die Tür zu öffnen.

21. Exil

„Was ist Ihre Religion?“ fragte der Beamte. Eine Frage, die mich immer ärgerte, denn was ich glaubte, war doch wohl meine private Angelegenheit. Alles, was ich von diesem vierschrötigen, kahlköpfigen, kleinen Beamten wollte, waren ein Paß und eine Ausreiseerlaubnis, um nach England reisen zu dürfen. Was hat der Glaube denn damit zu tun, wenn man in ein anderes Land reisen will? „Ich habe keine Religion.“
„Sind Sie Freidenker?“
„Die Gedanken sind frei . . .“ zitierte ich das Lied, das jeder kannte, „oder etwa nicht?“

„Machen Sie keine Witze. Sie sind Jüdin, nicht wahr?“
„So sagt man, aber eigentlich habe ich keine Religion.“ Der Beamte hatte auf seinem Schreibtisch drei geschnitzte Affen stehen. Jetzt drehte er sie betont langsam zu mir, so daß ich sie sehen konnte.
„Hör nicht, sieh nicht, sprich nicht.“ Er spitzte die Lippen. „Sehen Sie, Sie können ganz offen mit mir reden, ganz ohne Furcht. Sagen Sie mir, warum wollen Sie aus Deutschland fortgehen?“ Aber ich war auf der Hut.
„Ich bin von einer Familie in Coulsdon bei London eingeladen worden.“
„Kennen Sie diese Familie? Nein? Warum wurden Sie denn dann eingeladen?“
„Sie haben eine Tochter meines Alters, und sie möchten, daß ich deutsch mit ihr rede.“
Wieviele Nächte hatte ich wach gelegen, zitternd, wenn ich in den frühen Morgenstunden Schritte im Hof hörte. Ich dachte an Dr. Kurt Sternberg, Privatdozent der Philosophie an der Humboldt-Universität Berlin, der nicht weit von mir in der Uhlandstraße wohnte. Er war von der Gestapo in ein KZ verschleppt worden, kam aber schon nach wenigen Tagen wieder nach Hause. Ich war tief erschrocken, als ich ihn danach wiedersah: Er schien ein gebrochener Mann zu sein, um Jahre gealtert! – War ich jetzt an der Reihe? – Carl von Ossietzky, der Herausgeber der linken Zeitschrift *Die Weltbühne* [40], Erich Mühsam, Dichter und Shakespeare-Forscher, und viele weniger bekannte Intellektuelle waren ins *Columbia-Haus* verschleppt worden, wo Gefangene nicht schlafen durften. Starkleuchtende Scheinwerfer bestrahlten sie die ganze Nacht. Stundenlang wurden sie verhört, bis sie zusammenbrachen und „gestanden“, was immer die Inquisitoren wollten, und wenn sie nicht zusammenbrachen, dann wurden sie gefoltert. Ich hatte unter anderem von meinem Bruder Erhart einiges über dieses Haus gehört: von herausgerissenen Fingernägeln, von Säure, die widerspenstigen Op-

fern in die Augen getropft wurde. Erich Mühsam und Carl von Ossietzky hatten das *Columbia-Haus* nicht überlebt.
Ich erinnerte mich daran, wie Rudi Kraut und ich als Studenten einmal an einem KZ bei Oranienburg vorbeifuhren. Wir waren auf dem Rückweg von einer Radtour zum Jagdschloß Letzlingen, meiner alten Schule, in der Nähe von Gardelegen. Wir sahen den Stacheldraht, der zwischen hohe Betonpfeiler gespannt war, wir sahen die Wachttürme von Männern mit Maschinengewehren besetzt. Das war Pfingsten 1933 gewesen. Gegen Abend, als wir an den Stacheldrahtumzäunungen entlangradelten, stießen wir auf einen SA-Trupp. Sie hielten uns an und fragten Rudi in drohendem Ton, ob ich Jüdin sei, wegen meiner dunklen Haare. Rudi hingegen war blond. Rudi nahm eine sehr überlegene, hochmütige Haltung an und sagte ihnen, ganz wahrheitsgemäß, daß sein Onkel General sei, und er würde seinen Onkel wissen lassen, wenn sie uns Schwierigkeiten machten. Er fügte hinzu, nicht ganz so wahrheitsgemäß, daß ich rein „arischen Blutes" sei: „Sie ist eine spanische Adlige, ihre Familie ist gut befreundet mit dem Generalissimo Franco. Ich rate Ihnen, sich also anständig zu benehmen!" Die Männer schienen uns aber nicht ganz zu glauben. Sie waren schlecht gelaunt, und einer von ihnen rief: „Wir könnten doch alle einen Bissen von diesem süßen Früchtchen vertragen!" Mir wurde eiskalt vor Angst, und wir fuhren so schnell wir konnten davon.
So lebten wir in Deutschland. Meine Mutter sah sich gezwungen, unser schönes Haus im Stryck mit den Wäldern und Wiesen zu verkaufen und auch all die Kunstschätze, die mein Vater über viele Jahre gesammelt hatte. Gesichter, die mir gestern noch zugelächelt hatten, wandten sich heute ab. Sobald ein Freund es wagte, mich zu besuchen, wurde das Telefon mit einem Kissen zugedeckt, und ich vergewisserte mich, daß ein Flucht-Ausgang frei war für den Fall, daß es noch einen zweiten, schlimmeren Besucher geben sollte. Jeder Häuserblock hatte jetzt seinen eigenen Blockwart, der alle Mieter und Un-

termieter auszuspionieren hatte. Ich lebte zunehmend isoliert von früheren Freunden und Kollegen und war fast täglich Demütigungen ausgesetzt, wie zum Beispiel der Weigerung eines Ladenbesitzers, mir frische Brötchen zu verkaufen. „Sie können alte Brötchen bekommen. Die sind gut genug für Sie." An vielen Geschäften hingen jetzt Schilder: „Wir verkaufen nicht an Juden."

Und dieser Beamte hier in seinem fadenscheinigen Seidenjackett fragte mich, warum ich Deutschland verlassen wollte. Als ob er das nicht wüßte!

Kein „arischer" Deutscher durfte mich anstellen. Ich durfte kein Schwimmbad betreten – welch eine Ironie, es war mein Vater, der für die Entstehung des ersten Schwimmbades in Hamm verantwortlich gewesen war. Jetzt durfte ich nicht einmal mehr auf einer Bank in einem der schönen Berliner Parks sitzen. Freunde und Kollegen, wie der Geiger Georg Kniestaedt oder der Architekt Charlie Gibbs und seine Freundin Lotte, die eine Yacht besaßen, durften mich nicht mehr einladen, mit ihnen zu segeln oder mit ihnen in ihren Club am Seeufer zu gehen. Wenn ich in meinem kleinen Boot auf dem Pichelsee bei Berlin war, durfte ich keines der Cafés am Seeufer betreten, um eine Tasse Kaffee zu trinken. Einmal draußen auf dem See, war es sicherer, sich so weit wie möglich unsichtbar zu machen.

So viele ehemalige Freunde hatten Angst vor mir, als ob ich eine ansteckende Krankheit hätte. Eine Ausnahme war die große, weißhaarige, aristokratische Mutter meines Kommilitonen Rudi Kraut, obwohl der älteste ihrer drei Söhne von Hitler wie hypnotisiert schien. Hin und wieder wagte eine Freundin in der Hochschule, auf der Toilette mit mir zu sprechen oder eher zu flüstern. Aber erst vergewisserte man sich durch einen schnellen Blick nach draußen, daß niemand den Korridor entlangkam, dann guckte man unter die Türen der Kabinen, um sicher zu sein, daß keine Füße zu sehen waren und daß uns niemand zuhörte.

Die Vorlesungen über „Heizung und Lüftung“ von Professor Gröber hatten etwa vierhundert Zuhörer, da sie von Studenten mehrerer Fakultäten besucht wurden. Der Hörsaal war immer überfüllt, und Studenten saßen und standen sogar in den Gängen. Wenn ich mich in eine Bankreihe setzte, blieb diese Reihe leer. Niemand wollte neben mir sitzen oder auch nur auf derselben Bank!
Dank der Tatsache, daß mein Vater, obwohl im Innersten ein Pazifist, während des Ersten Weltkriegs Oberstabsarzt gewesen war, durfte ich 1935 mein Diplom machen. Jetzt, 1937, bat ich um einen Paß und um die Erlaubnis, Deutschland zu verlassen, und dieser lächerliche Beamte wollte wissen, warum.
„Warum hat diese englische Familie Sie eingeladen? Sie sind Architektin. Arbeiten Sie denn nicht?“ Seine Stimme holte mich in die Gegenwart zurück.
„Nein, ich habe keine Arbeit mehr.“
„Warum nicht?“ wollte er wissen.
„Weil kein Arier mich anstellen darf.“ Ich wurde ärgerlich und besorgt zugleich. Er wußte das alles, was wollte er von mir?
„Warum können Sie nicht bei einem jüdischen Architekten arbeiten?“
„Die jüdischen Architekten, bei denen ich gearbeitet habe, haben selbst keine Arbeit mehr.“
„Welche politische Einstellung haben Sie?“
„Ich gehöre keiner politischen Partei an.“ Ich wußte, daß ich der Frage ausgewichen war, aber er ließ es durchgehen. Nachdem ich meine Bankauszüge vorgelegt und einen Eid unterschrieben hatte, daß ich niemandem Geld schuldete, bekam ich endlich einen Paß und durfte das Büro verlassen. Ein großes rotes *J* war auf die erste Seite gestempelt worden, und meinem Name *Marianne* war der Name *Sara* hinzugesetzt worden. Ich wußte damals nicht, weshalb das gemacht wurde. Dadurch wurde es für die Nazis leichter, alle deutsch-jüdischen Flüchtlinge in allen von Deutschland besetzten Ländern Europas auf-

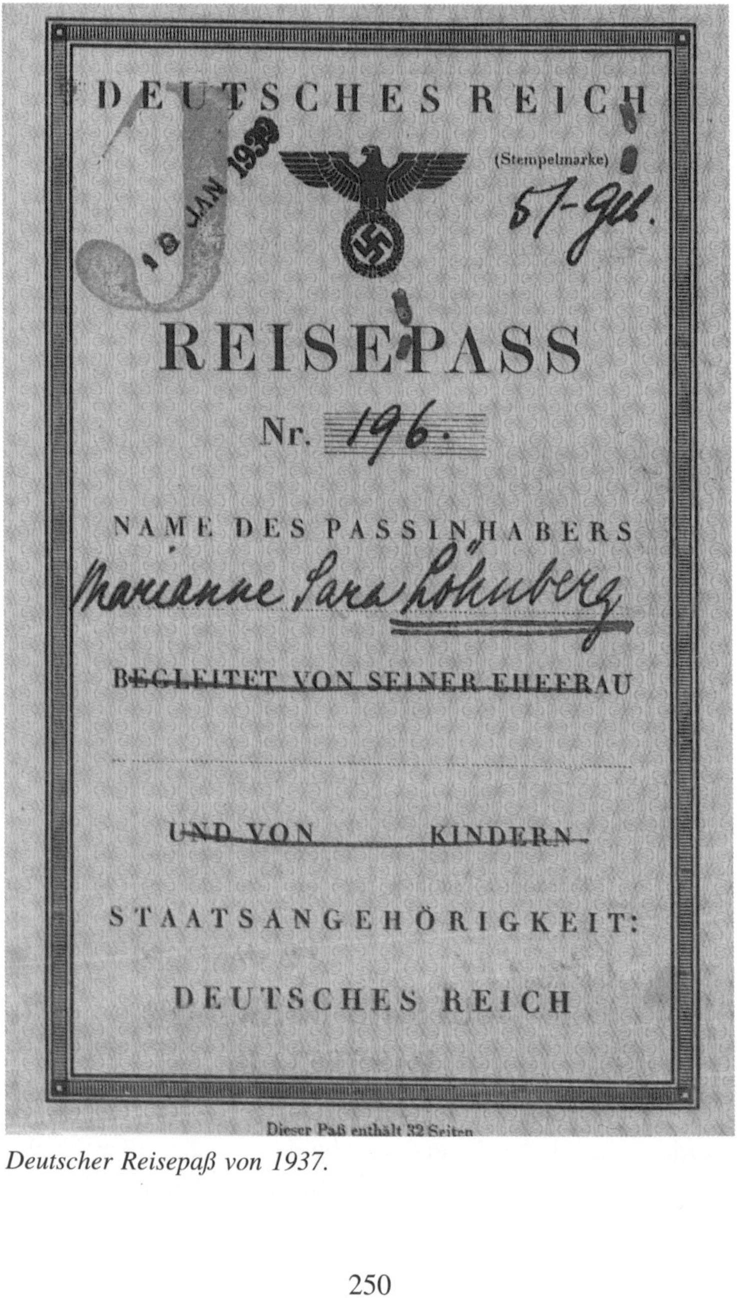

Deutscher Reisepaß von 1937.

zustöbern, sei es in Holland, Belgien, Frankreich, England oder wo auch immer.

Ehefrau

Lichtbild

Unterschrift des Paßinhabers

und seiner Ehefrau

Es wird hiermit bescheinigt, daß der Inhaber die durch das obenstehende Lichtbild dargestellte Person ist und die darunter befindliche Unterschrift eigenhändig vollzogen hat.

London, den 18 JAN 1939

DEUTSCHE BOTSCHAFT
PASSTELLE.

Reisepaß im Januar 1939 in London ausgestellt auf der Grundlage des deutschen Passes (Marianne Walter)

Ich erkannte damals die Bedeutung dieser Pässe nicht. Ich weiß nur noch, daß ich mich stolz und überlegen fühlte gegenüber denen, die mich und andere Menschen demütigen wollten, weil sie sich für Mitglieder der erlauchten „arischen Rasse“ hielten. Der Beamte, der mich befragt hatte, sah selbst jüdisch aus. Ich fragte mich, welche Art Druck und Drohungen man gegen ihn gebraucht hatte, um ihn in diese widersprüchliche Lage zu bringen, in der er ja als eine Art Inquisitor gegen sein eigenes Volk handelte. Er lächelte mir jetzt freundlich zu, schüttelte mir die Hand und wünschte mir „Viel Glück in England“. In diesem Moment spürte ich, daß er meine Lage voll und ganz verstand. Ich hatte von meinem Gehalt bei Ernst Schein, der immer großzügig bezahlte, etwas gespart. Ich wollte gerade gehen, als der Beamte sagte: „Sie dürfen nur zehn Reichsmark mitnehmen.“

„Zehn Reichsmark?“

„Mehr ist nicht erlaubt. Ist Ihnen das klar?“ Ich war entsetzt. Wie sollte ich damit auskommen? Ich verließ das Büro und schlängelte mich durch den langen, dunklen Tunnel eines Flurs, in dem dicht an dicht Menschen standen, die wie ich ihr Geburtsland verlassen wollten; ihr Heimatland, in dem sie nicht mehr arbeiten oder ihre Kinder in die Schule schicken durften, in dem sie keine Freunde mehr hatten – kurz: in dem sie nicht mehr leben durften.

Da standen Frauen mit kleinen Kindern, alte und kranke Männer. Eine erschöpfte Schwangere lehnte an der Wand, denn es gab keine Stühle. Es gab nichts, wo man hätte Platz zum Sitzen finden können, es gab kein Fenster, keine Lüftung. Es gab keine Unterhaltung, kein Gelächter in dem dunklen, überfüllten, muffigen Flur, nur das gelegentliche Geflüster einer Mutter, die versuchte, ihr weinendes Kind zu beruhigen. Wie sollten all diese Leute mit nur zehn Reichsmark zurechtkommen, und was hatte der deutsche Staat mit den enormen Summen vor, die er auf diese Weise tausenden „Nicht-Ariern“ raubte, die zur Emigration und zum Zurücklassen ihrer gesamten Habe gezwungen wurden? Darüber stand nichts in den Zeitungen. Kein Wort. Christen mit jüdischer Verwandtschaft wie einem jüdischen Großvater oder mit einem jüdischen Elternteil wurden „Halb-oder Viertel-Juden“ genannt. Häufig wurden sie nachsichtiger behandelt als sogenannte „Voll-Juden“. Ein Heft mit dem Titel *Wer war dein Großvater?* wurde an allen Berliner Kiosken verkauft. Wer war der Großvater von Jesus Christus?, war mein bitterer Gedanke. Wer waren seine Mutter, sein Volk, seine Freunde? Aber die Wahrheit war ja unwichtig geworden.

Vielen Juden und „Nicht-Ariern“ wurden ihre Geschäfte und Häuser konfisziert. Das hübsche Haus des alten Herrn Wallach in Berlin-Zehlendorf wurde einige Monate später plötzlich die Wohnung eines hochrangigen Nazi-Führers. Bevor ich ausreiste, verabschiedete ich mich von dem gebrechlichen alten Herrn, und er lieh mir Bernard Shaws *Saint Joan*. Er bat mich, es ihm zurückzubringen, und ich schäme mich noch heute, daß ich es nicht getan habe. Vielleicht ist sein Haus heute die Bleibe eines Angestellten der *Freien Universität*, die sich jetzt in Berlin-Zehlendorf befindet. Andere Leute, wie meine Mutter, waren vor der drohenden Konfiszierung gewarnt worden und verkauften ihr Eigentum so schnell wie möglich und für einen Bruchteil seines wahren Wertes. Und wenn sie Deutschland dann verlassen mußten, hatte selbst dieser Betrag zurückzubleiben, und wurde somit zum Eigentum des Dritten Reiches.

Warum ich Deutschland denn verlassen wolle, hatte der Berliner Beamte mich gefragt. Ich wußte damals nichts über das Judentum, aber ich dachte oft, daß es viel besser sei, zu den Verfolgten zu gehören, als einer dieser „arischen Deutschen“ zu sein, die das jüdische Volk verleumdeten, die den Juden sämtliche Bürgerrechte nahmen und die, wenn die Juden dann das Land verlassen mußten, sich an deren Habe bereicherten.

Endlich war ich auf dem Boot nach Harwich. Ich war sehr hungrig und sah all den anderen Menschen zu, die da aßen und tranken, miteinander plauderten und lachten. Mit nur zehn Mark in der Tasche, konnte ich mir natürlich keine Tasse Tee oder Scheibe Brot leisten. Ein älteres englisches Ehepaar erkundigte sich, ob ich schon einmal in England gewesen sei: „Sie müssen unbedingt Devonshire besuchen", sagten sie, „es ist sehr schön dort, und das Klima ist fast subtropisch." Ich dachte an meine zehn Reichsmark und erzählte ihnen, ich sei auf der Suche nach Arbeit in England. Sie verstanden wahrscheinlich meine Lage nicht wirklich, aber sie luden mich zum Tee ein. Es gab dünne Gurkensandwiches, getoasteten Teekuchen und Tee mit Milch.
Sie waren sehr freundlich, taktvoll und stellten mir keine Fragen. Ich nahm es als gutes Omen und dachte, daß ich die Engländer mögen würde. Es war eine Tat einfacher Güte, die mich tief berührte. Ich kannte ihren Namen nicht, aber ich habe sie nie vergessen.
Und so kam ich in England an.

22. Ein Resümee

Was geschah mit den Menschen, die in diesem Buch erwähnt sind? Von vielen konnte ich nach 1945 keine Spur mehr finden. Dazu gehören all jene jüdischen Verwandten, die nicht in der Lage gewesen waren, Deutschland vor 1939 zu verlassen. Ich habe siebzehn Verwandte gezählt, von denen ich nicht weiß, was aus ihnen geworden ist.
- Meine Mutter Selma Löhnberg, geborene Bachmann, überlebte den Krieg in Brüssel. Sie konnte mit ihrer Flucht ins benachbarte Belgien 1936/37 und ihrer Proforma-Heirat mit Herrn van Doorne nicht der Gestapo entkommen. Sie wurde einige Monate gefangen gehalten, bis alle Gefangenen im September 1944 aus dem Internierungslager Anderlecht befreit wurden. 1947 erhielt sie ein Visum für England, wo sie ihren

Selma Löhnberg – van-Doorne und Dr. Erhart Löhnberg in Bournemouth 1961 (Marianne Walter)

Lebensabend verbrachte und ihre ganze, mir vorliegende Lebensgeschichte niederschrieb. Sie starb im November 1967.
- Mein Bruder Erhart schloß sein Studium der Soziologie und Psychologie mit Promotion ab. Er floh Ende 1937 zuerst in die Schweiz, ging dann nach Belgien, schulte zum Maschinenschlosser um und wanderte Ende 1938 über Frankreich nach Bolivien aus. Dort arbeitete er als Lehrer und Fremdsprachenkorrespondent. Nachdem er einige Jahre in England gelebt hatte, kehrte er 1964 nach Berlin zurück und starb hier im April 1989.

Selma Löhnberg als Flüchtling in Brüssel 1940 (Marianne Walter)

- Meine Cousine Hilde und ihr Mann Paul Lehmann aus Duisburg bekamen schließlich ein Visum nach Frankreich und konnten das Weingut *Claribes* nahe St. Foy la Grande mit ihren beiden Kindern zusammen bewirtschaften. Doch nach dem Einmarsch der Deutschen in Frankreich wurde die Tochter Ilse verhaftet und auf einen Transport verfrachtet, dessen Ziel ein polnisches Todeslager war. Als der Zug gerade losfahren sollte, stürmten französische Bauern auf den Bahnsteig, zogen Ilse aus dem Waggon und retteten sie.
- Tante Elvire und Onkel Paul Bachrach lebten in Ascona in ihrem Castello. Onkel Paul starb 1949 in Ascona und Tante Elvire 1957 in einem Hospital in Locarno. Ihre Tochter Charlotte Bara, die in den zwanziger Jahren in vielen Städten Europas auf der Bühne tanzte, trat in den dreißiger Jahren hauptsächlich in ihrem, von Carlo Weidemeyer konzipierten Theater, Teatro San Materno, auf. Hier unterrichtete sie und stellte es nach dem Zweiten Weltkrieg auch für Gastspiele anderer Bühnen zur Verfügung. Sie starb 1986 in Orselina bei Locarno.
- Professor Hans Poelzig, mein alter Architekturprofessor aus Berlin, haßte die Naziregierung und emigrierte etwa 1936 in die Türkei, obwohl er hätte in Berlin bleiben können. Er spielte eine wichtige Rolle bei dem Aufbau der neuen türkischen Hauptstadt Ankara.
- 1959 besuchte ich Anna Kraut, die Mutter meines Kommilitonen Rudi, in einem hübsch gelegenen Altersheim in Wiesbaden. Die Nachfahrin Bettina von Arnims hielt sich noch immer sehr aufrecht. Ihr Haupt war von einem weißen Haarkranz gekrönt, ihre humorvollen Augen von vielen Lachfältchen eingerahmt. Ihr Lachen mußte jedoch vor langer Zeit verstummt sein, denn ihr ältester Sohn, ein glühender Verehrer Adolf Hitlers, fiel während des Krieges in Rußland. Rudi mußte seine Freundschaft mit mir und unserer gemeinsamen russisch-jüdischen Freundin Xenia Cahn teuer bezahlen. 1933 mußte er die Hochschule verlassen und wurde in ein sogenanntes „Er-

ziehungslager" gesteckt. Seiner Mutter gelang es, einige Fäden zu ziehen, und schließlich durfte er das Studium wieder aufnehmen. Er hatte jedoch zwei Jahre verloren und wurde als „politisch unzuverlässig" eingestuft. Nach seiner Promotion wollte ihn in seiner Heimatstadt Berlin niemand einstellen, und er mußte nach Ostpreußen gehen, um Arbeit zu finden.
Anna Kraut sagte: „Die Nazis? Die waren die Verkörperung des Bösen, das waren Teufel, wahre Teufel waren sie". Nach dem Krieg war Rudi erfolgreich tätig als Architekt. Wir schrieben einander ungefähr alle zwei Jahre. Zuletzt traf ich ihn 1986. Seine Frau war eine Weile zuvor gestorben. Zusammen besuchten wir alte Freunde, darunter die zwei überlebenden Töchter Heinrich Vogelers in Worpswede. Bei meiner Rückkehr fand ich unter meinen Briefen seine Todesanzeige.

- Fred und Pussy Forbat aus Ungarn emigrierten nach Schweden, und auch dort machte sich Fred einen Namen als Architekt und Städtebauer. Sie lebten in Völlingby, einem Vorort von Stockholm. Ich traf ihn im Oktober 1946 auf dem 18. Internationalen Kongreß für Städtebau in Hastings. Er erzählte mir, daß seine Eltern und ihre anderen Verwandten aus Ungarn deportiert wurden und in deutschen oder polnischen Konzentrationslagern verschwunden waren.
- Rudolf Stern war nach Rotterdam gegangen, und Friedel Letz folgte ihm noch vor Kriegsausbruch. Nach dem Krieg fuhren mein Mann und ich nach Holland und forschten in Rotterdam nach ihnen. Ein Architekt im Stadthaus erinnerte sich, daß beide dort gearbeitet hatten, aber er wußte nicht, was nach 1939 mit ihnen geschehen war. Da sie auf ein Visum für Amerika gewartet hatten, fragte ich bei dem amerikanischen Architektenverband nach, aber dort wußte man nichts von ihnen. Auch ein Architekt in Dänemark, der das Schicksal aus Deutschland emigrierter Architekten aufzuzeichnen versuchte, wußte nichts, und auch andere mögliche Quellen in Holland konnten mir keine Auskunft geben.

- Nachdem mein ehemaliges Kindermädchen Erna Thiele aus unserem Haushalt weggegangen war, hatte mein Vater ihr einen Kurs in einer Handelsschule finanziert. Sie bekam einen Posten beim Gaswerk in Hamm. Später war sie gezwungen, Mitglied der Partei zu werden und an Nazimärschen teilzunehmen. 1968 verbrachte sie den Sommer bei uns in Sheffield, aber sechs Wochen nach ihrer Rückkehr in Hamm starb sie im Alter von sechsundsiebzig Jahren. Nach ihrem Tod schrieb mir eine ihrer Schwestern, die einem strengen Orden angehörte, der nicht einmal Besuch von der eigenen Familie gestattete, einen Brief. Schwester Canisia mußte wegen eines Magenleidens nach einer Diät leben, für die sie das Geld nicht aufbringen konnte. Erna hatte ihr monatlich etwas Geld geschickt, aber nun war Erna tot. Falls ich ihr Geld schicken wolle, schrieb sie, müsse ich deutsche Banknoten schicken, so daß ihre Oberin nichts davon erfuhr. Ich sorgte für eine kleine monatliche Summe, die sie immer bestätigte. Das ging fast zehn Jahre lang so, dann blieben ihre Karten aus. Sie war vierundachtzig, und ich wußte, daß sie in eine bessere Welt eingegangen war, zu der Juden wahrscheinlich nicht zugelassen waren.
- Über meine Schulfreundin Cecilia Juliana Norden, *Cissy,* mit ihren amourösen Erzählungen hatte ich viele Nachforschungen angestellt. Ich war zu unserer alten Schule, dem heutigen *Clara-Schumann-Gymnasium,* nach Bonn gefahren. Aber dort wußte man nicht, was aus ihr geworden war. Ich bin in die Bonner Synagoge gegangen. Niemand hatte dort je von ihr oder ihrer Mutter gehört. Das Archiv in Bonn wußte auch nichts. Auf meine Anfrage bei der Bonner Stadtverwaltung erhielt ich die Antwort, daß in Bonn keine Unterlagen über sie vorliegen, aber daß die Anfrage an das Deutsche Bundesarchiv in Koblenz weitergeleitet werde. Von dort erhielt ich dann den schriftlichen Nachweis: Cecilia und ihre Mutter starben in Auschwitz.
- Mein einstiger Lehrer im Stryckhaus und späterer Freund in Berlin, Dr. Fritz Krökel, schrieb nach dem Krieg an mich. Er

hatte die Adresse von meiner Cousine Charlotte Bara in Ascona erhalten.
Zusammen mit meinem Mann und meinen Kindern besuchte ich ihn und seine Frau im Jahre 1959. Sie lebten nach seiner Pensionierung beim Münchener Radio in Tutzing, südlich von München. Von ihrer hübschen Wohnung aus blickte man über einen See und bewaldete Berge. „Ja“, sagte er, sie hätten alle von den Konzentrationslagern und auch von den Todeslagern in Polen gewußt. Was sie nicht gewußt hatten, war die riesige Zahl der Ermordeten. Nach dem Krieg waren viele Überlebende der Konzentrationslager nach Tutzing gekommen. „Sie waren in einem schrecklichen Zustand, sie sahen mehr wie Leichname als wie menschliche Wesen aus. Jeder in Tutzing war bemüht,

Mariannes langjähriger Hauslehrer Dr. Fritz Krökel und Dr. Joseph Walter (Ehemann von Marianne Löhnberg) in Tutzing 1959 (Marianne Walter)

ihnen zu helfen“, sagte Krökel, „aber sie waren so schwach, daß sie kein normales Essen vertragen konnten, und die meisten von ihnen starben an Erschöpfung. Immer neue kamen an und starben. Es war fürchterlich“, erzählte er, „sie waren kaum noch am Leben, wenn sie hier ankamen.“
Zwei Jahre später trafen wir uns in dem österreichischen Dorf Berwang wieder. Ich hatte gerade Alan Bullocks *Das Leben Adolf Hitlers* gelesen, und erwähnte, daß Hitler Befehl gegeben hatte, deutsche Industrieanlagen zu bombardieren und zu zerstören, damit sie am Ende des Krieges nicht in die Hände des Feindes fielen. Krökel sprang auf, zitternd und weiß im Gesicht stand er da und rief: „Das ist nicht wahr! Wer ist überhaupt dieser Alan Bullock?“
„Er ist Professor an der Universität von Oxford und ein anerkannter Historiker“, erklärte mein Mann. Krökel war bestürzt, starrte ihn an und noch immer zitternd sagte er: „Ich muß herausfinden, ob das stimmt. Ich habe einen Freund, der bei Gottfried Feder gearbeitet hat.“ [41] Er verließ den Raum, noch immer kreidebleich und erschüttert.
In Berlin hatte Krökel 1933 die linksgerichtete Literatur des jüdischen Studenten Rudolf Stern aufbewahrt, den er nicht einmal kannte. Mit der Aufbewahrung von Büchern, die öffentlich verbrannt worden waren, hatte er wissentlich sein Leben riskiert. Obwohl er ein echter Konservativer war, hatte er einen tiefen Glauben an die Meinungsfreiheit. Er war Zeuge geworden, wie Hitlers Politik den schlimmsten Krieg in der Geschichte entfesselt hatte, er selbst hatte die „lebenden Leichname“, wie Krökel die Überlebenden der Konzentrationslager nannte, in Tutzing nach dem Krieg gesehen, und jetzt, vierzehn Jahre später, war er bis in die Grundfesten erschüttert und konnte nicht glauben, daß Hitler den Befehl gegeben hatte, die deutsche Industrie zu bombardieren und zu zerstören.
Die Giftsaat hatte im Denken einer ganzen Generation Wurzeln geschlagen.

Epilog

Die Stadt Hamm hatte beschlossen, einen jährlichen Kulturpreis für junge Künstler auszuschreiben. Jedes Jahr sollte ein Künstler aus einem anderen Schaffensfeld diesen Preis erhalten. Ich war eingeladen, als Ehrengast an der ersten Preisverleihung teilzunehmen, die am 10. Dezember 1990 in Anwesenheit der Oberbürgermeisterin Professor Sabine Zech und anderer städtischer Würdenträger stattfand. Der Name dieses Preises lautet: „Dr.-Emil-Löhnberg-Preis". Er ist nach meinem Vater benannt, dem vielgeliebten, ausgezeichneten jüdischen Arzt, der seiner Zeit so weit voraus war und der danach strebte, die Lebensbedingungen seiner Bergarbeiter-Patienten zu verbessern und darüber hinaus das Leben aller Männer und Frauen, die arm und unterdrückt waren. Für ihn waren Erziehung, Freiheit und Würde das Geburtsrecht aller Männer und Frauen, ganz gleich, welcher Religion oder Rasse sie angehörten und welche Hautfarbe sie hatten. Bereits in den frühen zwanziger Jahren hatte er eine europäische Föderation vorausgesehen.

Er war ein Mann, der die Natur liebte und gern das Wort Buddhas zitierte: „Alles Leben ist wie ein nahtloser Mantel." In den Bergen des Sauerlands umzäunte er ein kleines Stück Wald, das völlig der Natur überlassen sein sollte. Er verteilte in den Wäldern um das Stryckhaus Nistkästen für die Vögel. Er liebte es, Rehwild zu beobachten, aber weigerte sich, darauf zu schießen. So wurde ein Mann, der junge Künstler aktiv unterstützt hatte, von seiner Geburtsstadt geehrt, vierundsechzig Jahre nach seinem Tode.

Ich meine, die Wahl seines Namens erhöht das Prestige der Stadt, die diese Wahl traf. Keiner der Männer und Frauen, die ihm diese Ehre erteilten, konnte ihn persönlich gekannt haben. Sie gehören der neuen Generation einer hochzivilisierten und kompetenten Demokratie an, von denen gewiß viele über die

Nazivergangenheit ihrer Eltern beunruhigt sind. Es gibt natürlich auch solche, die das lieber leugnen.

Postskript

Mein Mann und ich gingen 1976 wieder zu einem Sommerkurs nach Dartington in Devonshire. Der sommerliche Kurs findet in einer wunderschönen Umgebung in einem Landschulheim statt, wo man besonders die verschiedenen Künste und auch Handwerk und Landwirtschaft pflegt. Dieser Sommerkurs läuft während der Augustferien und ist so gut, daß nicht nur Menschen aus Holland und Schweden, sondern sogar aus den USA daran teilnehmen.

Morgens als wir Frauen uns in den gemeinsamen Waschräumen duschten, sah ich, daß eine Frau eine Nummer auf ihrem Arm eintätowiert hatte. Soweit ich mich erinnern kann, war es eine Nummer mit fünf Ziffern und fing mit einer 8 an, also über 80 000. Ich zeigte fragend auf die Nummer und sie nickte „Ja, Auschwitz.“ Später als wir beim Frühstück am selben Tisch saßen, unterhielten wir uns. „Nein“, sagte sie, „ich kann nicht darüber schreiben.“ Ich sagte ihr, daß ich ihre Schwierigkeiten verstehen könnte, denn, wenn man darüber schreibe, durchlebe man ja innerlich alles wieder. Aber es wäre wichtig, Zeugnis von diesen Tatsachen zu geben, die ihr widerfahren seien. Sie sagte dann, daß sie eine Tochter in Kanada habe, die darüber schreiben würde.

Ich spielte Cello im Orchester und wurde vom Dirigenten an das erste Pult neben einen jungen Deutschen gesetzt. Er spielte links von mir, d. h. er war der erste Cellist. Er war sehr freundlich zu mir und erzählte mir, daß er ein Jahr lang auf zwei englischen Schulen verbracht hatte, von denen ihm das weltberühmte Eton College besonders gut gefiel. Er stellte sich mit seinem Namen vor – er hatte einen Adelstitel. In der Pause tranken wir Kaffee zusammen, und er machte mir Komplimente über mein Cellospielen, obwohl er ebenso gut spielte und doch erheblich viel jünger war. Am nächsten Tage, als wir in der Pause vor den alten, schönen Steingebäuden mit einer Tasse Kaffee standen und plauderten, sprach ich ihn auf deutsch an. Er war verblüfft, daß ich so gut deutsch sprach und so erzählte ich ihm, wer ich war. Er drehte sich um und ging fort. Wir saßen und spielten nebeneinander den Rest des Tages, aber er sprach kein einziges Wort mit mir.

Am nächsten Morgen kam der Dirigent auf mich zu, er schien sehr verlegen. Es tue ihm sehr leid, aber er müsse mich bitten, nicht weiter am ersten Pult zu spielen, ein anderer, sehr guter Cellist solle dort spielen. So geschah es dann auch. Der andere Cellist, ein netter Mann in den dreißiger Jahren kam in der Pause zu mir und bat mich um Entschuldigung, der junge Deutsche habe ihn gebeten, meinen Platz einzunehmen, denn er könne einfach nicht gut neben mir spielen. Der junge deutsche Mann sprach während der verbleibenden Woche kein Wort mehr mit mir und schien gar nicht zu merken, daß ich überhaupt noch da war.

Zeitgeschichtlicher Hintergrund

von Wolfgang Komo

Marianne Walter wird am 14. 2. 1910 als Marianne Löhnberg im westfälischen Hamm geboren. Ihr Vater ist der jüdische Arzt Dr. Emil Löhnberg, ihre Mutter Selma Löhnberg, geborene Bachmann, stammt aus Warstein.

In welcher gesellschaftlichen und politischen Situation wächst Marianne Löhnberg auf? In Hamm und im Land Preußen, wozu Hamm gehörte, haben die jüdischen Mitbürger **am Beginn des 20. Jahrhunderts** einen bestimmten Grad an Selbstverständlichkeit der bürgerlichen Existenz erreicht. Die Praxisschilder jüdischer Rechtsanwälte und Ärzte, das Kaufhaus Alsberg (heute „Kaufhof"), Läden und sogar ein Kino, die alle im Besitz von jüdischen Inhabern sind, gehören zum Stadtbild. Die Synagoge, 1868 gebaut, steht mitten in der Stadt in der Nähe von evangelischer Pauluskirche und Rathaus. Die jüdische Religion wird neben den beiden christlichen Kirchen als dritte Konfession angesehen, entsprechend ist der Osten-Friedhof aufgeteilt. Man ist als Jude ein Anhänger des jüdischen Glaubens oder auch überhaupt nicht religiös gebunden oder manchmal sogar Christ; auf jeden Fall aber ist man selbstverständlich Bürger der Stadt Hamm. Dies drückt sich auch darin aus, daß sich Moritz Bacharach, Max Gerson und Adolf Herz als Stadtverordnete engagieren. Moritz Bacharach und Hermann Gerson haben Stiftungen eingerichtet, die allen Bürgern zugute kommen sollen. Auch Dr. Löhnbergs Ziele gehen über die Interessen seiner eigenen Praxis hinaus. Er setzt sich aus sozialmedizinischen Gründen für ein Volksbad, das heutige Stadtbad, und für die Gartenstadt-Bewegung ein.

1914 wird der österreichische Thronfolger in *Sarajewo* ermordet. Aus diesem Anlaß fühlen sich die mitteleuropäischen Staaten mit ihren gegensätzlichen nationalen Interessen und Einflüssen an ihre verschiedenen Beistandsverträge gebunden und beginnen den Krieg. Als der **Erste Weltkrieg** ausgerufen wird, werden die jüdischen Männer ebenso selbstverständlich, oder vielleicht widerstrebend, Soldaten wie alle anderen Männer auch. Es existiert sogar manchmal ein besonderer Stolz, gerade als Jude am Krieg teilnehmen zu können, weil dies als eine Form der Gleichberechtigung und Anerkennung angesehen wird. Eine späte Folge dieses Bewußtseins findet sich in der Verfolgungszeit des Nationalsozialismus wieder, als ehemalige jüdische Soldaten des Ersten Weltkrieges überzeugt waren, daß ihnen aufgrund dieser Kriegsteilnahme nichts zustoßen könne. In der Synagoge nennt nach dem Krieg eine Tafel mit dem Titel „Die israelitische Gemeinde Hamm ihren fürs Vaterland gefallenen Söhnen" die Namen der zehn gefallenen Gemeindemitglieder.

Die Versorgungslage der Bevölkerung ist während des Ersten Weltkrieges schlecht, da durch Blockaden der Kriegsgegner der Außenhandel eingeschränkt ist und Arbeitskräfte fehlen, die an der Front als Soldaten dienen müssen. Der Erste Weltkrieg endet 1918 im Osten zwischen Deutschland und einem geschwächten Rußland mit dem vorzeitigen *Friedensvertrag von Brest-Litowsk.* Dieser Vertrag ermöglichte es Deutschland, die baltischen Staaten und die Ukraine zu besetzen. Der *Friedensvertrag von Versailles* zwischen Deutschland und den Siegermächten macht den *Vertrag von Brest-Litowsk* rückgängig und legt endgültig fest, daß Deutschland Gebiete an umliegende Staaten verliert, Reparationen (Kriegsentschädigungen für die Sieger-Staaten wie z. B. Frankreich) zahlt und abrüsten muß.

Die Novemberrevolution 1918, die landesweit kurzzeitig zur Gründung von Arbeiter- und Soldatenräten führte, beseitigt die Monarchie im Deutschen Reich und leitet den Übergang zur parlamentarisch-demokratischen Republik ein. Die Zeit der **Weimarer Republik** nach dem Ersten Weltkrieg beginnt und bleibt belastet. Die Versorgungslage der Bevölkerung ist weiterhin schlecht. Der Friedensvertrag von Versailles im Juli 1919 schränkt den wirtschaftlichen und politischen Spielraum

Deutschlands ein. Sowohl manche politischen Parteien als auch Teile der Bevölkerung können Deutschland nicht als Verlierer akzeptieren. Einige halten die Niederlage Deutschlands und die Revolution 1918 für das Werk einer verbrecherischen Verschwörung von Juden, Marxisten und anderen „Novemberverbrechern". Diesen Mythos der *„Dolchstoßlegende"* benutzen die Nationalsozialisten später in ihren Hetzkampagnen gegen Juden und Kommunisten.
Die politischen Spannungen in den ersten Monaten der Weimarer Republik spiegeln sich auch in Ereignissen in Hamm wider. Im Juli 1919 entstehen Unruhen wegen der nicht mehr bezahlbaren Preise für Obst, Gemüse, Kartoffeln. Daß die Zechen des gesamten Ruhrgebiets die Kohleförderung ständig erhöhen müssen, aber damit nicht die Bergleute, sondern die Reparationen bezahlt werden, ist eine der Ursachen. Während der Unruhen werden in Hamm neben dem Kaufhaus Alsberg, das ganz in der Nähe der Löhnbergschen Wohnung liegt, weitere Textil- und Bekleidungsgeschäfte geplündert. Die Firma Alsberg muß in großen Anzeigen ihre Preisgestaltung rechtfertigen und kann erst nach zwei Monaten Renovierung wieder öffnen. Ob diese Plünderungen einen antijüdischen Aspekt hatten, läßt sich nicht feststellen.
Als im März 1920 in Berlin ein Putsch gegen die Reichsregierung versucht wird, der sogenannte Kapp-Putsch, reagiert man auch in Hamm mit Generalstreik und Bewaffnung von Arbeitern zur Abwehr dieses Putsches, aber auch zur Bekräftigung von Reformwünschen wie Mitbestimmung, kürzerer Arbeitszeit, Verstaatlichungen der Industrie. Da sich auch nach dem Ende des Putsches die Arbeiter nicht entwaffnen lassen, wird ihre Bewegung u. a. durch die Reichswehr blutig niedergekämpft, z. B. in der *Schlacht um Pelkum* im Rahmen des *Ruhrkampfes*.
Ereignisse wie diese gehören nicht zu Marianne Löhnbergs Kindheits-Erinnerungen, obwohl sie „direkt vor der Haustür"

passieren. Familie Löhnberg verläßt allerdings auch 1920 die Stadt und wohnt im sauerländischen Willingen-Stryck. Eine Idylle abseits der politischen Entwicklungen wird das Haus im Stryck aber nicht: Die Geldentwertung der *Inflation* (Höhepunkt 1923: 1 Dollar = 4,2 Billionen Mark) zwingt Dr. Löhnberg dazu, auch wieder in Hamm zu praktizieren. Dort wird er 1926 in seiner Praxis von zwei Männern, die ein *Hakenkreuz* tragen, angegriffen; er stirbt im selben Jahr im Alter von 56 Jahren. Ob die Todesursache in der gesundheitlichen Auswirkung dieses Überfalls oder in einer Infektion bei seiner medizinischen Arbeit zu suchen ist, wird nicht mehr geklärt werden können.[42]

Jahre vor der Machtübernahme durch Adolf Hitler 1933 gibt es schon nationalsozialistischen Terror, werden Menschen als „Juden“ ausgegrenzt, werden sie gezwungen sich als „jüdisch“ zu betrachten, obwohl diese Zuordnung für sie nie eine Rolle gespielt hatte. Allerdings geschieht dies noch ohne staatliche Planung und Lenkung. Daß die Hammer Stadtverwaltung schon in den 20er Jahren die jüdische Gemeinde bedrängt, trotz religiöser Bedenken den alten jüdischen Friedhof am Nordenwall einer Straßenverbreiterung zu opfern, paßt in das Bild der Zeit.

Die mit der *Machtergreifung* im Januar 1933 beginnende **Zeit des Nationalsozialismus** ist dennoch keine einfache Fortsetzung dieser antijüdischen Entwicklungen, sondern besitzt eine andere Qualität. Mit Organisationen wie der Sturmabteilung (SA), der Schutzstaffel (SS), der Geheimen Staatspolizei (Gestapo) setzt die Nationalsozialistische Deutsche Arbeiter-Partei (NSDAP) ihre politischen Interessen mit allen Mitteln des Terrors um. Marianne Löhnberg hat durch ihr Studium in Berlin dies bewußt miterleben müssen. Politische Gegner werden zur Abschreckung kurzzeitig festgenommen, dafür werden eigens Konzentrationslager, z. B. in Oranienburg bei Berlin, eingerichtet. Als Behelfslager für Hamm und Umgebung dient ein Zechen-Sozialgebäude in Bergkamen-Schönhausen. Hammer Kommunisten, aber auch die Besitzer des Kaufhauses Alsberg sind unter den Internierten. Berufsverbot erhalten jüdische Juristen, ein deutliches Ereignis in der Juristen-Stadt Hamm. Mit dem von den Nationalsozialisten inszenierten *Reichstagsbrand*, für den man die Kommunisten verantwortlich machte, hatte man den Vorwand, die wichtigsten Grundrechte außer Kraft zu setzen und die Anwendung der Todesstrafe auszuweiten. Am 1. April 1933 wird der Boykott „jüdischer" Geschäfte durchgesetzt, gleichzeitig werden jüdische Studenten in Berlin am Betreten der Hochschulen gehindert und Vorlesungen jüdischer Wissenschaftler boykottiert. Kurz darauf folgt das Gesetz, das jüdische Deutsche vom Beamtenstatus ausschließt. Dieser „Arier-Paragraph" wird dann auch auf Beschäftigte in Medien, Kunst, Hochschulen und medizinischen Einrichtungen ausgeweitet. All diese Beschränkungen geschehen in den ersten Monaten der NS-Regierung 1933. Neben den ganz praktischen Folgen des Verlustes von Arbeit bewirken sie die Ausgrenzung und schrittweise Isolation einer ganzen Bevölkerungsgruppe und definieren dabei auch die Menschen zu Juden, die sich nicht als solche verstehen, weder im Sinn einer Religionszugehörigkeit noch im Sinn einer kulturellen Tradition. Neben die vom Staat angeordneten Restriktionen tritt die propagandistische Beeinflussung der Bevölkerung, in ihrer extremen Form durch die Zeitschrift *Der Stürmer*. Auch das Verhalten der „nichtjüdischen" Deutschen ändert sich: beispielsweise werden in Hamm die Kunden des Kaufhauses Alsberg beobachtet, denunziert, mit anonymen Briefen bedroht. Nichtjüdische Deutsche brechen ihre Kontakte zu Juden ab, übernehmen die nun herrschende Ideologie.

Die Strategie der immer stärkeren Beschränkung jüdischer Deutscher bis hin zum Verlust von Wohnung und Leben wird in den folgenden Jahren weiterverfolgt – mit einer kleinen Pause während der Berliner Olympiade 1936. Ein markanter Schritt

sind dabei die im September 1935 erlassenen *Nürnberger Gesetze*, die u. a. die Ehe und den außerehelichen Verkehr von jüdischen und nichtjüdischen Deutschen sowie die Arbeit von nichtjüdischen Haushaltshilfen in jüdischen Haushalten verbieten. Wegen verbotener Beschäftigung einer Bediensteten wird so im Juni 1936 ein jüdischer Kaufmann vom Gericht in Hamm zu 6 Wochen Gefängnis verurteilt. Auch daß Marianne Löhnbergs Mutter, Selma Löhnberg, sich wegen nachbarschaftlicher Anfeindungen und behördlich inszenierter Schuldzuschreibungen gezwungen sieht, das von ihr als Pension betriebene Haus im Stryck im November 1935 unter Wert zu verkaufen, ist kein Einzelfall. Solche Besitzübereignungen finden überall im Deutschen Reich statt. So wechselt auch das Hammer Kaufhaus Alsberg im Zuge dieser „Arisierung“ auf diese Weise seinen Besitzer. Allerdings darf man den ohnehin niedrigen Erlös eines sogenannten Verkaufs bei einer Auswanderung nur zu einem Bruchteil mitnehmen. „Die Machtübernahme durch die Nationalsozialisten förderte die Aufwärtsentwicklung“, wertet der Hotelier, der das Haus im Stryck erworben hat.
Die letzten Stufen der antijüdischen Eskalation muß Marianne Löhnberg nicht mehr direkt miterleben, da sie 1937 ins englische Exil ausreisen darf. So bleibt ihr das Erlebnis der *„Reichskristallnacht“* am 9./10. 11. 1938 erspart. Im ganzen Land werden Synagogen zerstört, jüdische Geschäfte geplündert, Wohnungen demoliert, Menschen erniedrigt und verhaftet. Marianne Löhnbergs Tante Ottilie und deren Mann Julius Jordan gehören zu den davon Betroffenen. Auch die Einrichtung der Hammer Synagoge wird auf die Straße geworfen, das Gebäude selber bald darauf aufgrund einer Anordnung der Stadt abgebrochen. Zur gleichen Zeit werden Hammer Juden, auch Kinder, verhaftet und im Polizeigefängnis festgehalten.
Nach dem Beginn des **Zweiten Weltkrieges** 1939 wird es für jüdische Bürger fast unmöglich, Deutschland zu verlassen. Wem es aus Hamm nicht rechtzeitig gelungen ist, in einem

anderen Land Asyl zu finden, der wird aus seiner Wohnung vertrieben, in Baracken am Richard-Matthaei-Platz kaserniert, deportiert und in Vernichtungslagern ermordet. Nicht einmal die genaue Zahl der aus Hamm stammenden Ermordeten ist zu ermitteln.

Anmerkungen

1 Llin Golding ist Abgeordnete des Britischen Parlaments und Vorsitzende der überparteilichen Arbeitsgruppe für Kinder und des überparteilichen Ausschusses für Wohnungslosigkeit und -bedarf. Ihr Vater, Ness Edwards, war als Mitglied in der internationalen Gewerkschaftsbewegung während des Zweiten Weltkrieges daran beteiligt, Fluchtrouten von Europa nach England zu organisieren. Geprägt von seinen Erzählungen engagierte sich Llin Golding für Menschen, die besonders im 2. Weltkrieg aus ihrem Land vertrieben worden waren. Bis zu der kürzlich erfolgten Auflösung war sie Schatzmeisterin des überparteilichen Ausschusses für Kriegsverbrechen.

2 Ottilie Löhnberg war meine Tante Tilla, die Schwester von Arthur und Emil Löhnberg, meinem Vater. Ottilie heiratete Julius Jordan, der das Bekleidungsgeschäft ihres Vaters, meines Großvaters Bernhard Löhnberg, in Hamm übernahm. Was Ottilie und Julius Jordan am Tag nach der Reichskristallnacht (9./10. 11. 1938) in Hamm geschah, schildert die Aussage eines Hammer Bürgers:
„Ich hatte Mittagspause von 13–15 Uhr und bemerkte am Tage nach der 'Kristallnacht' Menschenaufläufe und Unruhe auf der Hauptstraße. Deshalb ging ich um etwa 14.30 in Richtung Bahnhof und wurde so Zeuge der Vorgänge um die Familie Jordan. Das Ehepaar wohnte Ecke Bahnhofstraße/Moltkestr. Unter Anführung von dem Installateur A. wurde das Ehepaar aus der Wohnung geholt, die bereits demoliert war – wie auch die Schaufensterscheiben der großen jüdischen Kaufhäuser Alsberg und Richter – es war etwa zwanzig vor drei. Man hatte von einem steifen Herrenhut die obere Partie abgeschnitten und den aufstehenden Kopfteil in Zacken ausgeschnitten. Diese 'Krone' wurde Frau Jordan auf den Kopf gesetzt. Ihr Mann mußte mit nach links gewendeter Jacke im Zuge mitmarschieren, der sich in Richtung Markt bewegte. Dabei fuhren zwei Fahrräder hinter dem Ehepaar her und immer mit den Vorderrädern zwischen die Beine der Abgeführten. Hitlerjungen und SA-Männer in Uniform johlten und bespuckten die beiden Juden. Auf dem Markt (Südwestecke) war ein Podium er-

richtet, auf das die Eheleute Jordan hinaufsteigen mußten. Auch hier wurden sie bespuckt und mit Steinen beworfen. Unter Regie von A. gab es Sprechchöre: „Wer ist unser Unglück?“ – und der Pöbel schrie „Die Juden!’ Hauptsächlich betätigten sich Kinder und die SA. Ich habe dann selber gesehen, wie ein Herr in grünem Anzug und Mantel, offenbar ein Landwirt, A. zur Rechenschaft ziehen wollte. Sogleich wurde dieser Landwirt von Polizisten abgeführt und in ein bereitstehendes Auto verfrachtet, das mit ihm wegfuhr. Es hieß, überall bei den Juden sei geplündert worden. Es gab einen Sog zum Otto-Krafft-Platz hin, dem ich mich anschloß. Dort das Eckhaus zur Heßlerstraße war mir als jüdisches Eigentum damals nicht bekannt, ich erfuhr erst später, daß es der Familie Berla gehörte. Selbst gesehen habe ich wiederum, daß A. ein Waschbecken durchs Fenster warf. Ich hatte dann genug gesehen und wandte mich stadteinwärts zunächst nach Hause. In der östlichen Kleinen Weststraße (heute: Martin-Luther-Str.) *in Synagogennähe lag eine Thorarolle auseinander gedreht auf dem Straßenpflaster, an einer Seite in Brand gesteckt. Als ich dann später zum Dienst ins Stadthaus ging, wurde dort natürlich über die Vorgänge gesprochen. Man hörte sehr häufig die Meinung: Gut, daß es diese Schweinehunde einmal gezeigt kriegen... Gerade weil ich mich mit A. duzte, habe ich absolut nicht verstehen können, was ihn zu diesen Exzessen trieb. Gewundert habe ich mich allerdings, daß ihn nach 1945 niemand dafür zur Rechenschaft gezogen hat.“*
Zeitzeuge F. P., geb. Hamm 1912, aufgezeichnet von Stadtarchivarin Ilsemarie von Scheven am 28. 7. 1977.

Es war 1982, als ich ganz unerwartet einen Brief von meinem Vetter Ernst Jordan, dem Sohn von Onkel Julius und Tante Tilla, erhielt. Es berührte mich sehr, von Ernst zu hören, denn ich wußte nicht, ob er überhaupt noch lebte. Nur das wußte ich, daß seine Eltern nach Theresienstadt transportiert worden waren und nie zurückkamen. Ernst schrieb, daß er mit einer Holländerin, Sophia, verheiratet sei und im holländischen Eindhoven lebe. Auf meine Anfrage nach seinen Eltern schickte mir Ernst eine Kopie dieses Briefes aus der Schweiz von Sofie Isaac, eine geborene Löhnberg, und ihrem Mann:

Weesen, S. Gallen, 21. Juli 1945, Hotel Bellevue-Speer
Sehr geehrter Herr Jordan,
gestern erhielten wir Ihren Brief. Ich will ihn sofort beantworten. Wir erinnern uns an Sie, wir sind oft stundenlang von Unna nach Hamm gereist, um Ihre Eltern zu besuchen, besonders in der letzten Zeit. Ihre Mutter zeigte mir ein Bild von Ihrer Frau. Sie war sehr glücklich, solch eine tüchtige Schwiegertochter zu haben.
Es wurden alle Juden aus Hamm in Baracken nahe der Eisenbahn untergebracht. Ihre Eltern wohnten dort in einem kleinen Zimmer zusammen mit drei oder vier Frauen. Aber sie waren noch zuversichtlich.
Am 28. Juli 1942 kamen wir auf einen Transport von Münster, und zur gleichen Zeit kamen Ihre Eltern auf einen Transport von Dortmund nach Theresienstadt. Wir lebten dort ganz nahe bei Ihren Eltern.
Wenn Sie, sehr geehrter Herr Jordan, bedenken, daß Ihr lieber verstorbener Vater nicht mehr jung war, und daß er wie alle jüdischen Menschen in Hamm, sehr unter dem Nazi-Terror gelitten hatte, dann können Sie verstehen, daß er nicht mehr sehr kräftig war. Als wir in Theresienstadt ankamen, war es schrecklich heiß und die tschechische Polizei trieb uns aus den Waggons. Wir wurden schlimmer behandelt als Vieh. Alle unsere Koffer, all unser Hab und Gut, das wir mitgebracht hatten, wurde gestohlen. Wir sahen unsere Sachen nie wieder. All dies bedrückte uns sehr.
Dann fing die Tragödie an: Hunger! Stundenlang mußte man Schlange stehen und um ein bißchen dünne Suppe betteln, und das so oft vergebens. In dem Haus, in dem Ihre Eltern wohnten, waren einige Eheleute getrennt worden. Wochenlang hatten wir, und auch Ihre Eltern auf dem nackten Boden gelegen, ohne Stroh, ohne Matratzen. Es gab kaum genug Platz, um sich auf die andere Seite zu drehen, so eng mußte man nebeneinander liegen. All dies war schwer zu ertragen. Ihre Mutter war jünger und stärker als Ihr lieber Vater. Infolge all dieser schlimmen Zustände starb er nach kurzer Krankheit, weil er eben keine Kraft mehr hatte. Vielleicht hatte er die sogenannte „Theresienstädter Krankheit" (Diarrhöe). Medizin war anfänglich nicht erhältlich und gewöhnlich war das Herz nach kurzer Zeit geschwächt, und das war das Ende. Tausen-

de sind an dieser schrecklichen Krankheit gestorben, Leute, die viel jünger und stärker waren, sind umgekommen. Es tut mir leid, daß ich Ihnen nicht das genaue Todesdatum Ihres Vaters angeben kann. Ich bin mir sicher, daß es bereits Ende September oder Anfang Oktober 1942 war.
Im Herbst, Ende Oktober oder Anfang November 1942, kam Ihre Mutter auf einen anderen großen Transport zur gleichen Zeit wie die Schwester meiner Frau und deren Mann. Wir erfuhren nie, wo die verschiedenen Transporte hingingen. Überdies erhielten wir niemals eine Nachricht von denen.
Von hier aus habe ich vielen meiner Verwandten und auch Bekannten über deren Familien benachrichtigt. Ich habe auch meinen Verwandten in Jerusalem über Ihren Vater geschrieben. Ich hätte direkt an Sie schreiben können, aber ich hielt es für besser, daß Löhnbergs Sie zuerst benachrichtigten.
Ich möchte auch erwähnen, daß die Schwester meiner Frau und ihr Mann, Theresienstadt schon so geschwächt verließen – im Gegensatz zu Ihrer Mutter – so daß wir nicht glaubten, daß sie die Reise überleben würden. Aber jetzt, etwa drei Jahre später, schreiben Löhnbergs, daß ihre Namen auf der Liste der Überlebenden in Jerusalem erschienen sind. Ich schließe daraus, so Gott will, daß Sie möglicherweise bald von Ihrer Mutter hören werden.
Ich füllte ein Such-Formular bezüglich Ihrer Mutter aus, da wir ihr Alter und andere Einzelheiten kannten, und wir schickten es an den Weltkongreß in Genf, um zu versuchen, herauszufinden, wo sie sich befindet. Ich werde Sie sofort von der Antwort benachrichtigen.
Sie fragen auch nach anderen Verwandten, aber leider weiß ich nichts über sie. Ich hätte die Such-Formulare ausgefüllt, aber ich kannte Geburtsdatum, Ehestand, Geburtsort, Nationalität, Religion, Beruf, Verwandtschaftsgrad, letzten Wohnort, genaue Adresse mit Daten, Deportierung und Kommentar nicht. Man muß sehr präzise sein, um Irrtümer zu vermeiden. Senden Sie Ihre Anfrage an den Weltkongreß in Zürich 37, Quai Wilson. Ich hoffe, Sie werden Erfolg haben.
PS: Am Ende Ihres Briefes schreiben Sie, daß Sie uns gerne zur Verfügung stehen, wenn es nicht zu unbescheiden ist, würden wir Sie bitten, uns ein bißchen Kaffee und vielleicht Kakao zu senden.

Meine Frau und ich fühlen uns manchmal flau und elend, und eine nette Tasse Kaffee würde sie erfrischen. Wenn das nicht möglich ist, werden Löhnbergs Ihnen sagen, wie Sie uns helfen können. Wir Flüchtlinge haben das Pech, daß wir das Geld, das Verwandte uns schicken, nicht erhalten, außer wenn wir die Schweiz verlassen. Löhnbergs können Ihnen noch mehr darüber berichten."
Als mein Vetter Ernst mich eines Tages anrief, fragte ich ihn, ob er nach Kriegsende je wieder von meiner Tante Ottilie, seiner Mutter, gehört hatte. Er antwortete: „Nein, nie."

3 Heinrich Vogeler, in Bremen 1872 geboren und 1942 in Kasachstan gestorben, war Maler, Graphiker und Innenarchitekt. Er war meinen Eltern eng verbunden. Siehe Kapitel HEINRICH VOGELER

4 Mein Vater hatte Heinrich Vogeler in Großbritannien auf einer Studienreise zu den englischen Gartenstädten kennengelernt. Zusammen waren sie 1909 nach Letchworth und Port Sunlight und nach Glasgow gereist. Der von Ebenezer Howard 1898 konzipierte Stadttypus verfolgte das Ziel, durch eine von Gartenanlagen durchzogene Siedlung in Großstadtnähe einerseits eine Überbevölkerung der Städte und andererseits die Landflucht zu verhindern. Nach dem Prinzip, Arbeitsstätte und ackerbauliche Nutzung für die Bewohner der Gartenstädte zu verbinden, entstanden in Großbritannien Letchworth und Welwyn Garden City, in Deutschland Hellerau bei Dresden. In der Deutschen Gartenstadtgesellschaft, Ortsgruppe Hamm, gehörte neben meinem Vater auch Oberlandesgerichtsrat Dr. Arnold Freymuth zum Vorstand. Das für Westfalen geplante Projekt der Hammer Gartenstadt-Baugenossenschaft in der Nähe von Pilsholz konnte infolge des Ersten Weltkrieges und der Inflation nicht verwirklicht werden.

5 Beide Sprüche stammen von Angelus Silesius, der sie im *Cherubinischen Wandersmann* niedergeschrieben hat.

6 Meine Eltern hatten die Bekanntschaft des „Löwen", wie wir Christian Rohlfs nannten, durch seinen Freund Karl Ernst Osthaus

gemacht. Osthaus war Kunstmäzen und Gründer des Museum Folkwang in Hagen, das 1902 eröffnet wurde und heute Karl-Ernst-Osthaus-Museum heißt. Das damalige Folkwangmuseum ist heute in Essen. Hier hängt auch inzwischen das Gemälde von Christian Rohlfs *Jüngling, der dem Vogel lauscht*, das ich zuletzt 1982, bei der Ehefrau von Rohlfs, Helene Vogt, gesehen hatte.

7 Joseph Joachim, 1831 in Preßburg geboren und 1907 in Berlin gestorben, war Violinist, Dirigent und Komponist. Als Konzertmeister in Weimar 1849–1853 stand er dem Kreis um Franz Liszt nahe. 1868 war er der Direktor der neugegründeten Musikhochschule in Berlin.

8 Charlotte, mit Künstlernamen Bara, war die Tochter von Paul und Elvire Bachrach, der Schwester meiner Mutter. Charlotte wurde 1901 in Brüssel geboren. Onkel Paul war Samt- und Seidenhändler und Fabrikant. Onkel und Tante zogen vor dem Ersten Weltkrieg ins Castello San Materno in Ascona, wo ich sie häufig besuchte. Siehe Kapitel ZWISCHENSTATION

9 Aus der Personalakte des Stadtarchivs Hamm geht hervor: Dr. Paul Viktor Richter, geboren in Berlin-Spandau, studierte in Berlin und München Medizin und promovierte 1893. Nach seinen Assistenzjahren an der Münchner Universitäts-Augenklinik ließ er sich im Juli 1897 in Hamm, Bismarckstraße 33, als Augenarzt nieder. 1899 heiratete er Paula Knoch. Im Juni 1905 wurde er in das Stadtverordnetenkollegium der Stadt Hamm und im September 1919 zum unbesoldeten Magistratsmitglied und zum Stadtrat gewählt. Seit Anfang des Jahrhunderts war er der erste Vorsitzende des Vorstandes des „Wissenschaftlichen Vereins Hamm“, dessen Ziel die Veranstaltung wissenschaftlicher Vorträge war. Er starb 1920 in Hamm.

10 In der Künstlerkolonie Worpswede, 1895 gegründet, lebten u. a. auch Heinrich und Martha Vogeler, der Dichter Rainer Maria Rilke und der Maler Otto Modersohn mit seiner Frau Paula Modersohn-Becker.

11 Carl Weidemeyer, 1882 in Bremen geboren, gestorben 1972 in Ascona, war Maler, Architekt und Graphiker. 1905 wurde er in Worpswede ansässig, entwarf u. a. das *Bremer Spielzeug der Vereinigten Werkstätten für Kunst im Handwerk*, illustrierte Andersens und Grimms Märchen und baute verschiedene Häuser in Ascona, wo er sich 1927 angesiedelt hatte. Hier entstand das moderne Teatro San Materno, das er für die Tänzerin Charlotte Bara, meine Cousine, entworfen hatte und das sehr berühmt wurde. Als Carlo Weidemeyer wurde er nach dem Zweiten Weltkrieg Ehrenbürger von Locarno.

12 Meta Böhmer war eine Hammer Malerin, Tochter eines Berliner Generals. Geboren 1868 in Münster, kam sie 1894 von Soest nach Hamm, wo sie bis 1946 wohnte – in der Hohestraße und seit 1938 als Rentnerin in der Südstraße 6. 1946 soll sie aus Hamm weggezogen sein. Weitere Informationen über diese Künstlerin sind nicht aufzufinden.

13 Dr. Richard von Scheven war HNO-Arzt und lernte meinen Vater im Festungslazarett in Warschau kennen. Er wurde Assistent in der Praxis meines Vaters und übernahm diese, als mein Vater im Juli 1920 Praxis und Haus in Hamm aufgab. Dr. Richard von Scheven starb 1964 in Hamm und war der Vater der Stadtarchivarin Ilsemarie von Scheven, die im Haus Friedrichstraße 30, in dem ich geboren worden war, 1921 zur Welt kam. Das Haus Nr. 30 wurde im Zweiten Weltkrieg zerstört und abgerissen. Es stände heute auf der Kreuzung Neue Bahnhofstraße/Ferdinand-Poggel-Straße.

14 Arnold Freymuth, geboren 1872 in Ostpreußen, war jüdischer Abstammung. Er war als Amts- und Landrichter tätig, bevor er 1911 in Hamm Oberlandesgerichtsrat wurde. Hier war er auch im Vorstand der Deutschen Gartenstadtgesellschaft, Ortsgruppe Hamm, und wie mein Vater im Aufsichtsrat der Gartenstadt-Baugenossenschaft Hamm. Seit 1919 war er parlamentarischer Staatssekretär im preußischen Justizministerium und wechselte 1922 als Kammergerichtsrat nach Berlin, wo er auch als Rechtsanwalt und Notar tätig war. 1929 wurde er Senatspräsident am Kammergericht

Berlin und engagierte sich als SPD-Mitglied in vielen republikanischen und pazifistischen Organisationen. Er starb 1933 in Paris. Siehe Kapitel EIN DEUTSCHER DREYFUS

15 Fridtjof Nansen, 1861 in Oslo geboren, 1930 gestorben, war Polarforscher und Philanthrop. Er durchquerte als erster Mensch Grönland von Osten nach Westen und leitete nach dem Ersten Weltkrieg als Oberkommissar des Völkerbundes die Heimkehr der Kriegsgefangenen aus Rußland. 1922 wurde auf seine Anregung hin der *Nansenpaß* als Ausweis für staatenlose Menschen geschaffen.

16 Helene Vogt war die Schwester von Anneliese, die als Sprechstundenhilfe bei meinem Vater in der Praxis arbeitete. Der Vater der beiden Schwestern hatte eine Tapeten- und Farbwaren-Handlung in der Nordstraße, später in der Gasstraße, wo heute das Stadtbad steht.

17 Christian Rohlfs, im holsteinischen Niendorf 1849 geboren, starb 1938 in Hagen. Auf Einladung von Karl Ernst Osthaus zog er 1901 nach Hagen und richtete sich im Folkwangmuseum ein Atelier ein. 1919 heiratete er Helene Vogt.

18 Henry van de Velde, geboren 1863 in Antwerpen, gestorben 1957 in Zürich, war Maler, Designer und Architekt. Er gehörte zu den einflußreichsten Künstlern des Jugendstils. Er entwarf Wohnhäuser, Möbel und Gebrauchsgegenstände. Die Innenausstattung des alten Folkwang Museums in Hagen, des heutigen Karl-Ernst-Osthaus-Museums, stammte von ihm. Seine Kunstgewerbeschule in Weimar wurde zum Vorläufer des *Bauhauses*. Das Bauhaus nahm in Gebäuden von Henry van de Velde seinen Anfang, und er schlug Walter Gropius als Direktor des Bauhauses vor. Professor Hans Poelzig, bei dem ich in den dreißiger Jahren Architektur studierte, war früher auch am Bauhaus tätig. Siehe Kapitel GROSSSTADT BERLIN

19 Zu Alsberg siehe LITERATURHINWEISE, Mechtild Brand „Bei Alsberg wird geplündert“ und ZEITGESCHICHTLICHER HINTERGRUND

20 Aussagen verschiedener Zeitzeugen charakterisieren meinen Vater in dem Artikel von Ilsemarie von Scheven „Arzt – Kunstsammler – Sozialist, Dr. Emil Löhnberg 1871 – 1926“, siehe LITERATURHINWEISE

Der Journalist und Autor Walter Poller beschreibt ihn: *„Er war ein hoch kultivierter Mann, sehr interessiert an Kunst und Politik und beeindruckend, weil darauf bedacht, seinen Ideen gemäß zu leben. Ich bin versucht, ihn einen Edelkommunisten zu nennen, wie zweifelhaft solch ein Ausdruck heute auch erscheinen mag. Ich habe viele Stunden sowohl in seinem Haus in Hamm als auch in seinem Stryckhaus verbracht. Unsere häufigen Auseinandersetzungen blieben immer tolerant, und in der sehr angenehmen Atmosphäre makelloser Gastlichkeit erweiterten diese Gespräche den geistigen Horizont. Was mich am meisten beeindruckte, war, daß er sich unter persönlichem Risiko für Künstler einsetzte und ihnen half, was oft eine beachtliche Schmälerung seines eigenen Lebensstandards bedeutete.“*

„Von echtem Mäzenatentum spricht das Tagebuch eines jungen Anstreichers aus Rhynern, dem er ab Januar 1911 zu einer unakademischen Ausbildung bei Vogeler in Worpswede verhalf. Alois Wiehagen (1891–1958), nachmals mit westfälischen Landschaftsmotiven in vielen Gemäldeausstellungen vertreten, verdankt entscheidende Förderung Dr. Löhnberg, der ihn mit neuem Anzug und Reisegeld versah, ihm Briefe und Pakete sandte und im Sommer 1911, zu Gast in Worpswede, eine Studie seines Schützlings erwarb. Krönender Abschluss für Wiehagen war der Auftrag, das Landhaus von Löhnbergs Schwager in Brüssel, gleichfalls eine Schöpfung Vogelers, zusammen mit seinem Bruder Leo auszumalen“.

1981 schrieb David Erlay über Heinrich Vogeler und widmete mehrere Seiten meinem Vater, der Heinrich Vogelers bester Freund war. Siehe LITERATURHINWEISE

21 Richard Nikolaus Graf Coudenhove-Kalergi, 1894 in Tokio geboren, 1972 in Schruns gestorben, war 1923 Gründer der paneuropäischen Bewegung, die eine europäische Föderation anstrebte und eine Verfassung für die *Vereinigten Staaten von Europa* vorschlug. Ihr Ziel war ein europäischer Bundesstaat unter Ausschluß Englands und Rußlands, aber unter Einschluß der afrikanischen Kolonien. 1947 aus der Emigration in USA zurückgekehrt, war er Generalsekretär der *Parlamentarischen Union Europas*, die das Ziel einer europäischen Eidgenossenschaft mit einem aus allgemeinen Wahlen hervorgehenden europäischen Parlament verfolgte. 1950 erhielt er den internationalen Karlspreis der Stadt Aachen.

22 Zakir Husain wurde 1897 in Hyderabad geboren. Sein Vater, ein sehr erfolgreicher Jurist, starb, als Zakir erst 10 Jahre alt war. Nach dem Studium in Aligarh, wo er vermutlich Mahatma Gandhi kennenlernte, studierte er 1923 an der Universität in Berlin. Nach seiner Promotion in Volkswirtschaft kehrte er 1926 nach Indien zurück, wo er Vizekanzler der *Jamia Millia Islamia* wurde. 1938 war er verantwortlich für ein *Grundlegendes Nationales Erziehungssystem*. 1948 wurde er Vizekanzler der *Aligarh Muslim Universität* und Mitglied des *Indischen Universitäts-Ausschusses*. Der „World Universities Service“ ernannte ihn zum Vorsitzenden des „Indian National Committee“, und 1954 wurde er zum Präsidenten dieser Organisation gewählt. Von 1956 bis 1958 war er der indische Vertreter des „Executive Board of UNESCO“ und 1948/49 Mitglied der „University Education Commission“. 1957 wurde er Gouverneur von Bihar und 1962 Vizepräsident Indiens. Im Mai 1967 wurde er zum Staatsoberhaupt gewählt, und bis zu seinem plötzlichen Tod im Jahre 1969 war er der dritte Präsident der indischen Republik.

23 Gustav Wyneken, 1875 in Stade geboren, 1964 in Göttingen gestorben, war Pädagoge und führend in der deutschen Jugendbewegung tätig. Er begründete die Freie Schulgemeinde Wickersdorf, die als eine der ersten Schulen in Deutschland die Koeduka-

tion praktizierte und das Schulleben mit Landarbeit, Leiberserziehung und Gemeinschaftsleben verband.

24 Der *Stahlhelm, Bund der Frontsoldaten*, war eine von Franz Seldte 1918 gegründete Vereinigung von Teilnehmern des Ersten Weltkrieges. 1924 wurde der *Stahlhelm* zu einer „den Wehrgedanken pflegenden Organisation auch für Nichtkämpfer" ausgebaut. Seit 1929 gehörte dieser nationalistisch-paramilitärische Verband mit Nationalsozialisten, Deutschnationalen und anderen Verbänden zur *Harzburger Front*, die Anfang der dreißiger Jahre unter Führung von Adolf Hitler, Alfred Hugenberg und Franz Seldte gegen Heinrich Brünings Präsidialkabinett agierte. Der *Stahlhelm* wurde 1935 mit der SA vereinigt und damit Hitler direkt unterstellt.

25 Erwin Bachrach, seine schöne Frau Claire, ihre Tochter Elsbeth, ihr Ehemann Hans Seligmann und deren zwei Kinder waren nach der Machtergreifung Hitlers nach Brüssel geflüchtet. Sie wurden alle von der Gestapo in Richtung Osten abtransportiert, und keiner von dieser Familie kam je zurück. Ihre Namen sind auf dem großen Brüsseler Denkmal verzeichnet.

26 Als Hitler an die Macht kam, verließ Henry Lempereur, der belgische Katholik, Deutschland und ging zunächst nach Ascona im Schweizer Tessin. Noch vor Kriegsausbruch kehrte Lempereur nach Brüssel zurück, wo er sich mit einem jungen Kunsthändler namens Romain niederließ. Henry führte den Haushalt. Romain arbeitete und verdiente den Unterhalt. Eines Tages jedoch, ohne jegliche Vorwarnung, wurde Henry von Romain verlassen. Seit mehr als dreißig Jahren hatte ich von ihm nichts mehr gehört, da bekam ich 1967 einen langen, tragischen Brief von ihm, in dem er mir seinen Kummer schilderte und die trostlose Einsamkeit, unter der er litt. Sein zweiter Brief war das letzte Lebenszeichen, das ich von ihm erhielt. Zwei oder drei Jahre später ist Henry Lempereur gestorben.

27 Guglielmo Marconi, geboren in Bologna 1874, gestorben in Rom 1937, war Physiker und Ingenieur. 1896 erhielt er das erste Patent

für die drahtlose Übertragung von Radiosignalen zunächst über eine Entfernung von 4,5 Kilometern. 1901 gelang ihm die drahtlose Übertragung von Morsezeichen von England nach Neufundland über 3.600 Kilometer. Damit begann das Zeitalter des Rundfunks. 1909 erhielt er den Nobelpreis für Physik.

28 Emanuel Feuermann, 1902 bei Lwów geboren und 1942 in New York gestorben. Seine Familie zog 1909 nach Wien. 1918 wurde er Professor für Violoncello in Köln – jedoch aufgrund seiner Jugend ohne den Titel. Seine jüdischen Freunde und seine Familie hatten in Wien schwer zu leiden, als die Nazis dort 1938 einmarschierten. Er und seine Schwester Sophie gingen nach New York. Dort starb er, so seine Schwester Sophie, „an gebrochenem Herzen".

29 Dieses Protestmärchen ist zitiert bei David Erlay, S. 7 ff. Siehe LITERATURHINWEISE

30 *Der Stürmer, das Wochenblatt der antijüdischen Kampfpresse,* war kein offizielles Blatt der nationalsozialistischen Presse. Es wurde von 1923 bis 1945 herausgegeben und verlegt vom Leiter des „Zentralkomitee zur Abwehr der jüdischen Greuel- und Boykotthetze", Julius Streicher. Streicher war von 1923 bis 1940 Gauleiter der NSDAP in Franken.

31 Felix Fechenbach, 1894 in Bad Mergentheim geboren, starb 1933 in Detmold. Er war Schriftsteller und Journalist und während der Revolution 1918/19 Sekretär des bayerischen Ministerpräsidenten Kurt Eisner. Wegen der Veröffentlichung eines Telegramms des bayerischen Gesandten am Vatikan wurde er 1922 in Bayern in einem Hochverratsprozeß zu elf Jahren Zuchthaus verurteilt. Nach massiven Protesten in ganz Deutschland wurde er 1924 wieder freigelassen, das Urteil wurde jedoch erst 1926 aufgehoben.

32 Das Telegramm lag unter dem Schweigegebot des Volksgerichtes. Freymuth kannte den Inhalt, weil er sich die Pariser Zeitschrift, die das Telegramm veröffentlicht hatte, besorgte und den französischen Text wieder ins Deutsche übersetzte: „*Baron Ritter an die*

bayerische Regierung. Der Papst billigt ein scharfes Vorgehen Österreichs gegen Serbien. Der Kardinalstaatsekretär hofft, daß dieses Mal Österreich standhalten wird. Er fragt sich, wann es denn sollte Krieg führen können, wenn es nicht einmal entschlossen wäre, mit den Waffen eine ausländische Bewegung zurückzuweisen, die die Ermordung des Erzherzogs herbeigeführt hat und die in Rücksicht auf die gegenwärtige Lage Österreichs dessen Fortbestand gefährdet. In seinen Erklärungen enthüllt sich die Furcht der römischen Kurie vor dem Panslawismus." Telegrammtext in: Das Geheimnis des Fechenbachurteils, in: Vorwärts, Nr. 236, Jg. 40, 23.Mai 1923; siehe LITERATURHINWEISE, Otmar Jung: Senatspräsident Freymuth, S. 111–134

33 Dieser Prozeß gegen Felix Fechenbach hatte 1923 stattgefunden, zehn Jahre bevor Hitler an die Macht kam. Damals erlebte ich, wie die journalistische Haßkampagne gegen Fechenbach in höchst wunderlichen Unterstellungen und Fantasien über eine jüdische Verschwörung schwelgte. Fechenbach war überzeugter Sozialist. Und er war Jude. Darin lag sein wahres Verbrechen.

34 Über den Fall Fechenbach zitiere ich hier auszugsweise:
The Times Freitag, 25. Mai 1923 von unserem Korrespondenten in Berlin
Jurist kritisiert bayerisches Gericht
Am 23. Oktober 1922 erging vom Volksgerichtshof in München ein Urteil gegen Herrn Fechenbach wegen der Veröffentlichung eines Telegramms, dessen Inhalt angeblich den deutschen Interessen geschadet hatte. Dieses Urteil wurde nun in einer Broschüre, die viel Staub aufgewirbelt hat, von dem prominenten Berliner Senatspräsidenten Dr. Freymuth untersucht. In der Besprechung dieses Falls, den man auch den „deutschen Fall Dreyfus" nennt, druckt Freymuth den Text jenes Telegramms ab, das von Baron Ritter, dem damaligen bayerischen Gesandten am Heiligen Stuhl, an die bayerische Regierung geschickt worden war und dessen Veröffentlichung nun Gegenstand der Anklage war, die lautet: „Herr Fechenbach wurde zu zehn Jahren Zuchthaus verurteilt, weil er diese Depesche an den Schweizer Journalisten M. Payot übergeben

hatte, der sie dann veröffentlichte. Der Münchener Gerichtshof, ein politischer und kein gesetzlicher Gerichtshof, begründete das Urteil damit, daß der Papst zur Zeit des Waffenstillstandes für Deutschland bei den Entente-Mächten eingetreten sei und auch eine Lockerung der Blockade befürwortet habe. Die Verbreitung des Telegramminhalts habe sein Engagement erstickt."
Dr. Freymuth kommentiert: „Eine Entscheidung dieser Art ist rechtlichen Grundsätzen vollkommen entgegengesetzt und konnte tatsächlich nur von einem bayerischen Volksgericht getroffen werden, nie wäre ein derartiges Urteil vom Obersten Gericht in Leipzig gefällt worden, vor dem der Fall ordnungsgemäß hätte verhandelt werden müssen."

35 *Die Schaubühne*, als Theaterzeitschrift 1905 gegründet, erhielt 1918 den Namen *Die Weltbühne*. S. Anm. 40

36 Die Prozesse gegen Alfred Dreyfus gehören zu den bekanntesten Prozessen der Geschichte. Als Sohn eines reichen französischen jüdischen Industriellen 1859 geboren, ging er zur Armee und war als Hauptmann dem Kriegsministerium unterstellt. 1894 wurde er beschuldigt, militärische Geheimnisse an den deutschen Militärattaché verkauft zu haben. Er wurde öffentlich gedemütigt, indem man ihm bei einer Veranstaltung vor großem Publikum Uniform und Abzeichen abriß und seinen Säbel zerbrach. Man verurteilte ihn zu lebenslanger Haft und brachte ihn auf die *Teufelsinsel*, eine berüchtigte Strafkolonie vor der Küste Französisch-Guineas. Eine bösartige antijüdische Presse begrüßte den Urteilsspruch, da Dreyfus die „Untreue des französischen Judentums symbolisiere". Schließlich fand Leutnant Georges Picquart Beweise dafür, daß der österreichische Major C. F. Esterhazy ein Spion war und den Brief, der Dreyfus belastete, selber geschrieben hatte. Esterhazy erfand weitere Beweise gegen Dreyfus und fälschte sogar weitere Dokumente. Schließlich wurde Esterhazy vor ein Militärgericht gebracht, dort aber freigesprochen, während Leutnant Picquart verhaftet wurde!
1898 jedoch schrieb der berühmte Schriftsteller Emile Zola einen offenen Brief, der unter der Überschrift „J'accuse" (Ich klage an)

auf der Titelseite der Zeitschrift *Aurora* veröffentlicht wurde. Zola klagte die Armee an und damit auch die französische Regierung, daß sie wissentlich ein Fehlurteil deckten. Es ist vielleicht der berühmteste Brief der Geschichte. Noch am selben Abend waren 20.000 Ausgaben der Zeitung verkauft. Es gab einen kolossalen Aufruhr, und antisemitische Krawalle brachen aus. Eine Protest-Petition, die die Wiederaufnahme des Verfahrens gegen Dreyfus forderte, wurde von 30.000 Menschen unterzeichnet, darunter berühmte Namen wie Anatole France und Marcel Proust. Schließlich gab der Fälscher der von Esterhazy fingierten Briefe, Oberst Hubert Henry, seine Schuld zu und beging Selbstmord. Esterhazy flüchtete nach England.
Ein erneutes Verfahren im Jahr 1899 vor dem Militärgericht sprach Dreyfus wiederum schuldig, er wurde aber begnadigt. 1904 wurde ein Revisionsverfahren bewilligt: Dieses Mal hob das Gericht alle früheren Strafen auf. Dreyfus wurde in aller Form rehabilitiert und mit dem Kreuz der französischen Ehrenlegion dekoriert. 1930 veröffentlichte der damalige deutsche Militärattaché Dokumente, die die Schuld Esterhazys endgültig bestätigten. Dreyfus starb 1935 im Alter von 76 Jahren.

37 Von den drei SA-Mördern wurde 1948 schließlich einer wegen „Totschlags“ zu einer nur fünfjährigen Gefängnisstrafe verurteilt. Der zweite ist, so viel ich weiß, nie entdeckt worden, und der dritte lebte etwa zwanzig Jahre lang mit falschen Papieren in der Nähe von Bonn. Schließlich wurde er von Freunden dazu gedrängt, seine Rente zu beantragen, besser gesagt, die Rente des toten Soldaten, mit dessen Papieren er lebte. Seine Freunde sahen keinen Grund, warum er es nicht tun sollte, und erzählen konnte er ihnen schließlich nichts. Am Ende ging er also zur Rentenstelle, um seine Rente zu beantragen. Man bat ihn, an einem anderen Tag wiederzukommen, um seinen Ausweis abzuholen. In Deutschland ist man sehr gründlich, und als er am nächsten Tag wieder erschien, hielt der Beamte einen Paß für ihn bereit. „Dies sind also Ihre Papiere, und Sie möchten Ihre Rente beantragen?“
„Ja, so ist es.“

„Aber Sie sind längst tot, mein Herr. Der Inhaber dieser Papiere starb als Soldat im Krieg. Sie sind nicht dieser Mann. Wer sind Sie also?“
„Ich . . . hm, das muß ein Irrtum sein.“
„Oh nein, das ist kein Irrtum. Wir haben alles genau überprüft, und wir werden Sie in Gewahrsam nehmen, bis wir wissen, wer Sie wirklich sind.“
Auf diese Weise wurde Grüttemeyer, der dritte Mann des grausamen Trios, entdeckt. 1969 wurde ihm in Paderborn der Prozeß gemacht. Es stellte sich heraus, daß die drei SA-Männer in den Wäldern bei Scherfede den Wagen gestoppt hatten, um sich zu erleichtern; ihren „in Schutzhaft“ genommenen Gefangenen forderten sie auf, es ihnen gleich zu tun. Dann haben sie ihn erschossen. Als Staatsanwalt in diesem Prozeß trat der bekannte Anwalt, Autor und Ankläger für die Vereinigten Staaten gegen das deutsche Auswärtige Amt bei den Nürnberger Prozessen, Dr. Robert Kempner, an. Zufällig war Kempner vor Jahren mit Felix Fechenbach befreundet gewesen. Grüttemeyer war inzwischen 76 Jahre alt. Von einem Arzt wurden ihm Herzbeschwerden attestiert. Das Gericht verurteilte ihn zu vier Jahren Zuchthaus, allerdings nur symbolisch, denn tatsächlich wurde er auf freien Fuß gesetzt. Das Gericht war nicht ohne Mitleid für den alten SA-Mann. Im Verlauf des Prozesses erzählte Kempner dem Gericht von einem einsamen Holzfäller, der seit 1933 jedes Jahr ein Kreuz in die Rinde des Baumes geritzt hatte, an dem Fechenbach erschossen wurde. Inzwischen gab es dort 36 Kreuze. Schließlich wurde unter öffentlichem Beifall und in Gegenwart eines Abgeordneten ein Gedenkstein errichtet. Er steht noch heute in dem Wald nahe Scherfede, dort wo Felix Fechenbach starb.

1986 erhielt ich von der unverheirateten Tochter Anton Hellers, Beate Heller, einen Brief und zitiere daraus folgenden Auszug:
Gut Glindfeld, Medebach, 27. Januar 1986
„. . . Mit Vater hatte die Gestapo das Gleiche tun sollen, wie es mit Fechenbach geschah. Am 18. Januar 1934 wurde Vater in ‚Schutzhaft‘ genommen und sollte auf der Flucht erschossen werden. Er hat diesen Kerlen nur nicht gehorcht und den Befehl, das Auto zu

verlassen, nicht befolgt, da er ja durch den Fall Fechenbach ahnte, was man mit ihm vorhatte. Da er durch sein Leiden für ein Konzentrationslager nicht haftfähig war, wurde er in eine Irrenanstalt gebracht und dort in eine Tobsuchtzelle gesteckt. Am 19. Januar meldete der Luxemburger Sender, daß Vater verhaftet worden sei. So taten sich Freunde aus dem In- und Ausland zusammen und halfen Mutter, unseren Vater wieder frei zu bekommen. Zuvor hatte die Sturmabteilung (SA) der Nationalsozialistischen Deutschen Arbeiterpartei Horden mobilisiert, die am Heiligen Abend 1933 unser Haus in Willingen umstellten und die Familie 'ausräuchern' sollten, denn wir waren Regierungsfeinde und Judenfreunde. Auch war bekannt geworden, daß Mutter Heinrich Vogeler auf Gut Glindfeld versteckt gehalten hatte, bevor er endgültig nach Rußland ging. Das Gut Glindfeld war damals noch 1660 Morgen groß. 1934/35 wurden dann 460 Morgen angeblich ‚freiwillig' enteignet. . .“

38 Auszüge aus dem Kaufvertrag:
„Not. Reg. Nr. 289 für 1935
Verhandelt zu Berlin 23. November 1935 im Hause Wilmersdorf, Nassauischestr. 24. Auf Ersuchen von Frau Selma Löhnberg, Witwe des verstorbenen Spezialarztes Dr. Emil Löhnberg, hatte sich der Notar im Bezirk des Preussischen Kammergerichts, Fritz Frank von seinem Amtssitz Vietz nach Berlin-Wilmersdorf in das Haus Nassauischestr. Nr. 24 begeben, wo er folgende, ihm persönlich bekannten, Personen antraf:
1) Die Witwe Selma Löhnberg geb. Bachmann aus Willingen in Waldeck, Haus im Stryck z. Z. in Berlin-Wilmersdorf;
2) den Gastwirt Willi Kesper aus Willingen in Waldeck.
Die Beteiligten schlossen folgenden Kaufvertrag:
§ 1. Die Beteiligte zu 1. ist Eigentümerin des in Willingen belegenen Landhauses im Stryck mit Garten, Acker, Wiese und Wald. Dieses Grundstück, das im Grundbuche des Amtsgerichts Corbach von Willingen Band 8, Blatt 218 eingetragen ist, verkauft Frau Löhnberg so wie es steht und liegt, an Herrn Kesper in diesem bekannten Zustande und Umfang, und zwar ohne Zubehör. Letzteres hat Herr Kesper anlässlich des am 9. September 1935 abge-

schlossenen Pachtvertrages zum Teil bereits gekauft, ...
§ 2. Der Kaufpreis beträgt 30.000,- RM „Dreissigtausend RM" und ist richtig angegeben, wie die Beteiligten nach Belehrung über die zivil- und steuerrechtlichen Folgen einer falschen Preisangabe ausdrücklich versichern. ...
§ 4. Dieses Protokoll wurde den Beteiligten vorgelesen, von ihnen genehmigt und eigenhändig unterschrieben.
gez. Selma Löhnberg;
gez. Willi Christian Kesper;
geschlossen 0.30 Uhr gez. Fritz Frank, Notar.

Viele Jahre später fragte ich bei der zuständigen Behörde an, ob ich einen Antrag auf Entschädigung stellen könne, und bekam die Auskunft, daß ich, da das Eigentum 1935 verkauft worden sei, zwar die Käufer belangen könne, nicht aber den deutschen Staat. Ich könnte also die Familie Kesper gerichtlich belangen, nämlich Willi Christian Kesper und seinen Neffen Diethelm Höhle, dem das mittlerweile erheblich vergrößerte Romantik-Hotel Stryckhaus nun gehört. Die Kespers vor Gericht verklagen? Nein! Das kam für mich nicht in Frage.

39 Gustav Landauer, 1870 in Karlsruhe geboren, war Schriftsteller, Politiker und Sozialphilosoph. Er versuchte, seine Vorstellung vom gewaltfreien Zusammenleben nach dem Ersten Weltkrieg politisch im Rätesystem und als Mitglied des bayerischen Revolutionären Arbeiterrates zu verwirklichen. Bei der Niederschlagung der Münchner Räterepublik wurde er 1919 von Freikorpsmitgliedern ermordet.

40 *Die Schaubühne*, als Theaterzeitschrift 1905 gegründet, erhielt 1918 den Namen *Die Weltbühne*. Die der SPD nahestehende Zeitschrift leitete von 1927 bis 1933 Carl von Ossietzky. Aufgrund eines Artikels, der die gegen den Versailler Vertrag verstoßende geheime Aufrüstung der Wehrmacht anprangerte, wurde Ossietzky wegen „Landesverrats" 1931 verhaftet. Ein Jahr später zwar freigelassen, wurde er nach dem Reichstagsbrand 1933 von der Ge-

stapo festgenommen und in Konzentrationslagern mißhandelt. Er starb 1938 in Berlin.

41 Gottfried Feder, Bauingenieur, war seit den frühen zwanziger Jahren ein Anhänger Hitlers; damals hatte er verschiedene Posten inne, während des Krieges war er Sekretär im Wirtschaftsministerium. Soviel ich weiß, hatte Feder solch einen Befehl von Hitler tatsächlich erhalten, aber beschlossen, ihn nicht auszuführen.

42 Ich erinnere mich, daß mein Vater nach diesem Sturz den Professor Karl Garré in Bonn konsultierte, der eine „beschädigte Leber" feststellte. Meine Mutter und ich gingen davon aus, daß der Sturz zu seinem frühen Ableben beigetragen hat.
Durch die Recherche der Lektorin Dunja Berthold ergaben sich zusätzlich zur Darstellung Marianne Walters zwei weitere Versionen der Todesursache Dr. Emil Löhnbergs. Heinrich Vogeler schreibt in einem Nachruf: "*. . .. Die Wissenschaft verliert in ihm einen tief forschenden Geist und einen Praktiker von hervorragender Bedeutung. Wohl selten aber ging der Menschenkenner und Helfer so innig mit dem praktischen Operateur zusammen wie bei diesem kristallklaren Charakter. . . Durch wirtschaftliche Schwierigkeiten infolge der Kriegsjahre und durch Verlegung und Einschränkung seiner Praxis auf das Land nach Willingen war Löhnberg gezwungen, die Kunstwerke, mit denen er sich umgeben hatte, an Galerien zu verkaufen. – Der Gesundheitszustand Emil Löhnbergs erlaubte ihm bald nicht mehr die beschwerliche und primitive Landpraxis aufrecht zu erhalten; er verlegte seine Praxis nach Hamm zurück und begann unter schwierigsten Verhältnissen den neuen Aufbau. Eine Infektion riß das Leben dieses Forschers und Kämpfers aus seiner Bahn. Er fiel als Opfer seines Berufes. So wird uns sein Bild im Gedächtnis bleiben.*" Heinrich Vogeler: Aus der sozialistischen Ärtztebewegung, Emil Löhnberg, in: Der sozialistische Arzt, Jg. 2, Nr. 4, März 1927.
Frau Ilsemarie von Scheven, Stadtarchivarin i. R. und Tochter des ehemaligen Assistenten und Partners von Dr. Emil Löhnberg, hat von ihrem Vater Dr. Richard von Scheven eine andere Version der

Todesursache erfahren. Ihr Vater erzählte, daß Dr. Emil Löhnberg einem unheilbaren Nierenleiden zum Opfer gefallen sein soll. (mündliche Aussage der Stadtarchivarin i. R. Ilsemarie von Scheven gegenüber der Lektorin im Juli 1998).

Literaturhinweise

Brand, Mechtild: „Bei Alsberg wird geplündert!“, in: J. Lange (Hg.): Hammer Lesebuch, Essen 1991, S. 163–171

Brand, Mechtild (Hg.): Geachtet – geächtet. Das Leben Hammer Juden in diesem Jahrhundert, Hamm 1991

Dartmann, Anna: Die soziale, wirtschaftliche und kulturelle Entwicklung der jüdischen Gemeinde in Hamm 1327–1943, Hamm o. J. (Tatsachen u. Berichte Nr. 24)

Erlay, David: Worpswede – Bremen – Moskau, Der Weg des Heinrich Vogeler, Bremen 1972

Hilscher, Elke: Selma Löhnberg: Aus der bürgerlichen Gesellschaft, in: Stadtansichten – Stadteinsichten, Auf den Spuren Hammer Frauengeschichte(n), Hrsg. Der Oberstadtdirektor der Stadt Hamm, S. 8–9

Jung, Otmar: Senatspräsident Freymuth. Richter, Sozialdemokrat und Pazifist in der Weimarer Republik. Eine politische Biographie, in: Rechtshistorische Reihe, Bd. 68, Frankfurt/Main 1989

Kesper, Willi: Entstehung und Aufbau eines Willinger Hotels, in: Willingen – gestern und heute, Band 2, Korbach 1996, S. 80–82

Komo, Wolfgang: Das Ende einer langen Geschichte. Der jüdische Friedhof am Nordenwall, in: Care – Käfer – Cola, Essen 1995, S. 174–179

Lange, Jürgen: Heinrich Vogeler, Worpswede-Spuren in Hamm, in: J. Lange (Hg.): Hammer Lesebuch, Essen 1991, S. 100–106

Mengeringhausen, Cornelia: „In Pelkum sind viele gestorben, in Pelkum floß Arbeiterblut. . .", in: J. Lange (Hg.): Hammer Lesebuch, Essen 1991, S. 172–188

Meyers Großes Taschenlexikon in 24 Bänden, Mannheim 1987

Pätzold, Kurt: Verfolgung – Vertreibung – Vernichtung, Leipzig 1987

Stein, Werner: Kulturfahrplan, München u. a. 1971

van Doorne, Selma: Als Flüchtling in Belgien, in: ÜBER LEBENS GESCHICHTEN, Kreuzwegstationen 1933–1945 in den Niederlanden und Belgien, Hrsg. Der Oberstadtdirektor der Stadt Hamm, S. 9–17,19

von Scheven, Ilsemarie: Arzt – Kunstsammler – Sozialist, Dr. Emil Löhnberg 1871–1926, in: Westfalenspiegel, September 1971, Nr. 9, S. 18–21

von Scheven, Ilsemarie: Auf der Flucht vor Nazis um die Welt gereist, in: Westfälischer Anzeiger, 27./28.1. 1973

Hans Rudolf Hartung

Soest in der Sage

Die Nibelungen in Soest?
Es heißt, sie seien hier untergegangen.
Die „alten maeren" erzählen noch viel mehr,
über König Attala und seine Frau Grimhild,
über König Didrik von Bonn und
sein sagenhaftes Leben . . .
Ob das alte Saga oder Soester Geschichte ist?
Historiker und Archäologen sagen,
was wirklich wahr ist.

Taschenbuch, 48 Seiten mit Fotos

Hans Rudolf Hartung

Soest und die Hanse

Mit dem Salz fing alles an,
und das verkauften die Soester Fernhändler
schon um die Jahrtausendwende.
Sie waren die Vorreiter der Hanse,
dem Kaufmanns- und Städtebund
im mittelalterlichen Nordeuropa.
Geblieben sind der Hansestadt Soest
Bauten und Kunstwerke,
die an diese reiche Zeit erinnern.

Taschenbuch, 48 Seiten mit Fotos

Hans Rudolf Hartung/Fritz Risken

Zu Besuch in Soest

Kaiser und Könige, Krieger und Künstler,
Dichter und Denker machten in Soest Station.
Manche blieben nur für eine Nacht,
andere hinterließen ihre Spuren.
In Wort und Bild waren
Hans Rudolf Hartung und Fritz Risken
49 Soestbesuchern auf den Fersen.
Widukind, die Queen,
Konrad Duden und Conrad von Soest
haben hier Geschichte gemacht.

Hardcover, 112 Seiten mit Porträt-Graphiken

Hans Rudolf Hartung/Peter Dahm

Soester Seligkeiten

Hardcover, 88 Seiten mit Farbaufnahmen

Gemalte Geschichten,
Altarbilder der Soester Kirchen,
sie machten die Erzählungen der Heiligen Schrift für alle Menschen verständlich.
Illustriert wird nicht die Kunstgeschichte der Soester Altäre,
sondern die Soester Tafelmalerei zur Bibel.
Sie lädt ein zu einem Rundblick in die Galerie „Soester Seligkeiten".

Hans Rudolf Hartung

Soest im Krieg

Bombenangriffe, Bunkernächte, Trümmerhaufen
prägen die letzten Wochen
vor dem Ende des Zweiten Weltkrieges in Soest.
Die chronologische Schilderung der Ereignisse
veranschaulicht das Schicksal dieser Stadt
mitten im Frontgebiet.
Persönliche Erinnerungen,
Geschichten von Zeitzeugen
und offizielle Berichte
lassen Kriegsende und Neubeginn wieder
lebendig werden.

Hardcover, 208 Seiten mit historischen Fotos

Hans Rudolf Hartung

Das neue Soest

Vom mühseligen Schutträumen,
den ersten neuen Wohnhäusern,
der Sehnsucht nach dem Autobahnanschluß
und von dem schönen alten und neuen Soest
erzählt diese Chronik.
Persönliche Erlebnisse, Zeitzeugenberichte
und historische Dokumente
lassen die Nachkriegsjahre von 1945 bis 1996
Revue passieren.

Hardcover, 240 Seiten mit historischen Fotos

Hans Rudolf Hartung/Peter Dahm

Soestbilder

„So ist Soest" lautet der Werbeslogan.
Die „Soestbilder" wollen mit Fotos zeigen, wie Soest das wurde, was es heute ist.
Wo sind noch die anderthalbtausend Jahre Soester Geschichte zu sehen?
Was erinnert an die Hanse, den 30jährigen Krieg, an die Menschen von damals?
Die „Soestbilder" zeigen Vergangenheit und dokumentieren gleichzeitig die Gegenwart der ältesten und ehemals größten Stadt Westfalens.

Hardcover, Großformat mit Farbfotos

Hans Rudolf Hartung

Das große Morgenrot

Eine Jugend in Westfalen
zwischen Krieg und Frieden.
Der Icherzähler, zu Beginn seiner Geschichte neun Jahre alt, läßt den Kinder-Alltag im Zweiten Weltkrieg, die Zerstörung seiner Heimatstadt, ihre Eroberung durch die Amerikaner und das erste Jahrzehnt nach dem Krieg lebendig werden. In der romanhaften Schilderung seiner Erlebnisse zwischen 1938 und 1955 beschreibt der Autor seine Gefühle bei Pimpfenprobe und Doktorspielen, Kriegseinsätzen und erster Liebe.

Hardcover, 312 Seiten